# The Fest

Zwischen Repräsentation und Aufruhr

Between Representation and Revolt

Dank an      Thanks to

Activist Media Project
Annette Ahrens
Akademie der bildenden Künste Wien,
Universitätsarchiv     Vienna Academy of
Fine Arts Vienna, University Archives
Albertina, Wien     Vienna
Astro Polygon
Petra Bacher
BALENCIAGA
Gerald Bast
Belvedere, Wien     Vienna
Benediktinerstift St. Paul
Bike + More/Ellen Juraczka
British Pathé
Bundesmobilienverwaltung
CICLOPIA
Citybiker
Domstift St. Andrä
Bogomir Doringer/Rafael Kozdron
Sabine, Rosa & Lenz Dreher
Elektrobiker
eSeL/Lorenz Seidler
Fahrrad und Fitness/Bernhard Kohl
Fashion Museum Bath
Filmarchiv Austria
Sheila Freeman
Fundació Gala-Salvador Dalí
Galerie Emmanuel Perrotin
Galerie Meyer Kainer
Franz Gangelmayer
Marcus Geiger
Susanne Geiger
Gelitin
Germanisches Nationalmuseum,
Nürnberg     Nuremberg
Rainer Grilberger
H.R.H. The Princess of Hanover
Elisabeth Hajek
Sampo Hänninen
Thomas Hörl
Nik Hummer
Birgit Hutter
Fritz Kargl
KHM-Museumsverband

Theo Klocker
Wolfgang Köchert
Julia König
Konvent der Elisabethinen, Klagenfurt
Kiyoto Koseki
Gabriela Krist
Elke Krystufek
Kunsttrans Spedition GmbH
Max Kure
Helmut Lang
Bettina Leidl
Kris Lemsalu
Friedrich Liechtenstein
Tina Lipsky
Haruko Maeda
Misa Marinkovic
MayDay Rooms
mumok – museum moderner kunst stiftung
ludwig wien
Österreichische Nationalbibliothek
Austrian National Library
Österreichisches Filmmuseum     Austrian
Film Museum
A. & A. Ostier
Michèle Pagel
Hans Petschar
Anton Posch
P. Altman Pötsch
Marton Radkai
Cosima Rainer
Patrick Rampelotto
Andreas Rath
Leonid A. Rath
George Rei
Rijksmuseum, Amsterdam
Peter Sandbichler
Liddy Scheffknecht
Christina Schraml
Bärbl Schrems
Christian Schwarzwald
Yinka Shonibare
P. Gerfried Sitar
Nicole Six & Paul Petritsch
Georg Spitaler
Sports Banger
Stephen Friedman Gallery

Temnikova & Kasela Gallery
The Sherman Grinberg Film Library
Thyssen-Bornemisza Art Contemporary
Privatstiftung Foundation
Tirelli Trappetti Collection, Rom    Rome
Philip Topolovac
Gexi Tostmann
Undercurrents.org
Universität für angewandte Kunst Wien,
Kunstsammlung und Archiv    University
of Applied Arts Vienna, Collection and
Archive
Universität Wien    University of Vienna
Anna Vasof
Verein für Geschichte der
ArbeiterInnenbewegung
Vereinigung bildender Künstler*innen
Wiener Secession
Herwig Weiser
Wienbibliothek im Rathaus
Wiener Times
WIFAR Wiener Filmarchiv der
Arbeiterbewegung
Stefan Wiltschegg
Orest Yaremchuk
Siegfried Zaworka
Maria Ziegelböck
Heimo Zobernig

und alle beteiligten Kolleg*innen im
MAK    and all contributing colleagues at
the MAK

Unser Dank gilt allen, die zum Projekt
beigetragen haben, durch ihr Wissen, ihre
Praxis und ihre Belastbarkeit sowie –
keineswegs zuletzt – all jenen, die un-
genannt bleiben wollten.    Our thanks go
to all who have contributed to the project,
through their knowledge, experience and
resilience, and—not least—to all who wish
to remain anonymous.

106    107    108         109              110         111    112    113    114    115    116    117    118 119    120              121

122   123   124   125   126     127          128         129

130    131    132    133    134    135    136 137    138    139    140    141    142    143    144    145    146    147    148

149    150    151    152    153    154    155    156    157    158    159    160    161    162    163    164    165    166    167    168    169    170    171    172    173
174    175    176    177    178    179    180    181    182    183    184    185    186    187    188    189    190    191    192    193    194    195    196    197    198

199    200    201    202    203    204    205    206    207    208    209    210    211    212    213

214         215    216         217    218

219    220    221    222    223    224    225

# Vorwort THE FEST

# Foreword THE FEST

# (Lilli Hollein)

Das MAK ist ein Museum mit einer außergewöhnlich vielfältigen Sammlung. Sie erstreckt sich vom Mittelalter bis in die Gegenwart, die Bandbreite der gesammelten Kunstgegenstände umfasst unterschiedlichste Artefakte aus vielen Weltgegenden, von Teppichen, Spitzen, Glas- und Holzarbeiten bis zu Design und digitaler Kunst.

Das Bestreben, diese enorme Vielfalt in einer Ausstellung erfahrbar zu machen, erforderte ein Thema, das also seit dem Mittelalter bis ins Heute von Bedeutung war und darüber hinaus für möglichst viele Menschen von Relevanz ist.

„Das Fest" ist ein solches Thema. Von der Geburt bis zum Tod, im privaten bürgerlichen Leben wie einst unter höfischen Umständen bilden Feste und Feiern gleichsam Marksteine in einer persönlichen Biografie wie in der Geschichtsschreibung. Selbst in bitteren Zeiten wurden Feste gefeiert.

In den vergangenen Jahren haben wir unser festliches Repertoire um ein ansteckungsfreies Feiern in digitalen Räumen erweitert. Doch all das kann niemals ersetzen, wie es sich anfühlt, wenn Kerzen brennen, Menschen auf Bällen tanzen, gemeinsam singen oder man das Wummern der Bässe in einem Club spürt – gemeinsam, in einem realen Raum.

Die Ausstellung *THE FEST. Zwischen Repräsentation und Aufruhr* stellt Zusammenhänge her, quer durch Jahrhunderte, Anlässe und Publikumsschichten. Mit dem barocken Schlitten geht es direkt in die Clubkultur des Berghain, wir erleben

Scherzgläser oder Exzessmöbel, Festroben und dekadente Feste der oberen Zehntausend, die Bedeutung der Maiaufmärsche und aktueller internationaler Protestbewegungen, in festlichen Formaten.

Für das MAK und seine Sammlung ganz wesentlich sind auch die Materialien, die zu und bei Künstlerfesten entstanden sind – von Einladungskarten aus der Wiener Werkstätte und ihrem Umkreis über Kostüme bis hin zu experimentellen, avantgardistischen Festarchitekturen in den 1970er Jahren.

Mit Brigitte Felderer konnten wir eine Gastkuratorin für diese Ausstellung gewinnen, die diese Bandbreite nicht nur beherrscht, sondern sie auch in den schillerndsten Farben zum Leuchten gebracht hat.

So gilt mein Dank an erster Stelle Brigitte Felderer, dass sie meine Anfrage, diese Schau zu kuratieren, nicht nur sehr entschlossen und voller Ideen angenommen hat. Sie hat in einem knappen Jahr dieses umfassende Thema in eine wunderbare, vielfältige, tiefgehende und humorvolle Ausstellung gefasst und der Sammlung des MAK eine großartige Bühne geboten. Ihre Idee, Künstler*innen mit historischen Objekten agieren zu lassen, zeigt ebenso wie der umfassende Katalog gleichermaßen Mut, Experimentierfreudigkeit und Respekt; Buch wie Schau haben *THE FEST* zu einer wirklich inspirierenden Zusammenarbeit werden lassen.

Großartig unterstützt wurde Brigitte Felderer von Olga Wukounig als Co-Kuratorin.

Ich danke sehr herzlich Anne-Katrin Rossberg, verantwortliche Kuratorin seitens des MAK, in deren versierten Händen die Fäden des Projekts zusammenliefen. Bei der Konzeption dieser Ausstellung und bei der Entstehung des Katalogs waren die Kustod*innen aus sämtlichen MAK Sammlungs-bereichen eingebunden. Ich danke daher ebenso Rainald Franz, Sebastian Hackenschmidt, Kathrin Pokorny-Nagel, Lara Steinhäußer, Bärbel Vischer, Mio Wakita-Elis und Marlies Wirth.

Der Bildhauer Peter Sandbichler hat mit enormem Einsatz und Ideenreichtum Szenarien für diese Ausstellung geschaffen und gebaut, die viele Exponate in einem neuen Licht erscheinen lassen, und gemeinsam mit Brigitte Felderer ein beeindruckendes räumliches Narrativ entworfen, das einen nachhaltigen Eindruck hinterlässt.

Der Architekt Philipp Krummel arbeitete bei der Planung und räumlichen Gestaltung der Ausstellung eng mit dem kuratorischen Team zusammen.

Ebenso danke ich allen Mitarbeiter*innen des MAK, die in unterschiedlichen Bereichen an der Umsetzung dieses Projektes beteiligt waren.

Allen beteiligten Künstler*innen sei hier für ihre Beiträge gedankt, die dieses Projekt immer wieder neu vergegenwärtigt haben.

Wolfgang Ortner, Simon Walterer und Team spreche ich meinen Dank aus für die Gestaltung des Kataloges und der Ausstellungsgrafik mit einem erfrischenden Zugang, der definitiv auf Party-Expertise schließen lässt.

Außerdem danke ich unserer Nachbarin, der Angewandten, für die Zusammenarbeit und den Austausch zu diesem Projekt auf mehreren Ebenen.

Besonderer Dank gilt abschließend den Sponsoren und vor allem den Leihgeber*-innen dieser Ausstellung.

The MAK is a museum with an exceptionally varied collection. It ranges from the Middle Ages to the present, the spectrum of the collected objets d'art includes very different artifacts from many regions of the world and spans from carpets, laces, glass and wood works to design and digital art.

The goal of letting visitors experience this enormous variety in one exhibition consequently required a topic that has played a role since the Middle Ages and continues to do so today and that furthermore is relevant for as many people as possible.

"The Fest" is such a topic. From birth until death, in private life as well as under conditions at court, fests and celebrations were and are both milestones in personal biographies as well as in the course of history. Even in bitter times, fests were celebrated.

In the past years, we expanded our festive repertoire by celebrations without risk of contagion into digital spaces. But this will never be able to replace what it feels like when candles are burning, people are dancing at balls and are singing together, or when you feel the beats of the bass at a club—together and in a real space.

The exhibition THE FEST: Between Representation and Revolt establishes connections throughout centuries, occasions, and social classes. With a baroque sleigh we directly enter the club culture at Berghain, we experience "Scherzgläser" (joke vessels) or excessive pieces of furniture, festive robes, and decadent fests of the upper ten thousand, the meaning of the May Day demonstrations and current international protest movements, in festive formats. Essential for the MAK and its collection are also the materials that were created for and at artists' fests—from invitation cards by the Wiener Werkstätte and its circles to costumes to experimental, avant-garde fest architecture in the 1970s.

With Brigitte Felderer, we were able to get a guest curator on board for the exhibition who not only masters this wide spectrum but also made it shine in the most dazzling colors.

Therefore, I would first of all like to thank Brigitte Felderer for accepting my proposal to curate this show not only in a very determined way and full of ideas. She also compiled this extensive topic into a wonderful, versatile, profound, and humorous exhibition within less than a year and provided a great stage for the MAK Collection. Her idea of letting artists interact with historical objects proves courage, a willingness to experiment, and respect, just as the extensive catalog does; the book as well as the show turned THE FEST into a really inspiring collaboration.

Brigitte Felderer was wonderfully supported by Olga Wukounig, as co-curator.

My sincere gratitude goes to Anne-Katrin Rossberg, the MAK Curator in charge, whose experienced hands tied all strings of the project together. The exhibition concept and the production of the catalog involved curators from all areas of the MAK Collection. I therefore would also like to thank Rainald Franz, Sebastian Hackenschmidt, Kathrin Pokorny-Nagel, Lara Steinhäußer, Bärbel Vischer, Mio Wakita-Elis, and Marlies Wirth.

With enormous dedication and richness of ideas, sculptor Peter Sandbichler created and built scenarios for this exhibition that let many exhibits appear in a new light, and together with Brigitte Felderer he designed an impressive spatial narrative that leaves a lasting impression.

For the planning and spatial design of this exhibition, architect Philipp Krummel closely collaborated with the curatorial team.

I would like to thank all MAK employees who contributed to the implementation of this project in various fields.

My gratitude also goes to all participating artists for their contributions that envisioned this project over and over again.

I would also like to convey my thanks to Wolfgang Ortner, Simon Walterer, and team for designing the catalog and the exhibition artwork with a refreshing approach that definitely suggests party expertise.

My sincere thanks also go to our neighbor, the University of Applied Arts Vienna, for the collaboration and exchange on this project on several levels.

And finally special thanks to the sponsors and especially to the lenders of this exhibition.

# Im MAK – Ein Fest fürs Leben (Lilli Hollein im Gespräch mit Brigitte Felderer)

# At the MAK—A Fest of Life (Lilli Hollein in an Interview with Brigitte Felderer)

**Brigitte Felderer**      Als neue Direktorin des MAK hast du unmittelbar initiiert, dass das MAK eine große Ausstellung dem Thema „Fest", dessen Kultur- und Kunstgeschichte, der Gestaltung wie dem Design von festlichen Anlässen widmet. Soll dieses Thema einen Auftakt für künftige Planungen signalisieren? Ist es gewissermaßen als programmatisches Leitmotiv zu sehen?

**Lilli Hollein**      So wichtig ich es finde, dass man im Museum zusammenkommt und auch feiert, war meine Intention vor allem, ein Thema zu wählen, mit dem die Bandbreite unserer Sammlung erkennbar wird, all die Möbel, Gläser oder Teppiche in ihrer herausragenden künstlerischen Qualität. Feiern bedeutet ja einen Pegelausschlag im Alltag, eine kurzfristige Tempoänderung oder Leichtsinnigkeit oder auch ein Innehalten. Ganz persönlich glaube ich sehr an Formen der Ritualisierung von Zusammenkünften oder auch von Abläufen, von Ankünften und von Abschieden. Da steckt vielleicht sogar viel Wienerisches drin, und was mich dabei immer interessiert hat, sind die Formen, die solchen Anlässen gegeben wurden und werden. Diese prägenden Momente im Leben sind häufig auch Designthemen. Die liebevolle Gestaltung eines Kinderfestes, eines Faschingskostüms, einer Tafel, aber auch ein Abschied, der eine letzte Geste sein kann, die im Sinne eines Menschen gestaltet wird. Das Fest ist – ob nun als Thema, als Anlass oder als Format – etwas, das doch bei sehr vielen Menschen ein positives Gefühl auslöst, man verspricht sich einfach einen glückvollen Ausnahmezustand, gefeiert wurde immer auch unter sehr bedrängenden Umständen. Das Thema erschöpft sich nicht und Feste sind in ihren grundlegenden Strategien nahezu unverändert geblieben. Dabei ist ein Fest immer so viel mehr als eine gelungene Party oder ein wenig Spaß. Feste haben seit jeher unglaubliche

Möglichkeiten geboten, etwas auszuprobieren oder die Erscheinung eines Ortes oder eines Menschen vorübergehend zu verändern. Es geht zum einen um Dekoration im besten Sinne, der wir in diesem Haus in einer beeindruckenden Opulenz begegnen können. Man mag bei einem Zwettler Tafelaufsatz beginnen, als großartiges Conversation Piece, für das Hunderte Stunden an Arbeit aufgewendet wurden, damit es als Dekorstück in der Tischmitte zu stehen kommen kann, um dafür zu sorgen, dass niemandem langweilig wird. Doch haben mich zum anderen bei dem Thema auch immer die offensichtlichen wie die verdeckten politischen Dimensionen von Festen und feierlich inszenierten Auftritten interessiert. Aus all diesen Gründen passt das Thema so gut zum MAK.

**Brigitte Felderer**      In diesem Sinne ist das Thema der Ausstellung wohl auch eine Möglichkeit, zum Ausdruck zu bringen, dass sich das MAK seiner Verantwortung als Museum im städtischen Kontext bewusst ist? Das Thema Fest meint ja auch immer, die Tür aufzumachen, unerwartete Begegnungen zu ermöglichen, Erinnerung zu schaffen und sich immer auch als Bildungseinrichtung zu verstehen, die einlädt, die neugierig macht und überraschen mag?

**Lilli Hollein**      Ja, deshalb ist mir eine sprichwörtliche wie ideelle Öffnung des Hauses ein wesentliches Anliegen. Eduard Leisching, einer meiner Vorgänger in der Direktion dieses Hauses, der wesentlich zum Aufbau des MAK beigetragen und zudem den Wiener Volksbildungsverein gegründet hatte, hat sich intensiv für eine „geistige Stadterweiterung" eingesetzt, die auch vom MAK ausstrahlen sollte. Das Ausstrahlen in die unmittelbare Nachbarschaft ist mir ein wesentliches Anliegen. Ich bin davon überzeugt, dass es wichtig ist, sich in der Stadt, in der die Institution verankert ist, in unterschiedlicher Weise auch als gesellschaftlich handelnd, als Akteurin einzubringen – und dies wünschenswerterweise auch in einem weiter reichenden, internationalen Kontext. Geradezu augenscheinlich ist dabei der Standort des MAK an der Stubenbrücke, wo bis vor Kurzem die Lemurenköpfe von Franz West montiert waren, weiters mit dem Lueger-Denkmal einen ganz wesentlichen Diskursort vor der Tür zu haben und – vielleicht am wichtigsten – eine bauliche Einheit in einem Häuserblock mit der Universität für angewandte Kunst zu bilden, was auch mit einer echten inneren Verbundenheit zu tun hat – über unseren Hof und über unseren eigentlich gemeinsamen Garten hinweg. In dieser Ausstellung allein gibt es so viele Anknüpfungspunkte zur Universität nebenan! Also, die Strahlkraft erreicht unterschiedliche Radien und dahinter stehen in jeder Hinsicht ein großer Kooperationsgedanke und das Verständnis von einem Museum für angewandte Kunst, das nicht nur in den wesentlichen Aspekten von Sammlung und Ausstellung denkt. Das MAK soll ein lebendiger Ort sein und das Thema dieser Ausstellung macht das deutlich. Wir bewahren hier Dokumente von rauschenden Festen, von Künstlerfesten und von ungeheuren Gestaltungsideen auf. Wir machen nun eine Ausstellung darüber und ich finde, dass es auch unsere Verantwortung ist, solche Inhalte ins Heute weiterzuschreiben und weiterhin etwas beizutragen, eben nicht festgeschraubt auf unseren Sesseln sitzen zu bleiben. Wir wollen dabei nicht nur Rückschau auf einstige Möglichkeiten halten, sondern diese weitergeben und im Idealfall Leute einbinden und zur Kooperation einladen, sich zu überlegen, was Festgestaltung sein kann und welche Aussage ein Fest auch hat. Deshalb wird es im April auch eine „praktische Übung" geben.

**Brigitte Felderer**  Ist dieses Thema nicht fast widersprüchlich: Flüchtiges, Temporäres an einem Ort, der auf Ewigkeit gepolt zu sein scheint?

**Lilli Hollein**  Ein Fest mag zwar zeitlich betrachtet flüchtig sein und bleibt doch umso stärker im Kopf verankert, einfach weil die besonderen Momente selten lang genug dauern. So wollen wir mit der Ausstellung zum Fest hier im Haus ein gemeinsames Zeichen setzen. Die Kustodinnen und Kustoden des Hauses sind alle eingebunden und tragen zu dem Projekt bei, jeweils aus ihren Bereichen, mit ihrer Expertise und wiederum mit ihrem jeweils speziellen Blick auf ihre Sammlungsbereiche. Ein ganzes Haus einbinden zu können, finde ich wichtig und schön, und das Thema ist im MAK in jeder Beziehung und auf jeder Zeitachse bestens vertreten, hat Gültigkeit in allen Weltgegenden und dies seit ewigen Zeiten und – wie du es so schön im Ausstellungstitel sagst – zwischen Repräsentation und Aufruhr! Und dass das Feiern nicht eine zügellose hedonistische Entgleisung, sondern ein – besonders auch künstlerisch – durchdachter Akt sein kann, dabei politisch, strategisch und avantgardistisch, finde ich in diesem Fall einen interessanten Aspekt. Es hat mit der Aufmerksamkeit zu tun, die man einem Anlass schenkt, und dem Signal der Wertschätzung, das man an alle Teilnehmenden aussenden möchte. In diesem Sinne wollen wir unser Publikum zu diesem Fest empfangen und das dauert dann hier im Haus mehrere Wochen.

**Brigitte Felderer**     As the new Director of the MAK, you immediately initiated that the MAK dedicates a major exhibition to the topic "fest," to its cultural and art history, as well as to the arrangement and the design of festive events. Is this topic supposed to signal a starting point for future planning? Could it, so to say, be seen as a programmatic leitmotif?

**Lilli Hollein**     As important as I find getting together in a museum and also celebrating, my intention was first and foremost to choose a topic that makes the wide range of our collection visible, all of the furniture, glasses, or carpets with their exceptional artistic quality. A celebration is a peak in our everyday lives, a short change in speed, levity, or also a pause. Personally, I strongly believe in forms of ritualizing gatherings, processes, arrivals, or also farewells. Maybe this is actually very Viennese, and what has always interested me are the forms such occasions were and are given. These hallmark-moments in life are oftentimes also topics of design. The loving arrangement of a children's party, a carnival costume, a dinner table, as well as a farewell that can be a last gesture organized to the liking of a person. The fest is—be it as a topic, an occasion, or as a format—something that triggers a positive feeling in very many people, we simply anticipate a delightful state of exception. And even under very plagued conditions people have always celebrated. The topic never wears out and fests in their fundamental strategies have more or less remained unchanged. But a fest is essentially so much more than a successful party or a bit of fun. Fests have always provided unbelievable opportunities to try out something or to change the appearance of a place or a person for the time being. On the one hand, it is about decoration at its best, which we can encounter in this museum in an impressive opulence. You could, for example, begin with the Zwettl Centerpiece as a great conversation piece. Hundreds of hours of work were invested so it could be placed in the center of the table as a decorative item to ensure that nobody got bored. On the other hand, the topic has also always interested me because of the apparent as well as hidden political dimensions of fests and festively arranged performances. For all of these reasons, the topic is a good fit for the MAK.

**Brigitte Felderer**     In this regard, the topic of the exhibition is probably also a way to express that the MAK is aware of its responsibility as a museum in an urban context? After all, the topic "fest" also always implies opening your door, making unexpected encounters possible, creating memories, and also viewing yourself as an educational institution that invites, makes curious, and maybe surprises?

**Lilli Hollein**     Yes, that's why the literal as well as metaphorical opening of the house is very important to me. Eduard Leisching, one of my predecessors as Director of this museum, who fundamentally contributed to building the MAK and, in addition, founded the Wiener Volksbildungsverein, also strongly stood up for an "intellectual expansion of the city," which was also supposed to radiate from the MAK. Transmitting this message to the direct neighborhood is one of my key concerns. I am convinced that it is important to also contribute to the city where the institution is based as a socially engaged agent in manifold ways—and to preferably also do so in a much wider, international context. In this context, the location of the MAK at the Stubenbrücke is almost striking. Until recently, the "Lemurenköpfe" [lemurs heads] by Franz West were mounted here, furthermore, with the Lueger memorial, a very essential place of discourse is in direct vicinity, and—maybe most importantly—the museum forms a structural unit in the same block of buildings with the University of Applied Arts, a fact that is also due to real inner connection—beyond our courtyard and our actually common garden. In this exhibition alone, there are so many links to the university next door. So, the radiance of this message achieves various ranges of influence, and this is based, in every regard, on a strong idea of cooperation and the concept of a Museum of Applied Arts that doesn't only think in the essential aspects of collection and exhibition. The MAK is supposed to be a place full of life, and the topic of this exhibition emphasizes this fact. Here, we are storing documents of sumptuous fests, of artists' fests, and of enormous design ideas. We are now making an exhibition on all of this, and I believe that it is also our responsibility to transcribe such content into the present and to continue to contribute rather than staying put in our chairs. We don't only want to look back at past possibilities but pass them on and ideally also involve people and invite them to cooperate, to contemplate what fest design can be and which statement a fest also has. That's why a "practical exercise" will also take place in April.

**Brigitte Felderer**  Isn't this topic almost contradictory: something ephemeral, temporal in a place that seems to be geared towards eternity?

**Lilli Hollein**  Given its duration, a fest may be ephemeral, and yet it stays in people's minds for a long time simply because special moments rarely last long enough. With the exhibition on the fest, we together want to send a signal here at the museum. The curators of the museum are all involved and are contributing to the project with their respective fields, their expertise, and each with their particular understanding of their parts of the collection. To be able to involve an entire museum is important and wonder-

ful to me, and the topic is well represented at the MAK in every regard and on every time axis, it is significant in all areas of the world and has been so for ages and—as you so nicely phrased it in the exhibition title—between representation and revolt. And that celebrating is not a self-indulgent, hedonistic derailment but can be a—especially also artistically—composed act, which at the same time can be political, strategic, and avant-gardist is to me in this case an interesting aspect. It is about the attention we give an occasion and the signal of appreciation that we try to convey to all participants. In this regard, we want to welcome our audience to this fest, which will last for several weeks here at this museum.

Herwig Weiser
*Ohne Titel* (MAK Wien), 2021
*Ohne Titel* [Untitled] (MAK Vienna), 2021
Fotografie     Photograph
Herwig Weiser

Giuseppe Bibièna
Bühnenbild aus *Architetture e Prospettive dedicate alla maestà di Carlo Sesto Imperador de Romani*, 1740
Stage design for *Architetture e Prospettive dedicate alla maestà di Carlo Sesto Imperador de Romani*, 1740
Stecher     Engraver: Johann Andreas Pfeffel
Kupferstich, Radierung     Copper engraving, etching
MAK, KI 2955-9

22

23

André Ostier
**Patricia Lopez-Willshaw auf dem Winter Ball im Hotel Coulanges, Paris, 30. Dezember 1958**
Patricia Lopez-Willshaw at the Winter Ball at Hotel Coulanges, Paris, 30 December 1958
Fotografie     Photograph
A. & A. Ostier

Giovanni Battista Metellino
Luster, Mailand, vor 1724
Chandelier, Milan, before 1724
Bergkristall, geschliffen; Stahl, poliert    Rock crystal, cut; steel, polished
MAK, GL 2655

25

Michael Stohl
Maskenball im Tanzsaal des Café Sperl, 1844
Fancy dress ball at the ballroom of Café Sperl, 1844
Sepia auf Papier     Sepia on paper
Belvedere, Wien     Vienna

26

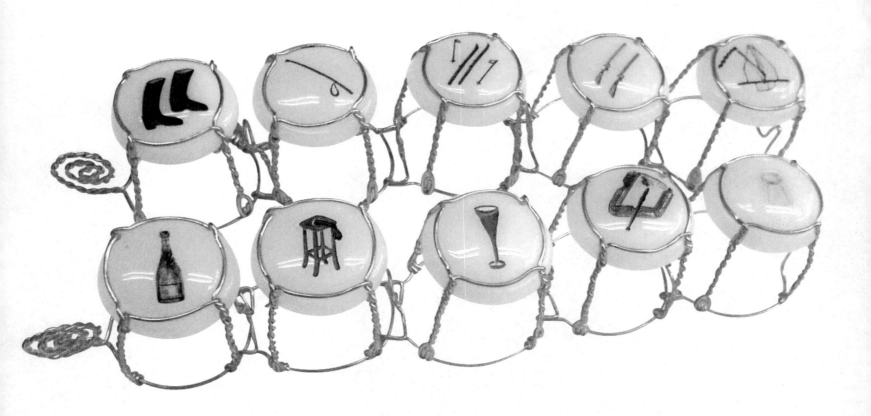

Anonym      Anonymous
Sektkorken-Armband, ca. 2002
Champagne cork bracelet, ca. 2002
Ausführung      Execution: A. E. Köchert
Golddraht; geschliffene, bemalte Chalzedone      Gold wire; polished and painted chalcedony
H.R.H. The Princess of Hanover

27

ALLGEMEINES GLEICHE

August Stefan Kronstein
Allegorie *Maifeier*, Beilage zur Maifestschrift der Sozialdemokraten, 1907
Allegory *Maifeier* [May Day Celebrations], free supplement to the May Day Festschrift of the Social Democrats, 1907
Farbdruck    Color print
Verein für Geschichte der ArbeiterInnenbewegung

28

1. MAI 1899

# THE FEST.
# Zwischen Repräsentation und Aufruhr

# THE FEST:
# Between Representation and Revolt

# (Brigitte Felderer)

# Vorab

Als wir Ende 2021 mit dem Projekt loslegten, ließ sich bereits auf zwei Jahre zurückschauen, die von Rückzug, von Isolation, von Misstrauen geprägt waren und ihre nach wie vor spürbaren Spuren hinterlassen hatten. Feste wieder feiern zu können, bedeutete, Familie und Freund*innen bedingungslos sehen zu können, wieder auf neue Menschen zu treffen, Unerwartetes zuzulassen, sich in der Aufmerksamkeit der anderen zu spiegeln, zu sein, weil man gesehen wird – im dichten und analogen Raum. Die Realität, die dann hereingebrochen war, ist keine der Rückkehr zu einst gewohnten Sicherheiten, ganz im Gegenteil. Wie sich verhalten in Zeiten von Krieg, von Mangel, Ausbeutung und Geldentwertung? Kann Feiern noch zu einem gesellschaftlichen Sinn beitragen? Die Frage ist freilich nur rhetorisch gemeint. Feiern und Feste sind und bleiben Mittel und Medien, Rituale und Systeme, die unterhalten mögen oder auch nicht. In jedem Fall ist das Fest eine Möglichkeit, um Gedächtnis zu bilden, um Zugehörigkeiten zu demonstrieren, im allerbesten Sinn Solidarität zu behaupten, Selbstermächtigung zu zeigen. Bei Festen tanzen wir auf Vulkanen, verlieren einen nächsten Tag aus dem Blick und versichern uns doch unseres Lebens, unserer Geschichte, der großen wie vieler kleiner. Die Lust zu feiern mag uns zuletzt vergangen sein und doch gehört sie dringend dazu, um weiterzumachen und Zukunft zu erzeugen.

# Festhalten

Feste sind vergänglich, sie sind wiederkehrend, zelebrieren Anlässe und Stimmungen, erzeugen ihre eigenen Wirklichkeiten, die sich letztendlich als lebendige Erinnerungen manifestieren. Feste transformieren Menschen, laden zu einem Ausnahmezustand ein, lassen uns mitunter ungewohnte Rollen einnehmen oder gar hinter Masken auftreten, wohl sicht-, jedoch nicht ohne Weiteres erkennbar. Feste verändern Orte, ob private oder solche einer Demimonde, einer Zwischenwelt, in der sich vieles mischt, sie lassen Öffentlichkeit entstehen und sie sind imstande, kritische wie fröhliche, zornige wie begeisterte Massen zu versammeln, zusammenzubringen und auf diese Weise einzuwirken, auf eine Stadt, auf eine Gesellschaft. Die Strahlkraft eines Festes mag sich akribischer Planung, überzeugenden Ideen, manchmal auch großen Budgets, glamourösen Gästen und ungewöhnlichen Roben oder auch exzeptionellen Orten, unvergesslichen Grenzüberschreitungen oder geschichtsmächtigen Anlässen verdanken. Feste bereiten jedoch genauso eine geradezu kathartische und zumindest regenerierende Unterbrechung eines banalen und gewohnten Alltags, einer sozialen Ordnung, lassen sich doch Rollen und Positionen, kurzum: Machtsysteme jeglicher Art, vorübergehend außer Kraft setzen. Wer feiert, demonstriert dabei auch Freiheitsansprüche, wer Party macht, meint es gut mit sich, ahnt, spürt und weiß, dass Feste vieles auslösen, Ungeplantes ermöglichen und neue Begegnungen zulassen – oder auch etwas demonstrieren und dabei Erinnerung wie Zukunft schaffen: ein Jubiläum, einen Übergang im Leben, ein Versprechen, eine Forderung an sich selbst oder an andere.

Wenn sich das MAK dem Fest widmet, werden zunächst die Sammlungen des Museums und damit auch das Selbstverständnis einer solchen Institution befragt, als ein Ort, der bewahrt und schützt, Bildungsangebote macht, über Generationen hinausdenkt und plant: Das Fest ist wohl ein exklusives und elitäres und dabei doch auch ein radikal demokratisches Ereignis wie Thema.

Mit der bürgerlichen und proletarischen Aneignung einst elitärer – und nur bestimmten Klassen vorbehaltener – Repräsentationsformen veränderten sich auch die Anlässe, die zu Festlichkeiten führten. Mag etwa eine Fürstenhochzeit die (medien-)politische Bedeutung eines solchen Bündnisses nach außen tragen, so haben die großen Bälle eines bürgerlichen Zeitalters zwar auf adlige Formen reagiert, doch feierte man sich in erster Linie selbst. Ein großer Ball im 19. Jahrhundert diente wohl noch gesellschaftlichen Debuts und stellte einen Markt möglicher Verbindungen dar, war aber zugleich Bühne individueller Luxusentfaltung. Wenn der mexikanische Silberminenerbe Charles de Beistegui 1951 in Venedig einen „Bal Oriental" veranstaltete, später immer wieder als „Ball of the Century" tituliert, schuf er dabei ein Ereignis, das seine Gäste auf eine gleichsam gesellschaftspolitische Reise mitnahm. Ein Rollenwechsel wurde erzwungen, echter Adel traf auf Hollywoodaristokratie und auf Luxusschneider wie Christian Dior oder den jungen Pierre Cardin. Der Palazzo Labia, an dem dieses exemplarische Fest veranstaltet wurde, war vom Gastgeber kurz zuvor erworben worden, und die vorhandenen Tiepolo-Fresken gerieten zur inszenierten Kulisse für den „Bal Oriental" – quasi frisch für die Party gemalt. Motto der Nacht war ein Maskenball aus der Zeit des Rokoko. Doch war das Fest dennoch zeitgenössisch und nachkriegsmodern: ein internationaler Jetset feierte einen klassenübergreifenden Hedonismus; Geburt und Geld, Stil und Schönheit waren verwechselbar geworden, Klassenschranken lieferten Anlass zur Selbsterfindung. Ein gelungenes Fest versichert uns auch unserer selbst, bewahrt uns gewissermaßen vor einem „sozialen Tod". Man muss ein Fest nicht unbedingt

selbst besuchen, über Feste lässt sich schreiben, Feste fanden und finden in öffentlichen Räumen statt, Bilder entstehen und werden geteilt, einst über Erinnerungsbücher, Kupferstiche, die in hohen Auflagen in ganz Europa verteilt wurden, später durch Filme und Fotografien und nicht zuletzt durch digitale Social Media.

## Fest-Kompetenz

Künstler*innen haben Feste geplant, entworfen und umgesetzt und nicht selten mitgefeiert. Es gab Feste, die sie als Auftragsprojekte gestalteten oder an denen sie als gleichsam professionelle Gäste teilnahmen und mitwirkten, und solche, in denen sie zwanglos blieben. Feste boten ständige gestalterische Herausforderungen, um Wünsche nach Raffinesse und Differenzierung genauso wie Dringlichkeiten von Subversion und Propaganda umzusetzen. So stellen Künstlerfeste ein wesentliches Kapitel der Ausstellung dar. Das Motto eines Festes, Einladungskarten, Plakate, Kostüme, Raumgestaltungen, Fotos, Filmaufnahmen, die festliches Treiben dokumentieren wollten, erlauben einen exemplarischen Einblick in die Geschichte urbaner Festkulturen in Wien, Tokio, Venedig oder Paris.

In diesem Sinne haben Künstler*innen nicht nur Feste im Dienste einer Herrschaft gestaltet, sondern wurden als autonom Feiernde zu Role Models und Angehörigen einer neuen Klasse, die unbefangen wie anmaßend, subversiv wie respektlos Einflüsse von außen und innen, von oben und unten aufgriffen. Diese Selbstermächtigung bezog sich nicht nur auf festliche Inhalte und Formen, sondern genauso auf Lebensstile und gesellschaftliche Freiheiten, die an Festen ablesbar werden.

Eine künstlerische Existenz bot Projektionsflächen, die schließlich auch zur Entwicklung einer Unterhaltungs- und Freizeitindustrie beitrugen und von dieser instrumentalisiert wurden. Freiheitsgefühle kommen längst als Ware daher und lassen sich heutzutage – wer das braucht und mag – im Urlaubsprogramm reguliert konsumieren und zumindest lässt sich über soziale Medien an entsprechenden Oberflächen anderer teilhaben.

Das Ausstellungsprojekt setzt unterschiedliche Schwerpunkte, erzählt gleichermaßen eine Kunst- wie Kulturgeschichte des Fests, als geschichtsbildendes Ereignis, als rauschenden wie experimentellen Selbstentwurf, als Aneignung des Unbekannten, als Herrschaftsgeste, als Strategie der Auflehnung, als eine weit zurückreichende Geschichte sozialer Medien, als „Luxus für alle" wie als Abgrenzungsmechanismus. Das Fest spiegelt gesellschaftliche Veränderungen wider und nimmt sie zugleich vorweg.

# Feste erzeugen Öffentlichkeit

Feste sind nicht zwingend mit Unterhaltung gleichzusetzen, Feste verfolgen ernsthafte Interessen, spiegeln große und kleine Weltgeschichten, sind Ausdruck sich wandelnder Konsumgewohnheiten, so wie sie die Ansichten und Erzählungen einer Stadt ausmachen oder zugleich ändern. Die Orte für Feuerwerke und Festzüge, öffentliche Turniere und Triumphpforten sind als breite Boulevards, in Plätzen zum gebauten Bestand urbaner Räume geworden. Was einst immer wieder neu inszeniert und illuminiert wurde, hat sich als städtischer, als öffentlicher Raum entwickelt – mit prächtigen Fassaden, flanierendem Publikum, künstlichem Licht, Events und Aufregung, Konsum und Verschwendung.

So wird seit langer Zeit auch wieder ein Schatz der MAK Bibliothek zu sehen sein, ein kostbares Erinnerungsbuch, das anlässlich der Feierlichkeiten zu einer habsburgischen Hochzeit, die am 1. August 1571 in Wien stattgefunden hatte, angefertigt wurde. Die Illustrationen in diesem herausragenden Werk zeigen die Austragungsorte und erlauben eine Zeitreise durch die Stadt. Sie ermöglichen nicht nur einen Einblick in historische Festgestaltung, sie dokumentieren auch, wie sich eine Stadt als öffentlicher Schauplatz, zur festlichen Bühne gestalten ließ. Das Machtkalkül, das an fürstliche Hochzeiten geknüpft war, wurde durch aufwendige mehrwöchige Festlichkeiten nach außen getragen, in den städtischen Raum, der so zu einem öffentlichen Raum geriet – Öffentlichkeit wurde bleibend geschaffen, auch wenn die Festlichkeiten irgendwann beendet waren. Man feierte große Ereignisse, ob Hochzeiten, Geburten, jahreszeitliche wie politische Anlässe, mit Festzügen, Festtafeln, Spielen, Maskenbällen, öffentlichen Illuminationen ganzer Straßenzüge, Feuerwerken und Beflaggungen, höfischen Bällen und Veranstaltungen auf den zentralen Plätzen und Straßen einer Stadt.

In der Ausstellung sind Darstellungen solcher historischen Inszenierungen zu sehen. Die Bestände des Museums wie die Leihgaben kooperierender Institutionen und Sammlungen zeigen dabei die gestalterische Vielfalt, den Erfindungsreichtum einer Umsetzung, die so vieles zu bedenken hatte, vom Blumenschmuck über die Beleuchtung bis zu den Kleidern, der Inszenierung einer Tafel, die Dramaturgie des Programms drinnen wie draußen.

# Luxus für alle

Bis zum Ende der Monarchie wurde die öffentliche Festkultur in Österreich in einer entsprechend „weihevollen Erhabenheit" (Pia Janke) eigentlich ausschließlich von Kaiserhaus und Kirche bestimmt. Das internationale Erstarken der Sozialdemokratie und ihre Bedeutung für die Geschichte Wiens wurde schließlich an den Massenfestspielen der Zeit, an den Formaten einer politischen Festkultur deutlich. Austrofaschismus und Nationalsozialismus hingegen instrumentalisierten festliche Repräsentationsformen für ihre autoritären Ideologien.

Bereits die ersten Feiern zum politischen 1. Mai im Wien der 1890er Jahre führten zum ersten Mal in der Geschichte des Landes derart große Menschenmengen zusammen. Festparaden und Feuerwerke sollten für die Maifeiern veranstaltet werden. Filme hielten bereits früh das festliche Programm fest, fotografische Dokumentationen und künstlerisch gestaltete Drucksorten – ob Festschriften, Plakate oder Flugzettel –, aufwendige Fahnen und Choreografien wurden lange vorbereitet.

Diesem revolutionären Aufbegehren standen – im Wortsinn – außergewöhnliche Möbelstücke gegenüber, die sich heute in der Sammlung des MAK befinden. So wurde etwa der sogenannte Aquarellschrank als gleichsam unvergängliches Hochzeitsgeschenk für Kronprinz Rudolf und seine Braut Stephanie gefertigt. Die nicht vorrangig praktische Funktion eines solchen Möbels trat hinter dessen symbolische Gewichtigkeit zurück. Das massive Werkstück sollte die Bedeutung einer fürstlichen Hochzeit gegenüber herannahenden historischen Umbrüchen bekräftigen, sozusagen in Holz „zementieren". Das „Geschenk" lässt dabei keinerlei Aspekte von Individualität, von persönlicher Gabe aufkommen, es macht keine Zugeständnisse an persönliche Wünsche, sondern die Beschenkten blieben Medien politischer Überlegungen, der festliche Anlass entsprach politischem Kalkül.

Der legendäre Festzug anlässlich der Silberhochzeit von Kaiser Franz Joseph und Elisabeth 1879, der Kaiser-Huldigungs-Festzug 1908 oder der Trauerzug im Rahmen des Begräbnisses Kaiser Franz Josephs 1916 werden in der Ausstellung ebenso gezeigt wie die proletarischen Massenereignisse und Maifeiern mit ihren aufwendigen Festparaden in der Zwischen- und Nachkriegszeit bis hin zu Festformen, die während der 1990er Jahre in Großbritannien eingesetzt wurden, wie etwa am 18. Juni 1999 der „Carnival against Capital", der auf den gleichzeitig stattfindenden G8-Gipfel reagierte. Erinnert werden muss an dieser Stelle auch an die im Wien der 1970er Jahre am (heutigen) Naschmarktparkplatz veranstalteten „Kling-Klang-Feste", die schließlich zu einem neuen Nachdenken über die Nutzung öffentlicher Räume in Wien führen sollten – Feste, die weiterhin zu feiern sind!

Die theoretischen Grundlagen zu einer Beschreibung von Verhaltensformen in urbanen Räumen, in denen eine Stadtgesellschaft aufeinandertrifft, wurden jedoch bereits zuvor geschärft und eigentlich seit der Antike eingefordert beziehungsweise wohl schon seit Langem immer wieder neu vermisst. Wer diese Diskurse in aller gebotenen Genauigkeit und Tiefe verfolgen will, sei auf die Tätigkeiten der Stiftung Bibliothek Werner Oechslin verwiesen, und niemals ließen sich deren Aktivitäten in wenigen Sätzen kondensieren, doch wer eintaucht, wird schnell erkennen, dass *Urbanität gefeiert wird und sich nie verordnen lässt.*

Ein konkretes wie aktuelles Beispiel liefert die zeitgenössische Clubkultur: Kollektives Tanzen wurde in Zeiten von Lockdowns zu einer bedrohten städtischen Realität, ihr Verlust schmerzhaft spürbar, nicht allein für die Feiernden, sondern für das demokratisch durchmischte Gefüge einer großen Stadtgesellschaft. Wenn nächtliche Freiräume nicht zugänglich, nicht praktiziert werden, ersticken auch Prozesse des Austausches zwischen Jugendkulturen und dem Mainstream, es fehlen wesentliche Bühnen für freie Identitäten, für den Rausch und die so auch mitgemeinte Auseinandersetzung mit kapitalistischen Konsumdynamiken. Feiern bedeutet auch, kollektive Ereignisse zu ermöglichen, die Menschen nicht aggressiv aufeinanderprallen lassen, tragen sie doch zu Verhaltensformen bei, die Gemeinschaften miteinander leben lassen, über Generationen-, Klassen- und viele andere Grenzen hinweg.

## Aneignung

Die geradezu ungenierte, unreflektierte oder schlichtweg gewünschte Aneignung von Epochen, Exotismen und Kulturen in festlichen Praktiken zeigt (erst?) aus heutiger Sicht die dunkle Seite einer Geschichte des Fests, die sich speiste aus symbolischen wie materiellen Erträgen von Eroberung, Kolonialismus und Ausbeutung anderer. Und es kann wahrlich keine Legitimation bedeuten, solche Übernahmen als amoralisch zu beschreiben, obwohl sie als solche vielleicht erlebt und genossen wurden. Nicht nur die Weltkriege hatten alte Zugehörigkeiten und Ordnungen zerstört, feudale Systeme waren längst von individuellen Selbstentwürfen abgelöst worden. Wer feierte, gehörte wohl zur Society, doch war die Gesellschaft eine andere geworden und ohnehin waren Feste auch eine Beweis-

führung einer Geschmacksentfaltung, die sich nicht auf Traditionen verlassen wollte, sondern einem wilden oder aber einem abgrenzenden wie konservativen Synkretismus folgte. Aneignung sollte in der Nachkriegszeit wohl auch eine Offenheit sichtbar machen, die sich nüchterner Funktionalität widersetzen wollte. Aneignung meinte möglicherweise auch einen Blick auf die Welt, der nicht zwingend Ausbeutung, sondern etwas naiv Weltläufigkeit meinte. Die eigenen Zusammenhänge genügten nicht mehr, erschienen als Zwänge und erlaubten keine Möglichkeitsräume, die gesellschaftliche Mobilität und Innovation zuließen. Man wollte so vieles hinter sich lassen und nachholen und wusste noch nicht genau, auf welche kulturellen Versatzstücke zurück- und hingreifen.

## Selbstbehauptung

Helmut Lang und Demna Gvasalia für Balenciaga können seit den 1990er Jahren wohl als exemplarische Gestalter für eine Auffassung festlicher Dresscodes genannt werden, die weder Maskerade noch Status, weder nationale Zugehörigkeit noch simple Sexyness repräsentieren. Beide verstehen Kleidung als eine „gear", die gleichermaßen urban wie offen bleibt, frei von Geschlechterzuordnungen, frei von Kleiderzwängen, frei von Wertzuschreibungen, deren festliche Selbstbehauptung sich letztlich über das Selbstbewusstsein einer Person manifestiert. Mode unterwirft sich in einer solchen Auffassung keinem Rahmen, sondern schafft sich ihre individuellen Räume. Die Party findet statt, für sich selbst, nicht für die „anderen". Man kauft keine Kleider für den Anlass, man definiert Kleidung in gebotener Ironie und Subversion.

# Zur Ausstellung

Die Schau folgt keiner engen zeitlichen Abfolge. Vielmehr werden einzelne Themen gesetzt, wird einzelnen exemplarischen Objekten und Werken Raum gegeben, und doch fügen sich die thematischen Schwerpunkte zu einer geordneten Erzählung, die aus einer Festkultur des 19. Jahrhunderts zurück ins Barock und Rokoko führt, um mit den historischen Brüchen, etwa durch das Ende der Habsburgermonarchie, in einer Moderne anzukommen, die durch große politische Bewegungen wie durch künstlerische Avantgarden geprägt ist. Die Feste der internationalen Arbeiterbewegung genauso wie Künstlerfeste und Bälle einer sich neu formierenden High Society, die andere Kriterien der Zugehörigkeit als Geburt und Stand geltend macht, sind zu sehen. Und die Ausstellung endet nicht bei immersiven Erfahrungen einer zeitgenössischen Clubkultur.

Mehr als 650 Objekte, die zu zwei Dritteln aus den Sammlungsbeständen des MAK kommen und zu einem Drittel Leihgaben aus österreichischen wie internationalen Sammlungen und Archiven darstellen, zeigen die Bandbreite des Themas.

Zu sehen sind kostbare Bücher, Gemälde, Zeichnungen, Kupferstiche, die bereits im Barock erste Aufgaben von Massenmedien übernahmen, um Festbeschreibungen an allen europäischen Höfen zirkulieren zu lassen, Einladungskarten, Plakate, Fahnen, Möbelstücke, Champagnergläser, Scherzgefäße, Tafelaufsätze, Luster und Leuchten, Schmuckstücke, Kostümentwürfe, Kleider und Verkleidungen, Gesellschaftsfotografie, Filme, Arbeiten zeitgenössischer Künstler*innen, Erinnerungsbücher, Porzellanobjekte, Aquarelle – all das in einer raumgreifenden Installation des österreichischen Bildhauers

Peter Sandbichler, der einen detaillierten Dialog mit Werken anderer Künstler*innen sowie historischen Werken und Objekten aufnimmt.

Die Ausstellung kombiniert künstlerische Arbeiten und Projekte der Gegenwart mit solchen der Geschichte. Der Blick auf Altes wird neu gerichtet, Kontexte werden verschärft oder anders gesetzt. So lässt sich auch sehr unmittelbar und sinnlich erfahren, dass künstlerische Gestaltungen Feste nicht allein zum Zweck der Repräsentation und Unterhaltung konzipieren und umsetzen. Festliches hat Künstler*innen immer auch provoziert, und umgekehrt wussten Künstler*innen ihrer kritischen Haltung auch und gerade in einem festlichen Format zornigen Ausdruck zu verleihen.

# Die Aufsätze

Das vorliegende Buch zur Ausstellung umfasst Beiträge unterschiedlicher Expertisen. Die vorbereitenden Gespräche mit allen Autor*innen wurden zu wichtigen Impulsen für das gesamte Projekt.

So wird das Verbot des antiken Dionysos-Kults behandelt, als ein frühes staatliches Vorgehen gegen öffentliche Feste, oder grundlegend der Diskurs zur „Urbanitas", als leitende Theoriebildung zu urbanen Verhaltensformen und festlichem Gebaren: Wer feiert, folgt Regeln oder bricht diese oder erfindet sie gar neu. Und: Feste beziehen sich auf städtische Räume, auf Plätze, Straßen, und tragen so zur Vergesellschaftung bei. Feste vergehen und hinterlassen dabei ein städtisches Lebensgefühl – diesseits von Tourismus oder jeglicher Eventkultur.

Andere Beiträge gehen auf die Tafelkultur ein, die als ein geschichtlicher Spiegel, einem Kosmos gleich, der sich auf einer Tischdecke entfaltet, ein Panorama festlicher Gestaltung vorführt. Je nach Tischschmuck haben sich Göttinnen, Herrschende oder schlichtweg Hungrige und Begierige oder auch nur Zaungäste um eine Tafel versammelt und versammeln müssen. Die sogenannten Künstlerfeste werden früh zu einem wichtigen Experimentierfeld für neue künstlerische Formate, für künstlerische Selbsterfindungen, für die Subversion überkommener Vorstellungen von Luxus und sie loten die Möglichkeiten von Orten und Räumen aus, um so auch Konventionen künstlerischer Präsentation zu überschreiten. Eine exzessive Club- und Ravekultur bedarf selbstverständlich genauso präziser Planungen und Entwürfe, um ein Publikum in „altered states" zu versetzen und auch wieder daraus zurückkehren zu lassen. Und in der Publikation werden auch so bezeichnete „Exzessmöbel" (Sebastian Hackenschmidt) dargestellt, die als pompöse Geschenke gewissermaßen als Hohlformen einer Gesellschaftsform erscheinen, die sich nur noch auf ihre Repräsentation beziehen konnte, die inhaltliche Behauptung war längst abhandengekommen und von einer modernen und demokratischen Zeitvorstellung abgehängt worden.

Gestaltet wurde das Ausstellungsbuch von Wolfgang Ortner, Simon Walterer und Team. Der Band lässt den interdisziplinären Spagat, den die Beiträge vorgeben, haptisch wie visuell erfahren. Schließlich bildet angewandte „Festkunst" (Anne-Katrin Rossberg) eine wesentliche Grundlage für die Sammlung des MAK.

Wer sich mit dem Fest beschäftigt, wer zum Fest forscht, wer tiefer bohrt, wird schnell feststellen, dass man das Thema gar nicht ernst genug nehmen kann, zu vieles hängt davon ab.

# Mehr

Neben den Arbeiten der beitragenden Künstler*innen haben neben vielen anderen folgende Publikationen die Konzeption der Ausstellung begleitet:

Doringer, Bogomir/Felderer, Brigitte (Hg.), *Faceless. Re-inventing Privacy Through Subversive Media Strategies*, Berlin 2018

Gadamer, Hans-Georg, *Die Aktualität des Schönen*, 2. Aufl., Stuttgart 2012

Oechslin, Werner/Buschow, Anja: *Festarchitektur. Der Architekt als Inszenierungskünstler*. Katalog zur gleichnamigen Ausstellung im Stadtmuseum Düsseldorf, Stuttgart/Düsseldorf 1984

Haag, Sabine/Swoboda, Gudrun (Hg.), *Feste feiern. 125 Jahre Jubiläumsausstellung*, Ausstellungskatalog, Wien 2016

Hachleitner, Bernhard/König, Julia (Hg.), *Victor Th. Slama. Plakate, Ausstellungen, Masseninszenierungen*, Wien 2019

Janke, Pia, *Politische Massenfestspiele in Österreich zwischen 1918 und 1938*, Wien/Köln/Weimar 2010

Judson, Pieter M., *Habsburg. Geschichte eines Imperiums 1740–1918*, München 2018

Und – keineswegs zuletzt – seien hier die Künstler*innen genannt, ohne deren Zutun dieses Projekt so nie möglich gewesen wäre:

Astro Polygon, Petra Bacher, Bogomir Doringer mit Rafael Kozdron, eSeL, Cerith Wyn Evans, Marcus Geiger, Gelitin, Thomas Hörl, Elke Krystufek, Kris Lemsalu, Haruko Maeda, Michèle Pagel, Patrick Rampelotto, George Rei, Liddy Scheffknecht, Christian Schwarzwald, Yinka Shonibare, Nicole Six und Paul Petritsch, Philip Topolovac, Anna Vasof, Herwig Weiser, Wiener Times, Maria Ziegelböck, Siegfried Zaworka, Heimo Zobernig

# To Begin With

When we started off with the project at the end of 2021, we were already looking back at two years that were dominated by withdrawal, isolation, and distrust and had left their still noticeable traces. To be able to celebrate parties again, meant to be able to see family and friends unconditionally, meet new people again, open the space for the unexpected, and see your reflection in other people's attention because you are seen— in the dense and analogue space. The reality that then had manifested itself was not a return to once known stability, quite the contrary. How to behave in times of war, deprivation, exploitation, and inflation? Can celebrating still contribute to a purpose in society? This question, of course, can only be meant rhetorically. Parties and fests are and remain ways and means, rituals and systems, that may entertain or also not. In any case, a fest is a possibility to form memories, to express belonging, in the best case to prove solidarity, show self-empower-ment. At fests, we dance on volcanos, lose sight of a next day, and ensure ourselves that we are still alive, that we have a narrative, a general one and many individual ones. We may have lost the joy of cele-brating lately and yet it is as essential as urgent for us to continue and create a future.

# Commemorating

Fests are ephemeral, they are recurring, celebrate occasions and atmospheres, form their own realities that eventually manifest themselves as living memories. Fests trans-form people, invite us to a state of exception, let us assume sometimes unfamiliar roles, or even appear behind masks, visible but not easily identifiable. Fests change places, whether private or those located in a demi-monde, a world in between, where a lot comes together, they create the public, and are able to gather and bring together critical as well as joyous, angry as well as enthusiastic masses and thus generate an impact on a city or a society. The radiance of a fest may be due to meticulous planning, convincing ideas, sometimes also large budgets, glamorous guests, and unusual robes, but also exceptional places, unforgotten trespassing of boundaries, or occasions with historical consequences. Fests, however, also create an almost cathartic or at least regenerating interruption of a banal and familiar everyday life, of a social order, as roles and positions—in short: systems of power in all their facets— can be temporarily disabled. When you celebrate, you are also claiming freedom, when you are partying, you are being good to yourself, you feel and know that fests can trigger a lot, make the unplanned possible, and allow for new encounters—or also demonstrate something and in the process form memories as well as future: an anniversary, a transition in life, a promise, an expectation towards oneself or others.

When the MAK dedicated itself to the fest, answers were first sought in the collections of the museum and thus in the self-under-standing of the institution as a place that preserves and protects, provides learning opportunities, thinks and plans beyond generations: The fest may be a both exclusive as well as elitist and at the same time also radically democratic event and topic.

With the bourgeois and proletarian appro-priation of once elitist—and only reserved for certain social classes—forms of representation, the occasions that led to festivities also changed. While a royal wedding may convey the importance of such a union in (media) politics, the large balls in a bourgeois era did indeed react to noble forms but mostly celebrated themselves. While a large ball in the 19th century probably did still serve a debut in society and provided a market for possible connections, it was also a stage for individual expression of luxury. When Charles de Beistegui, heir of Mexican silver mines, hosted the "Bal Oriental" in Venice in 1951—later repeatedly titled the "Ball of the Century"—he created an event that also took his guests on a socio-political journey. A change of roles was forced, real nobility met Hollywood aristocracy and luxury tailors like Christian Dior or young Pierre Cardin. The Palazzo Labia, where this exemplary fest was held, had shortly prior been purchased by the host, and the existing Tiepolo frescos became the staged setting for the "Bal Oriental"—basically freshly painted for the party. The theme of the night was a masquerade ball from the era of Rococo. At the same time, the fest was contemporary and postwar-modern: an international jet set celebrated hedonism across classes; birth and money, style and beauty had become exchangeable, class boundaries provided an opportunity for self-invention. A successful fest, a party also reassures us of ourselves, in some way saves us from "social death." You don't necessarily have to attend a fest yourself, you can also write about fests, fests have always taken place and continue to take place in the public realm, images are made and shared, in the past through commemorative books, copper engravings that were spread over Europe in a high number of copies, later through films and photographs, and most recently through digital social media.

# Fest Competence

Artists have planned, designed, and implemented fests, and not rarely they also joined the party. Some fests were designed as commissioned projects, some they participated in and contributed to as professional guests, and at some they remained casual. Fests were an opportunity for constant artistic challenge, to implement wishes for sophistication and differentiation just as much as the urgency of subversion and propaganda. Therefore, artists' fests ("Künstlerfeste") form an essential chapter of the exhibition. The theme of a fest, invitation cards, posters, costumes, room design, photos, film recordings to document the festive buzz, give us an exemplary insight into the history of urban fest culture in Vienna, Tokyo, Venice, or Paris.

In this regard, artists no longer designed fests that served a supreme power but as auto-nomously celebrating artists became role models and members of a new class that without inhibition and presumptuously, subversively as well as without respect adopted influences from within and outside, from above and below. The self-empowerment not only took place with regard to festive content and forms but also to life styles and social liberties which are reflected in a festive event.

An artistic existence provided a projection screen that would eventually also contribute to and be instrumentalized by the entertainment and leisure industry Feelings of freedom became a product, and nowadays they can be—if needed and wanted—consumed through a holiday program or at least participated in via the superficial appearance of other people's social media.

The exhibition project has different focus points, it equally tells an artistic as well as cultural story of the fest as a history-making event, as a sumptuous and experimental self-design, as the appropriation of the unknown, as a gesture of power, as a strategy of revolt, as the early history of social media, as "luxury for all," and as a mechanism of setting boundaries.

The fest reflects changes in society and at the same time anticipates them.

# Fests Create the Public

Fests do not necessarily equal entertainment, they follow serious interests, reflect world history on a larger or smaller scale, are an expression of changing consumer habits, and they also form as well as change the images and narratives of a city. The places of fireworks and parades, public tournaments and triumphal arches have become built inventory of urban spaces in the form of wide boulevards and squares. What once was repeatedly staged and illuminated has today become urban space—with splendid façades, a strolling audience, artificial light, events and excitement, consumption and extravagance.

In this context, for the first time in many years, a treasure from the MAK Library will be on display again, a valuable commemorative book produced on the occasion of the celebration of a Habsburg wedding that took place in Vienna on 1 August 1571. The illustrations in this exceptional piece of work show the venues, take us on a journey through time of the city that not only allows for insights into historical fest design but also documents how a city could turn into a public showplace, a festive stage. The striving for power linked to royal weddings

was presented as elaborate festivities over several weeks to the world, the urban space that hence turned into public space—the public was created to last even though the festivities eventually ended.

Major events like weddings, births, and seasonal as well as political occasions were celebrated with parades, banquettes, games, masquerade balls, public illuminations of entire streets, fireworks and flags, balls at court, and events on the central squares and streets of the city.

In the exhibition, images of such historical stagings are on display. Objects from the museum as well as loans from cooperating institutions and collections show the creative variety, the inventiveness of an implementation that had to consider so much: from flower decoration to dress codes, the presentation of a ceremonial table, the dramaturgy of the program indoors as well as alfresco.

# Luxury for All

Until the end of the monarchy, public fest culture in Austria in a respective "weihevolle Erhabenheit" [reverent sublimeness] (Pia Janke) was more or less exclusively determined by the Court and the Church. The international rising of Social Democracy and its meaning for Vienna's history eventually became evident in the mass festivals of the time and in the formats of political fest culture. Austrofascism and Nationalsocialism however instrumentalized formats of festive representation for their authoritarian ideologies.

Already the first celebrations for political May Day in Vienna in the 1890s, for the first time in the history of the country, brought so many people together. Festive parades and fireworks were supposed to be organized for the May celebrations. Films already early on documented the festive program, photographic documentations and artistically designed forms—whether Fest-schriften, posters, or flyers—, elaborate flags and choreographies were prepared long in advance.

This rebellious revolt literally stood vis-à-vis exceptional pieces of furniture that are today part of the MAK's Collection. For example, the aquarelle cabinet was made as a, so to say, everlasting wedding present for Crown Prince Rudolf and his wife Stephanie. The anyhow not predominantly practical function of such a piece of furniture was much less important than its symbolic meaning. The solid piece of work was supposed to emphasize the meaning of a royal wedding in light of approaching historical changes, to basically "cement" it in wood. The "present" doesn't give rise to any aspects of individuality, of a personal gift, it doesn't consider any personal wishes. Instead, the persons receiving the gift remained media of political reflection, the festive event staged a political calculus.

The legendary parade on the occasion of the silver wedding of Emperor Franz Joseph and Elisabeth in 1879, the "Kaiser-Huldigungs-Festzug"—a parade worshipping both the Emperor and the Empire—in 1908, or also the funeral procession for Emperor Franz Joseph's funeral in 1916 are addressed in the exhibition, just as the proletarian mass events and May Day celebrations with their elaborate festive parades in the time between WWI and WWII and after WWII, as well as the kinds of fests that occurred in the 1990s in Great Britain like, for example, the "Carnival against Capital" on 18 June 1999, which was a reaction to the G8 summit that took place at the same time. Here, we also have to remember the "Kling-Klang-Feste" that took place in Vienna in the 1970s next to Naschmarkt and would eventually result in a reconsideration of the use of public spaces in Vienna—fests that need be continued to be celebrated! The theoretical foundations to describe conduct of behavior, of politeness in urban spaces where an urban society meets were already cultivated much earlier on and more or less demanded since Antiquity or rather repeatedly missed for a long time. If you are interested in following these discourses with all due precision and profundity, please resort to the activities of the Stiftung Bibliothek Werner Oechslin. Their activities could never be condensed in a few sentences but if you dive into it, you will soon recognize that *urbanity is celebrated and never decreed*.

A specific as well as recent example is contemporary club culture: collective dancing became an endangered urban reality in times of lockdowns, its loss was painfully evident not only for those celebrating but also for nothing less than the democratically mixed structure of a diverse urban society. When nocturnal places of freedom are not accessible, do not take place, processes of exchange between youth culture and the mainstream also cease to exist, essential platforms for free identities, for excess, and the thus also included discussion of capitalistic consumption dynamics are missing. Celebrating also implies making collective events possible that stop people from aggressively clashing, that demand conducts of behavior that enable groups to live together beyond generational, class, and many other kinds of boundaries.

# Appropriation

The downright uninhibited, thoughtless, or

just desired appropriation of epochs, exoticisms, and cultures in festive practices from today's perspective (only now?) show the dark side of the history of fests that lived on symbolical and material profits from conquest, colonialism, and exploitation. And it can really not serve as a legitimization to describe such adoptions as amoral although they were maybe experienced and enjoyed as such. Not only the world wars had destroyed old affiliations and orders, feudal systems had long been replaced by individual self-images. Those who celebrated probably belonged to (Café) Society but society had changed and fests were in any case also proof on the un-folding of a taste that didn't want to rely on traditions but followed a wild or also conservative syncretism. Appropriation in the years after the war was probably also supposed to reveal an openness that wanted to resist matter-of-fact functionality. Appropriation possibly also implied a perception of the world that not necessarily meant exploitation but somewhat naively cosmopolitanism. One's own background was no longer enough, was considered a constraint, and didn't allow for any realms of possibility that enabled social mobility and innovation. People wanted to leave so much behind and catch up with so much and were deeply insecure which cultural elements to draw upon or not.

# Assertiveness

Since the 1990s, Helmut Lang and Demna Gvasalia for Balenciaga can probably be named as exemplary designers for an understanding of festive dress codes that represent neither masquerade nor status, neither national affiliation nor simple sexiness. Both conceive clothing as a kind of "gear" that remains equally urban as open, free of gender attributions, free of dress codes, free of value attributions, the festive assertiveness of which is ultimately manifested by the self-esteem of a person. From this perspective, fashion doesn't submit itself to any kind of framework but creates its own individual space. The party takes place for itself and not for "others." Items of clothing are not bought for the occasion but clothing is defined with due irony and subversion.

# On the Exhibition

The show doesn't follow a strict time line. Rather, individual topics are positioned, single exemplary objects and works are given space, and yet the thematic focus points form a structured narrative that leads from the fest culture of the 19th century back to Baroque and Rococo to then span historical bridges, for example with the end of the Habsburg monarchy, to a Modernity that is influenced by major political movements as well as artistic avant-gardes. The fests of the international workers' movement as well as the artists' fests and balls of a newly forming High Society that follows different rules of affiliation than those of birth and status are on display. And the exhibition doesn't end with immersive experiences of contemporary club culture.

More than 650 objects, two-thirds of which are from the Collection of the MAK and one-third are loans from Austrian as well as international collections and archives, show the spectrum of the topic.

On display are valuable books, pictures, drawings, copper engravings, which already took on the role of mass media during Baroque to circulate descriptions of a fest to all European courts, invitation cards, posters, flags, pieces of furniture, champagne glasses, "Scherzgefäße" (joke vessels), center pieces, chandeliers and lamps, jewelry, costume designs, clothes and fancy dresses, event photography, films, works by contemporary artists, commemorative books, porcelain objects, watercolor paintings—all of this in a spacious installation by the Austrian sculptor Peter Sandbichler who enters into a detailed dialogue with works by other artists as well as historical works and objects.

The exhibition combines artistic works and projects from the present with those from the past. What is old is viewed from a new perspective, contexts are highlighted or placed differently. Thus, visitors can experience in a very direct and sensual way that artistic designs don't only conceive and implement fests for the mere sake of representation and entertainment. Festivity has always also provoked artists, and vice versa artists always knew how to give their critical opinion a furious expression also and especially in a festive format.

# The Essays

This book on the exhibition includes contributions by different experts. The introductory conversations with all authors became important impulses for the entire project.

For example, the prohibition of the Dionysus cult in Antiquity is addressed as an early line of action of the state against public fests. Fundamental is also the discourse on "urbanitas" as a guiding theory building on politeness and festive demeanor: When you are celebrating, you are following rules or breaking these or even reinventing them. And: Fests refer to urban spaces, places, streets, and thus contribute to sociality. Fests do end but contribute to an urban sense of life—beyond the realm of tourism or any kind of event culture.

Other contributions address the culture of ceremonial boards that, like a historical mirror, similar to a cosmos that unfolds on the table cloth, presents a panorama of festive design. Depending on the table decoration, goddesses, rulers, or simply hungry and eager people, or just bystanders gathered or were forced to gather around a table. The so-called artists' fests early on became an important field of experimentation for new artistic formats, for artistic self-invention, for the subversion of traditional ideas of luxury, and they fathom the possibilities of locations and spaces to thus also overcome conventions of artistic presentation. Excessive club and rave culture obviously also requires a precise planning and design to shift an audience into "altered states" and also let it return from these states again. And the publication also presents so-called "excessive pieces of furniture" (Sebastian Hackenschmidt) that as pompous presents appear as hollow molds of a form of society that was only able to bear on representation because its substantial justification was long lost and had been overcome by a modern and democratic concept of time.

The exhibition book was designed by Wolfgang Ortner, Simon Walterer, and team. The volume captures the interdisciplinary balancing act the contributions predefine, and let it become haptically as well as visually tangible. After all, applied "fest art" (Anne-Katrin Rossberg) forms an essential foundation for the collection of the MAK.

If you engage with the fest, conduct research on the fest, delve deeper, you will quickly realize that the topic cannot be taken seriously enough, that too much depends on it.

# More

In addition to the works by the contributing artists, the following publications, among many others, accompanied the concept of the exhibition:

Doringer, Bogomir/Felderer, Brigitte (ed.), *Faceless. Re-inventing Privacy Through Subversive Media Strategies*, Berlin 2018

Gadamer, Hans-Georg, *Die Aktualität des Schönen*, 2nd edition, Stuttgart 2012

Oechslin, Werner/Buschow, Anja: *Festarchitektur. Der Architekt als Inszenierungskünstler*. Catalog to the eponymous exhibition at the Stadtmuseum Düsseldorf, Stuttgart/Düsseldorf 1984

Haag, Sabine/Swoboda, Gudrun (ed.), *Feste feiern. 125 Jahre Jubiläumsausstellung*, exhibition catalog, Vienna 2016

Hachleitner, Bernhard/König, Julia (ed.), *Victor Th. Slama. Plakate, Ausstellungen, Masseninszenierungen*, Vienna 2019

Janke, Pia, *Politische Massenfestspiele in Österreich zwischen 1918 und 1938*, Vienna/Cologne/Weimar 2010

Judson, Pieter M., *Habsburg. Geschichte eines Imperiums 1740–1918*, Munich 2018

And—last but not least—here are the artists who made this project possible in this form:

Astro Polygon, Petra Bacher, Bogomir Doringer with Rafael Kozdron, eSeL, Cerith Wyn Evans, Marcus Geiger, Gelitin, Thomas Hörl, Elke Krystufek, Kris Lemsalu, Haruko Maeda, Michèle Pagel, Patrick Rampelotto, George Rei, Liddy Scheffknecht, Christian Schwarzwald, Yinka Shonibare, Nicole Six and Paul Petritsch, Philip Topolovac, Anna Vasof, Herwig Weiser, Wiener Times, Maria Ziegelböck, Siegfried Zaworka, Heimo Zobernig

WIENER TIMES
#1807 Giant Hand Stephanie Seymour, 2018
Baumwolle, Leinen, Leder, Polyester      Cotton, linen, leather, polyester
WIENER TIMES

Christian Schwarzwald
*ELFIES*, 2015
Tusche auf Papier    India ink on paper
Christian Schwarzwald

Anonym     Anonymous
**Friedrich von Berzeviczy-Pallavicini im Kostüm für den** *Bauernball in Alt-Salzburg* **in London, 1937**
Friedrich von Berzeviczy-Pallavicini in a fancy dress costume for the *Bauernball in Alt-Salzburg* in London, 1937
Fotografie     Photograph
**Universität für angewandte Kunst, Kunstsammlung und Archiv     University of Applied Arts, Art Collection and Archive**

*54*

Mein Kostüm
für den Ball in Botschaft
in London 9 Dec 1937.
Stoff beige ~~und~~ Braun
die Hosen beige und Blau
von HAUS- und GARTEN.
Jabot aus plissierten silber
papier. an der Jacke
hier und da runde Spiegel
apliciert

die Jacke
leinen

! Tempi passati !
Damals war ich zauberhaft
Jetzt bin ich rund und gemütlich

55

# Oesterreichische Ballsensation in London

London, 16. November. (Eigenbericht.)

Der österreichische Gesandte in London, Frankenstein, veranstaltet am 9. Dezember im Gesandtschaftspalais ein großes Fest zugunsten der Winterhilfe. In den letzten Tagen sind bei tausend Einladungen an die prominentesten Persönlichkeiten Englands ergangen. Das Fest wird unter der Devise „Bauernball in Alt-Salzburg" abgehalten.

Um das Lokalkolorit richtig zu treffen, werden alle Dekorationen in Österreich hergestellt. Man wird in der Gesandtschaft nach den bunten und ideenreichen Plänen des bekannten österreichischen Malers Franz Taussig den Zauber von Salzburg und der Mozart-Zeit wieder erstehen lassen.

\*

Die Feste der österreichischen Gesandtschaft waren wiederholt die Sensation der Londoner Gesellschaft. Bilder von der Faschingsveranstaltung des vergangenen Jahres machten die Runde durch die illustrierten Blätter der Welt. Der „Bauernball", der heuer den Auftakt der Londoner Season bilden soll, dürfte aber, nach den Vorbereitungen zu schließen, alles Bisherige weit übertreffen. Eine originell gezeichnete Einladung in typisch österreichischer Aufmachung wirbt in vornehmster Art für den Besuch des Festes.

Seit Tagen und Wochen arbeiten in der Kunstgewerbeschule unter der Anleitung des Malers Franz Taussig die besten Schüler der Klassen Prof. Kirnig und Prof. Wimmer an den Dekorationen. In dem großen Aktzeichensaal der Kunstgewerbeschule am Stubenring erstehen die Räume, die in ein paar Wochen die vornehmste Gesellschaft Londons begeistern sollen. Die Mitarbeit der jungen Leute soll die Kunstfertigkeit unseres Nachwuchses auch dem Ausland zeigen.

Breite, bunt bemalte Bänder hängen elf Meter hoch von der Decke herab und bilden das festliche Zelt, mit dem man den großen Saal der Londoner Gesandtschaft schmücken wird. Das Zentrum nimmt eine stabile Drehbühne ein, die vierfach geteilt den Raum in gemütliche Bauernstuben verwandelt.

Da ist das Jagdzimmer. Geweihe, Gams- und Rehkrickeln hängen an den Wänden. Allerhand jagdliches Gerät ist hier vorhanden. Die zweite Stube führt in bäuerliches Milieu. An langen Stangen hängen Wäschestücke, Strümpfe, Röcke und Hüte. Eine große Bauernuhr, Bildchen aus Alt-Vaters-Zeiten, Pfeifenständer und Salzburger Holzschnitzereien zieren die Wände.

Im dritten Raum ist ein Heuriger etabliert. Auf den Wandbrettern hat man Flaschen mit österreichischen Weinsorten gestapelt. Windlichter flattern, Bretzelständer und Körbe sind bereit, um die Salzstangeln aufzunehmen. Der vierte Raum führt ins bürgerliche alte Salzburg. Es ist so recht eine „gute Stube" mit den Bildern der lieben Verwandten, die in Perücke und barocker Tracht der fröhlichen Gesellschaft zulächeln.

Vitrinen mit altem Porzellan und Fächern vervollständigen den bunten Wandschmuck. Alles das hat August Miller-Aicholz aus seinen Sammlungen zur Verfügung gestellt.

\*

Die englische Gesellschaft, die dieses Fest besuchen wird, soll, soweit sie Österreich schon kennt, manche vertraute österreichische Einrichtung wieder finden. In einer Ecke hat man eine Tabak-Trafik aufgebaut. Ansichtskarten von Salzburg mit österreichischen Marken frankiert werden hier ausgegeben. Noch am Morgen nach dem Fest reisen sie mit dem Postflugzeug nach Österreich, werden vom Salzburger Hauptpostamt abgestempelt und an die Londoner Adressaten befördert. Neben der Trafik und dem österreichischen Postkastel sind ein Kaffeehaus und eine Konditorei eingerichtet. An der Wand hängen in die typischen Rahmen gespannt, Salzburger Zeitungen; Kaffee mit Schlag, Kipfel, Kaisersemmeln, Krapfen und Wiener Süßigkeiten werden hier serviert.

Die Sensation des Festes ist zweifellos die bäuerliche Hochzeitstafel. Ein Riesentisch mit buntem Linnen gedeckt, trägt mächtige Keramikschüsseln, üppig mit Gulasch, Knödeln, G'selchtem und heißen Würsteln gefüllt. In bauchigen Kannen und Krügen steht der Wein bereit. Auf metergroßen Platten türmen sich Krapfen und Apfelstrudel. Der ganze Raum schimmert im Licht der vielen festlichen Kerzenkandelaber. Es wird wohl ein eigenartiger Anblick sein, wenn die Spitzen der Londoner Gesellschaft, die Politiker und ihre Damen, hier einen Bauernteller voll mit Gulasch und Knödel in der Hand, die originelle österreichische Küche preisen werden.

Das Hochzeitszimmer ist mit zeltförmig aufgehängten Streifen geschmückt. Rote Herzen, Störche und Wickelkinder mit der Aufschrift „Made in Austria" sind lustig aufgemalt. An den Wänden hat man die Hochzeitsgeschenke, eine Kinderwiege mit karriertem Bettzeug, Blumen, Würste und Schnaps aufgestapelt. An langen dekorativen Kleiderhaken haben die „Bauern" ihre Hüte aufgehängt. Auch diese Hutgalerie ist eine originelle Sammlung, die man aus Wien nach London bringen wird.

\*

Während die unteren Räume dem Essen und ländlichen Gemütlichkeit gewidmet sind, wird man im oberen Stockwerk des Gesandtschaftsgebäudes Tanz und Musik zu Geltung kommen lassen. In reizender Anmut gemalt, werden die „Engel der Musik", ein „Donauweibchen" und der „Zauberwald des Papageno" sich von den zartrosa Seidentapeten abheben. Die Wände sind wieder mit kunstvoll bemalten Streifen geziert, die Szenen aus Mozarts Opern zeigen.

\*

An der Kunstgewerbeschule in der Klasse Prof. Wimmers drängen sich die Schülerinnen, um noch rasch die letzten Entwürfe für die Kostüme abzugeben. Heute soll die Mappe, es mögen etwa hundert Blätter sein, per Flugzeug nach London befördert werden. In der österreichischen Gesandtschaft wird eine Schaustellung veranstaltet, um den Festgästen die Möglichkeit zu geben, sich, wie es die Einladung vorschreibt, „stilgerecht" dem Alt-Salzburger Milieu anzupassen.

Prof. Wimmer hat in der „Albertina" einen alten Stich entdeckt, der ein bäuerliches Kostümfest der Kaiserin Maria Theresia darstellt. Zu den Barockkostümen tragen die Damen große Tiroler Hüte und die Kleider sind dirndlmäßig drapiert. Man könnte den Stich als die erste Fassung des Begriffs „Tyrolian", der Vermengung von städtischer und ländlicher Mode, bezeichnen. Dieser alte Stich mit seinen vielen Kostümen für die Entwürfe der jungen Künstler bestimmend war.

\*

Und schon lassen die Londoner Schneiderinnen für die schönen Frauen der englischen Gesellschaft die bäuerlichen Kostüme aus Goldstoff und Brokat erstehen. Freilich heißt es, daß jene Besucherinnen des Balles, die besonders originell sein wollen, ihre Bauernkleider in Wien oder Salzburg bestellen werden.

\*

Eine Riesenmenge von Mühe und Arbeit, von gutem Willen und Begeisterung der vielen jungen Künstler, hat alle die tausend Gegenstände hervorgebracht, die für eine einzigen Abend vor den Augen dieses nicht alltäglichen Publikums stehen sollen, um für Österreich eindringlich zu sprechen.

Friedrich von Berzeviczy-Pallavicini
Kostüm für den *Bauernball in Alt-Salzburg* in London, 1937
Fancy dress costume for the *Bauernball in Alt-Salzburg* in London, 1937
Leinen, bedruckt    Linen, printed
Universität für angewandte Kunst Wien, Kunstsammlung und Archiv    University of Applied Arts Vienna, Collection and Archive

57

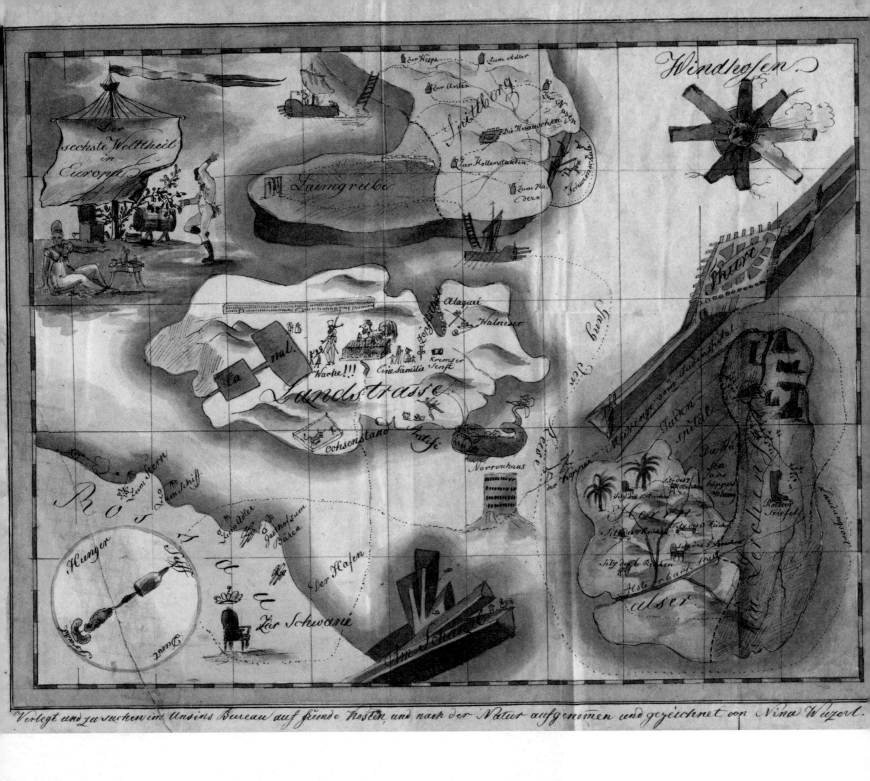

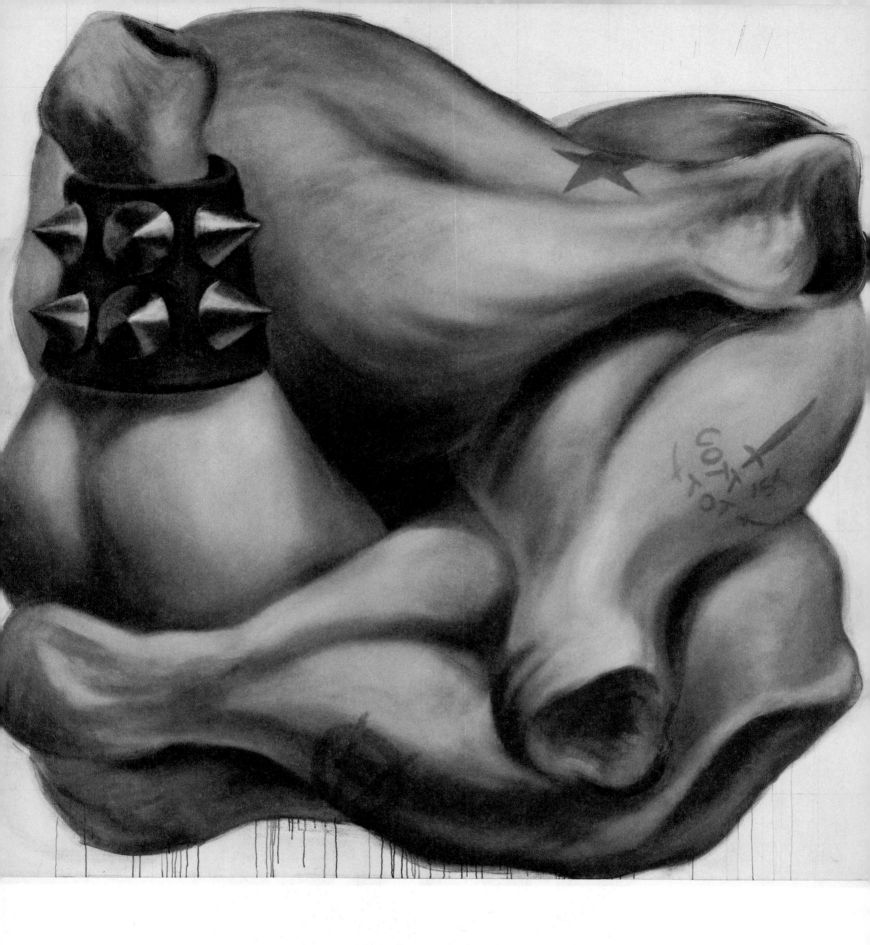

Siegfried Zaworka
*Knochenjob*, 2021
*Knochenjob* [Bone Job], 2021
Öl auf Leinwand     Oil on canvas
Siegfried Zaworka

Fred Adlmüller
Ensemble aus Kleid und Mantel, um 1975
Ensemble of dress and coat, ca. 1975
Seidengewebe, beflockt; Federn          Silk fabric, flocked; feathers
Universität für angewandte Kunst Wien, Kunstsammlung und Archiv          University of Applied Arts Vienna, Collection and Archive

Haruko Maeda
*Maria Anna von Österreich, 2018*
*Maria Anna von Österreich [Maria Anna of Austria], 2018*
Öl auf Leinwand    Oil on canvas
Privatbesitz    Private collection

61

Yinka Shonibare
Filmstill aus *Un Ballo in Maschera*, 2004
Film still from *Un Ballo in Maschera*, 2004
Courtesy of the artist and Stephen Friedman Gallery, London

Anonym      Anonymous
Maria Theresia im Turquerie-Kostüm, Mitte 18. Jahrhundert
Maria Theresia in a Turkery costume, mid-18th century
Öl auf Leinwand      Oil on canvas
Konvent der Elisabethinen, Klagenfurt

63

Anonym     Anonymous
Franz Stephan im Turquerie-Kostüm, Mitte 18. Jahrhundert
Franz Stephan in a Turkery costume, mid-18th century
Öl auf Leinwand     Oil on canvas
Konvent der Elisabethinen, Klagenfurt

Anonym      Anonymous
Vorlage für die Wiener Porzellanmanufaktur: *Nelke*, frühes 19. Jahrhundert
Pattern for the Wiener Porzellanmanufaktur: *Nelke* [Carnation], early 19th century
Deckfarbe auf Papier      Gouache on paper
MAK, KI 11290-143

65

Nicole Six & Paul Petritsch
*Ohne Titel* (sich bewegende Wand), 2011
*Ohne Titel* [Untitled] (moving wall), 2011
Metall, Spiegel      Metal, mirror
Nicole Six & Paul Petritsch

Anonym    Anonymous
Fotografie eines barocken Spiegelrahmens aus Süddeutschland, vor 1894
Photograph of a baroque mirror frame from Southern Germany, before 1894
Silbergelatineabzug    Gelatin silver print
MAK, KI 6849-1

Pl. 768.

**Modebild mit den Kostümen *Bückling*, *Perle* und *Holländerin***
Fashion image with the fancy dresses *Bückling* [Kipper], *Perle* [Pearl], and *Holländerin* [Dutchwoman]
In: *Illustrirte Frauen-Zeitung*, Leipzig 1889
Verlag    Publisher: Bruckmann
Stahlstich, koloriert    Steel engraving, colored
MAK, KI 8011-338

...tüm »Bückling« für ...haut aus gemalter Seide, Flossen und Schwanz aus Tuch mit Malerei. Kopfbedeckung aus Pappe. Tuch-Gamaschen; gefärbter Flachsbart.

Phantasie-Costüm »Perle« für junge Mädchen. Dreifacher, grüner, rosa und rother, mit Wachsperlen benähter Tarlatanrock und gleiches Blusenhemd. Mieder aus changirender Seide. Käppchen in Muschelform aus gemaltem weissen Atlas. Perlenschnüre... Hals und Arme; seidene Schuhe und Strümpfe. Muschel aus Draht mit Marzelline-Futter und doppelter, gemalter Gaze-Bekleidung.

Holländerin. Ungesäumter Tuchrock. Grosse geflickte Schürze und Schoosstaille aus Seide. Chemiset aus schwarzem Sammet. Haube mit Goldschmuck; Holzschuhe.

Gelitin
*Ohne Titel*, 2022
*Ohne Titel* [Untitled], 2022
Plastilin auf Holzplatte    Plasticine on wooden panel

**Anonym    Anonymous**
**Vorlage für die Wiener Porzellanmanufaktur:** *Zitrone*, 1. Hälfte 19. Jahrhundert
**Pattern for the Wiener Porzellanmanufaktur:** *Zitrone* [Lemon], 1st half 19th century
**Deckfarbe auf Papier    Gouache on paper**
**MAK, KI 11298-4**

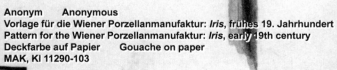

**Anonym        Anonymous**
Vorlage für die Wiener Porzellanmanufaktur: *Iris*, frühes 19. Jahrhundert
Pattern for the Wiener Porzellanmanufaktur: *Iris*, early 19th century
Deckfarbe auf Papier        Gouache on paper
MAK, KI 11290-103

Vorlage für die Wiener Porzellanmanufaktur: *Tulpe*, 1. Hälfte 19. Jahrhundert
Pattern for the Wiener Porzellanmanufaktur: *Tulpe* [Tulip], 1st half 19th century
Deckfarbe auf Papier     Gouache on paper
MAK, KI 11290-104

73

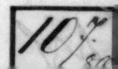

**1.MAI 1898.**

Wilhelm List
*1. Mai 1898 (Maifestschrift)*, 1898
*1. Mai 1898 (May Day Festschrift)*, 1898
Lithografie      Lithograph
Wienbibliothek im Rathaus, Druckschriftensammlung      Vienna City Library, Print Collection

Anna Vasof
Filmstill aus *1. Mai Posters Celebrating*, 2022
Film still from *1. Mai Posters Celebrating*, 2022
Digitale Bearbeitung historischer Maifestschriften    Digital editing of historical May Day Festschriften
Anna Vasof

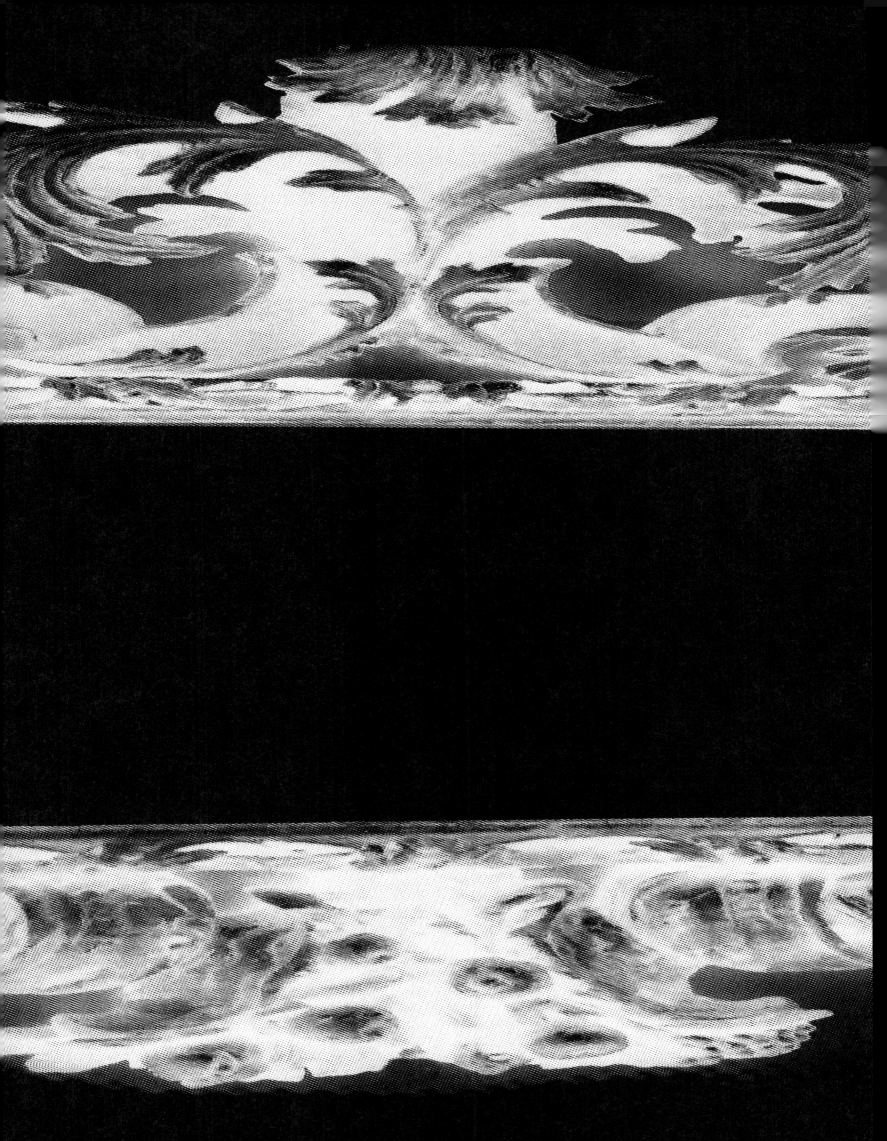

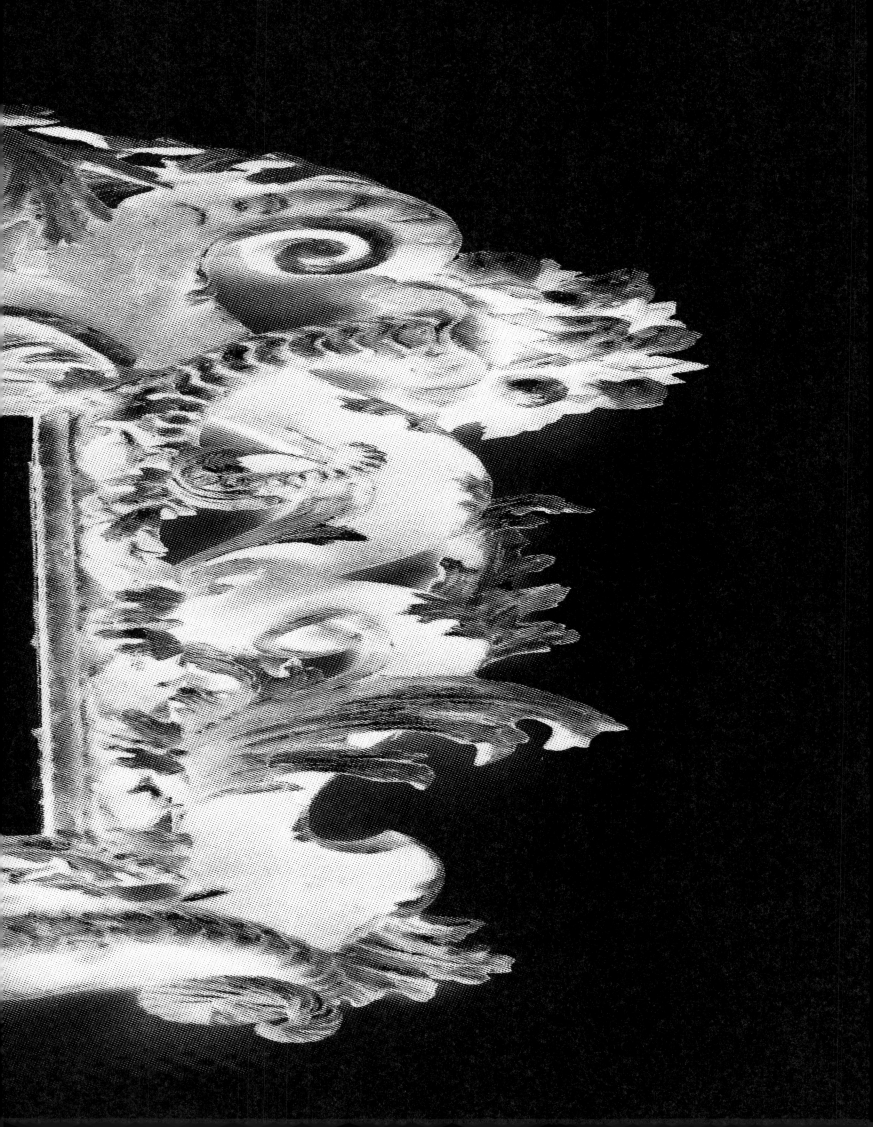

# Zur zeitgenössischen „Festarchitektur" von Peter Sandbichler

# On Peter Sandbichler's Contemporary "Fest Architecture"

# (Brigitte Felderer)

Die Ausstellung THE FEST. Zwischen Repräsentation und Aufruhr ist in einem inhaltlichen wie methodischen Austausch und nicht zuletzt in vielen Gesprächen und entlang vielfältiger Recherchen und Sichtungen entstanden. Inhaltliche Gestaltung und räumliche Erzählung wurden in einem kooperativen Prozess entwickelt, viele Impulse aus der Recherche in der Sammlung des MAK aufgenommen, aufgegriffen, so etwa in der Bibliothek des Museums die erstaunlichen Entwürfe Giuseppe Galli-Bibienas zu barocken Festarchitekturen, die sich in feinen Details der gegenwärtigen Ausstellungsgestaltung wiederfinden, oder der ebenfalls im Museum verwahrte Nachlass der Wiener Porzellanmanufaktur, in dem sich Hunderte botanisch naturgetreue meisterliche Blumenaquarelle finden, oder auch das überaus reich ausgestattete Erinnerungsbuch, das 1749 in Neapel anlässlich der politisch ersehnten Geburt des männlichen Thronfolgers des Königreichs beider Sizilien erschienen war, der nach fünf älteren Schwestern zur Welt gekommen war. Große Teil der Sammlung des MAK, auch raumgreifende Arbeiten unterschiedlicher Künstler*innen des 20. und 21. Jahrhunderts, befinden sich in für Besucher*innen unzugänglichen Bereichen des Museums und tragen dort wesentlich zu dessen Strahlkraft und Genius loci bei, strahlen an die sichtbare Oberfläche aus und bilden das ständig wachsende Gedächtnis des Hauses wie der Stadt, in der es sich befindet.

Ob all die kühnen Darstellungen nun Wünsche oder Wirklichkeiten zeigen, lässt sich kaum überprüfen – ob ein Fest seinem Entwurf nachhinkte oder diesen gar übertraf –, in jedem Fall ist die festliche Fiktion als historische Realität materialisiert und belegt in großartigen Darstellungen.

Peter Sandbichler hat sich als Künstler seit jeher höchst unterschiedlichen Aufgaben zugewandt und ebenso wurden ganz verschiedene Atmosphären, Situationen, Orte und Dringlichkeiten an ihn herangetragen. Seine Vorgangsweise baut auf vielen seiner Projekte auf, ist sozusagen erprobt, und doch hat sich der Künstler mit dieser neuen Aufgabe wiederum ein Experimentierfeld bereitet und – obwohl eine Ausstellung von langer Hand geplant werden muss – einen Raum für Improvisation ermöglicht.

Die Werke anderer Künstler*innen aus Gegenwart wie Geschichte, Gegenstände des festtäglichen Gebrauchs, Kleider und Maskeraden aus einer reichen Kostümgeschichte, Ephemera wie Schwerwiegendes – all das galt es, in der großen Ausstellungshalle des MAK nicht bloß unterzubringen. THE FEST als Schau bildet – wie es die Erinnerungsbücher der Renaissance oder des Barock exemplarisch vorführen – ein dreidimensionales Szenario für ein Fest, für vergangene Festlichkeiten oder solche, die noch kommen mögen. Dargestellt wird ein Möglichkeitsraum, der all die gezeigten Erinnerungsstücke verlebendigt, in die Gegenwart holt und ein Publikum zum genauen Hinschauen verführt, nicht weil man meint, etwas sehen zu sollen, sondern weil man sich dem Dargestellten gar nicht entziehen kann.

Die Ausstellung umfängt, sie bildet Atmosphären und doch erlebt man keine „Geisterbahn", sondern folgt einer Erzählung, die das Fest, die Feste als Ereignisse begreift, die trotz und wegen ihrer Flüchtigkeit immer Spuren hinterlassen haben. Der Ausstellung zum Fest sind unzählige Feste vorausgegangen und viele werden und müssen (mehr denn je) folgen. In diesem Sinn breiten sich Objekte der Erinnerung aus, ob Kleider und Schmuckstücke, die bei einem Fest getragen wurden, ob Gläser, in denen der Champagner perlte, ob Fahnen, denen eine feiernde und mitunter zugleich zornige Menge folgte.

Peter Sandbichler erfasst das Paradox einer Ausstellung, die in ihrer Dauer immer nur Gegenwart behauptet, dabei einen Blick in die Vergangenheit wirft und diese schon in einem darauffolgenden Jahr ganz anders fokussiert.

Das MAK – Museum für angewandte Kunst ist seit seiner Neuausrichtung durch den damaligen Direktor Peter Noever ein Museum, dessen Sammlung in einen zeitgenössischen Rahmen gesetzt wurde, von Künstler*innen, die ein museales Epochendenken an neue Rezeptionen heranführten. Peter Sandbichler geht nun in seinem Zugang auf das längst angebrochene Zeitalter des Anthropozäns ein und verwendet etwa für die Gestaltung der Ausstellung Karton, jedoch kein angekauftes, neu erzeugtes Material. Monate vor der Ausstellung waren Kartonverpackungen aus dem Fahrradhandel gesammelt und ins Atelier des Künstlers gebracht worden, um dort weiterverarbeitet zu werden. Nur der anfallende Verschnitt wurde schließlich entsorgt. Das ReUse-Konzept wurde von Peter Sandbichler geradezu optimiert: Er hat einen Schnittplan entwickelt, dessen Dimension sich an den jeweiligen Kontext anpassen lässt und der auf diese Weise die Grundlage für Module bildet, die aus dem Karton gefaltet und zur Stabilisierung auf Holzstaffeln montiert werden. Die so entstehenden Skulpturen können die Funktion einer Fassade, eines Plafonds, einer Wand annehmen. Immer auch und zugleich stellen sie autonome Skulpturen dar, übernehmen ihre Räume geradezu. Für Peter Sandbichler muss es nicht der White Cube sein, er wendet seine künstlerische Praxis in öffentlichen Räumen genauso an, wie er auch eine Bar transformiert. In Innsbruck

hat er etwa eine für das Stadtzentrum wesentliche Passage regelrecht erleuchtet, die seit ihrer Neuplanung einen informellen Ankerpunkt im urbanen Treiben und neue Aufenthaltsqualitäten bietet.

Der von Peter Sandbichler gestaltete Durchgang am Wiener Hauptbahnhof ist auf Beständigkeit ausgerichtet, muss Witterung und Aneignung aushalten können und wurde daher aus Keramik gefertigt, ein langlebiges Material, das in Würde und Schönheit altert. Vertraute Farben und weiche Oberflächen erzeugen den Eindruck von Wärme an einem eigentlich abweisenden Ort, werten ihn auf und transformieren einen notwendigen Durchlass in eine städtische Querung.

Die präzise Übersetzung eines bestimmten Materials in eine stimmige Atmosphäre, die nicht nur für sich strahlt, sondern immer Menschen involviert, auch außerhalb eines Ausstellungskontexts, zählt zu den wesentlichen Strategien in Peter Sandbichlers Werk. Wenn er Altäre entwirft, wie etwa für die Pfarrkirche im oberösterreichischen Gaspoltshofen, oder eine Bar, wie im Salzburger Rupertinum, so überlässt er seine künstlerische Arbeit höchst unterschiedlichen festlichen Zwecken, die von einer katholischen Messfeier zu einem gepflegten Besäufnis reichen können. Sandbichlers Kunst wird benutzt und sie wird gebraucht, weil sie Räume, ob öffentliche, halböffentliche, private oder solche, an denen konsumiert oder auch nur flaniert wird, in Orte des Austausches verwandelt. Und weil der Künstler immer wieder Materialien einsetzt, die eigentlich „arm" sind, wie Karton, die er aber durch handwerkliche Ingeniosität hebt und verfeinert, werden seine Arbeiten auch für ein diverses Publikum zugänglich, wird doch die künstlerische Vorgehensweise transparent und nachvollziehbar – so, als könnte man dem Zauberer beim Zaubern nicht nur zuschauen, sondern würde auch den Herstellungsprozess eines Kunststücks zu verstehen meinen. Ob die Kunst nun bildend oder eine angewandte sei, ist für Peter Sandbichler keineswegs unbedeutend. Vielmehr führen solch herkömmliche Differenzierungen dazu, künstlerische Projekte immer auch auf ihre Materialität, ihre handwerkliche Qualität, ihre Nachhaltigkeit und ihren durchaus praktischen Nutzen hinzuentwickeln – bei aller gebotenen Ausrichtung auf Diskurse und Positionen, die zeitgenössische Kunstproduktion und Kunstszenen um- und vorantreiben.

Peter Sandbichler gruppiert das detaillierte Modul, skulptural und eigenständig, zu einem großen Gefüge und legt mit seinen temporären Architekturen räumliche Möglichkeiten frei, die wohl raumfüllend werden und doch Freiheiten bereiten, ob nun für andere Objekte, Kunstwerke oder auch, um einen bestehenden Raum zu re-dimensionieren.

Sandbichlers künstlerische Arbeiten als „Festarchitektur" zu beschreiben, soll zugleich an die zentrale Forschungsarbeit von Werner Oechslin und Anja Buschow erinnern, in der die historische Dynamik untersucht wird, die mit Feuerwerken einsetzte, die in kurzen intensiven Minuten verglühen, sich zu Illuminationen steigerte, die städtische Fassaden und Plätze in Szene setzen, zu Festbauten führte, die für einen Umzug errichtet wurden, und sich schließlich im Bestand einer Stadtplanung wiederfindet, die den Stadtraum als Bühne für Öffentlichkeit und ungeplante Begegnungen denkt, inszeniert und baut. Die Stadt als Fest zu begreifen soll hier nicht bedeuten, sie Events und Konsum preiszugeben. Vielmehr ist eine Stadt gemeint, die Räume für höfliche Nähe und solche für respektvolle Distanz, für ein gleichgültiges und dabei aufmerksames „Aneinandervorbeigleiten" eröffnet, ohne identitär erzwungene Übereinstimmungen. Gemeint ist ein Ort, an dem

die Anonymität gefeiert wird, an dem das Festliche allen Flanierenden Raum gibt, niemanden ausschließt und Unerwartetes zulässt.

Peter Sandbichler privatisiert keine öffentlichen Räume, ganz im Gegenteil, sein Verständnis einer zeitgenössischen Festarchitektur denkt in künstlerischen Strategien, die immer schon auf Kooperationen mit Institutionen aufbauen, an einem Ort, der für eine Nacht aufsperrt, und solchen, die bleiben, und vor allem auf dem Austausch mit anderen Künstler*innen. Der Künstler gestaltet und er vermittelt einen Grundgedanken des Festlichen, nämlich zu experimentieren, bestehende Räume temporär zu ändern und neu zu sehen, mit „armen" Materialien nachhaltige Wirkung zu erzeugen und – dieser zerstörten Welt keinen weiteren Schaden zuzufügen.

The exhibition *THE FEST: Between Representation and Revolt* came into being through content-related and methodological exchange and, last but not least, many conversations and manifold research and reviews. Content-related design and spatial narration were developed in a cooperative process, many impulses were taken from the research in the collection and archives of the MAK. Examples of that exchange are Giuseppe Galli-Bibiena's surprising designs of baroque fest architecture in the library of the museum, which can be found in fine details of the current exhibition design, or also the estate of the Vienna Porcelain Manufactory, which is stored at the museum and in which hundreds of botanically realistic masterly water color paintings of flowers can be found, or also the very richly illustrated commemorative book published in 1749 in Naples on the occasion of the politically long awaited birth of the male heir to the throne of the Kingdom of the Two Sicilies, who was born after five older sisters. A major part of the MAK's collection, including the works by various artists of the 20th and 21st century, are located in areas of the museum that are not open to visitors and nevertheless essentially contribute to the museum's charisma and genius loci. They radiate to the visible surface and form the ever growing memory of the house as well as the city the museum is located in.

Whether all the daring illustrations show wishes or realities can hardly be verified—if a festive event stayed behind its concept or even exceeded it—, in any case the festive fiction is materialized as historical reality and documented in magnificent depictions.

As an artist, Peter Sandbichler has ever since turned to highly diverse tasks and he has equally been approached with very different atmospheres, situations, locations, and urgencies. His modus operandi is based on many of his projects, it is so to say proven and tested, and yet the artist opened himself a field of experimentation with this new task and—although an exhibition has to be planned way beforehand—made space for improvisation possible.

The works by other artists from the present as well as the past, objects for festive occasions, clothes, and masquerades from a rich history of costumes, ephemeral as well as profound things—all of this not only had fit into the MAK's great Exhibition Hall. *THE FEST* as a show forms—as the commemorative books from Renaissance or Baroque exemplify—a three-dimensional scenario for a feast, for past celebrations, or those to come. A realm of possibilities is presented that brings all of the displayed relics to life and into the present and tempts the audience to take a closer look. Not because you believe that you are supposed to see something but because it is impossible to withdraw from the displayed.

The exhibition captures, creates atmospheres, and yet it is not a "ghost train." It rather follows a narrative that views the fest or festivities as events that, despite and because of their fleetingness, have always left traces. The exhibition on the fest was preceded by countless fests and many (more than ever) will and have to follow. It is this context in which objects that are linked to memories unfold, be it clothes or jewelry worn for a celebration or glasses in which champagne bubbled or flags which a celebrating and sometimes at the same time furious crowd followed.

Peter Sandbichler captures the paradox of an exhibition, which for its time being only states the present while taking a look into the past and entirely changing its focus of this past again in a following year.

Since its reorientation under the former Director Peter Noever, the MAK – Museum of Applied Arts is a museum whose collection was placed into a contemporary framework by artists who introduced the thinking in eras typical of museums to new receptions. In his approach, Peter Sandbichler now addresses the new era of Anthropocene, which has long begun, and, for example, uses cardboard for the design of the exhibition but no material that was bought and newly made. Months prior to the exhibition, cardboard packages were collected from bicycle shops and brought to the artist's studio to be processed there. Only the remaining waste was ultimately thrown away. Peter Sandbichler somewhat optimized the reuse concept: He created a cutting pattern the dimensions of which adapt to the respective context and which thus forms the foundation for modules folded from the cardboard. These are then mounted onto wooden easels for stability. The sculptures created in this way can take on the function of a façade, a ceiling, or a wall. At the same time, they always also form autonomous sculptures and more or less take over their rooms. It doesn't have to be the White Cube for Peter Sandbichler, he also applies his artistic practice to public spaces just as much as he has transformed a bar. In Innsbruck, for example, he literally illuminated a passage that is essential for the city center. Since it's replanning, it has been an informal anchor point of urban life and provides a new sojourn quality.

The passage designed at Vienna's recently built central station by Peter Sandbichler is focused on persistence. It has to resist the weather and appropriation and was thus made of ceramic, a durable material that ages with dignity and beauty. Common colors and soft surfaces create an impression of warmth in an otherwise unwelcoming place, upgrade it, and transform a necessary passage into an urban crossing.

The precise translation of a specific material into a harmonious atmosphere that not only radiates for itself but always involves people also outside of an exhibition context is one of the essential strategies of Peter Sandbichler's work. When he designs altars, like for the parish church in Gaspoltshofen in Upper Austria, or a bar, like in the Rupertinum in Salzburg, he dedicates his artistic work to very different festive purposes which can range from a Catholic Mass to a civilized drinking spree. Sandbichler's art is used and it is needed because it turns space, whether it is public, semi-public, private, or just a location where people consume or simply stroll about, into places of exchange. And because the artist repeatedly uses materials that are rather "poor," like cardboard, but which he elevates and refines through skillful ingeniosity, his works are also open to a diverse audience as the artistic approach becomes transparent and comprehensible—just as if you couldn't only watch the magician perform magic but also believe to understand the way a magic performance works. Whether the art is fine or applied is in no way irrelevant for Sandbichler. Rather, such traditional differentiations result in artistic projects always also being developed with regard to their materiality, their artisanal quality, their sustainability, and their actual practical use—with all due consideration of the necessary orientation towards discourse and positions that ignite contemporary art production and the art scenes.

Peter Sandbichler groups the detailed modules, sculptural and independent, to a large arrangement and uncovers spatial possibilities with his ephemeral architecture that might complete the space and yet provide freedom be it for other objects, works of art, or also to re-dimension an existing space.

Describing Sandbichler's artistic works as "fest architecture" is also supposed to be evocative of Werner Oechslin und Anja Buschow's central research that studies the historical dynamic that began with fireworks, which burn in a few intensive minutes, developed into illuminations, which present urban façades and places, resulted in festive constructions, which are built for a procession, and is finally reflected in urban planning, where the urban space is conceived, presented, and built as a stage for the public and unplanned encounters. To realize a city as a fest here does not aim at surrendering it to events and consumption. It is rather a city that opens spaces for polite closeness and respectful distance, or an indifferent and at the same time considerate "gliding past each other" without identity-related forced conformity. This is a place where anonymity is celebrated, where festivity gives space to everybody passing by, excludes nobody, and tolerates the unexpected.

Peter Sandbichler doesn't privatize public spaces. On the contrary, his understanding of contemporary fest architecture thinks in artistic strategies that have always been based on cooperation with institutions in a place that opens up for one night or in places that stay and most of all on exchange with other artists. The artist designs and conveys a fundamental idea of festivity, and that is to experiment, change existing spaces temporarily and re-envision them, to create lasting effects with "poor" material, and to not add any further damage to this destroyed world.

Peter Sandbichler
*TWIST #03*, HIPP-Halle, Gmunden 2022

Peter Sandbichler
*UNTITLED*, Rupertinum, Salzburg 2005

Zur zeitgenössischen „Festarchitektur" von Peter Sandbichler
On Peter Sandbichler's Contemporary "Fest Architecture"
(Brigitte Felderer)

Peter Sandbichler
*UNTITLED*, Sankt Laurentius Kirche, Gaspoltshofen 2013

Peter Sandbichler
*ZWÖLF TÖNE*, Hauptbahnhof Wien 2019

Zur zeitgenössischen „Festarchitektur" von Peter Sandbichler
On Peter Sandbichler's Contemporary "Fest Architecture"
(Brigitte Felderer)

Peter Sandbichler
*UNTITLED*, Outreach Festival, Schwaz 2002

Peter Sandbichler
*47,16° NORD*, Sparkassenpassage, Innsbruck 2005

Zur zeitgenössischen „Festarchitektur" von Peter Sandbichler
On Peter Sandbichler's Contemporary "Fest Architecture"
(Brigitte Felderer)

89

Peter Sandbichler
*THE (W)HOLE ROOM*, Galerie Trabant, Wien    Vienna 1995

89

**Astro Polygon**
*Sagittarius A*, Wiener Vienna Schnellbahn, 2021
Sprühfarbe auf ET 4020      Spraypaint on ET4020
**Astro Polygon**

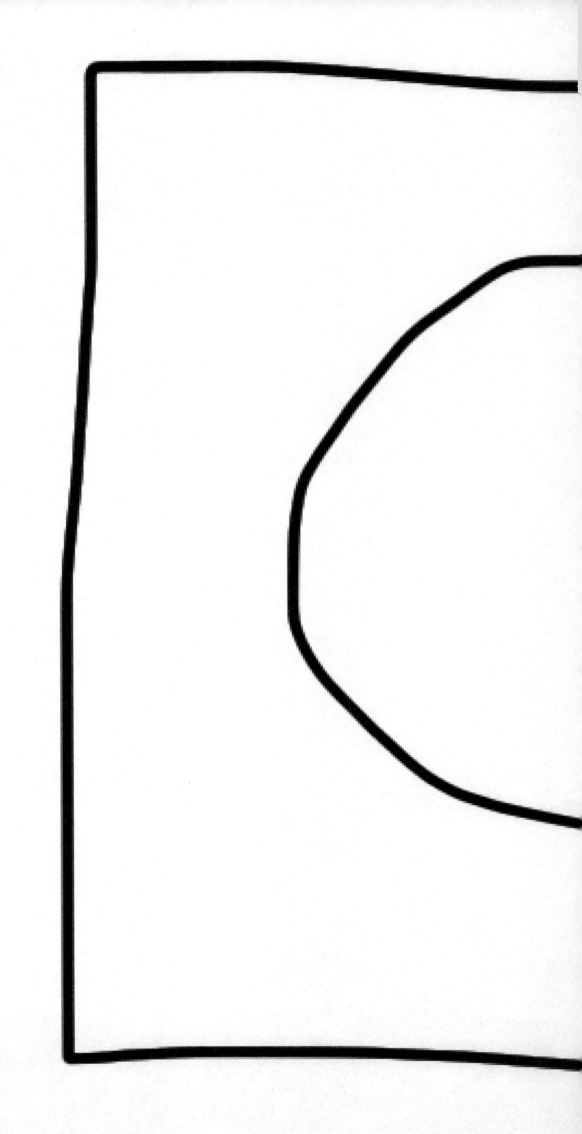

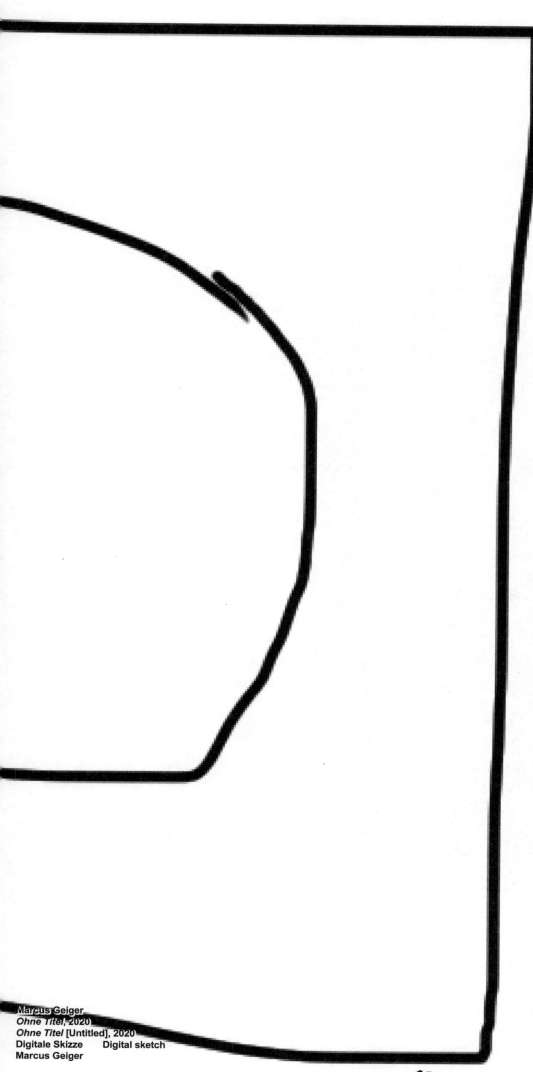

Marcus Geiger
*Ohne Titel*, 2020
*Ohne Titel* [Untitled], 2020
Digitale Skizze        Digital sketch
Marcus Geiger

Joseph Galli Bibiena Primarius Archit: S.C.C.M Iar. et delin.     I.A.Pfeffel S.C.M.Chalcogr. sculps. direx. A.V.

**Giuseppe Bibièna**
**Bühnenbild aus** *Architetture e Prospettive dedicate alla maestà di Carlo Sesto Imperador de Romani*, 1740
**Stage design for** *Architetture e Prospettive dedicate alla maestà di Carlo Sesto Imperador de Romani*, 1740
**Stecher      Engraver: Johann Andreas Pfeffel**
**Kupferstich, Radierung      Copper engraving, etching**
**MAK, KI 2955-11**

Patrick Rampelotto
*Exzesswand*, 2022
*Exzesswand* [Excess Wall], 2022
Pokalelemente, Metall galvanisiert    Trophy elements, galvanized metal
Patrick Rampelotto

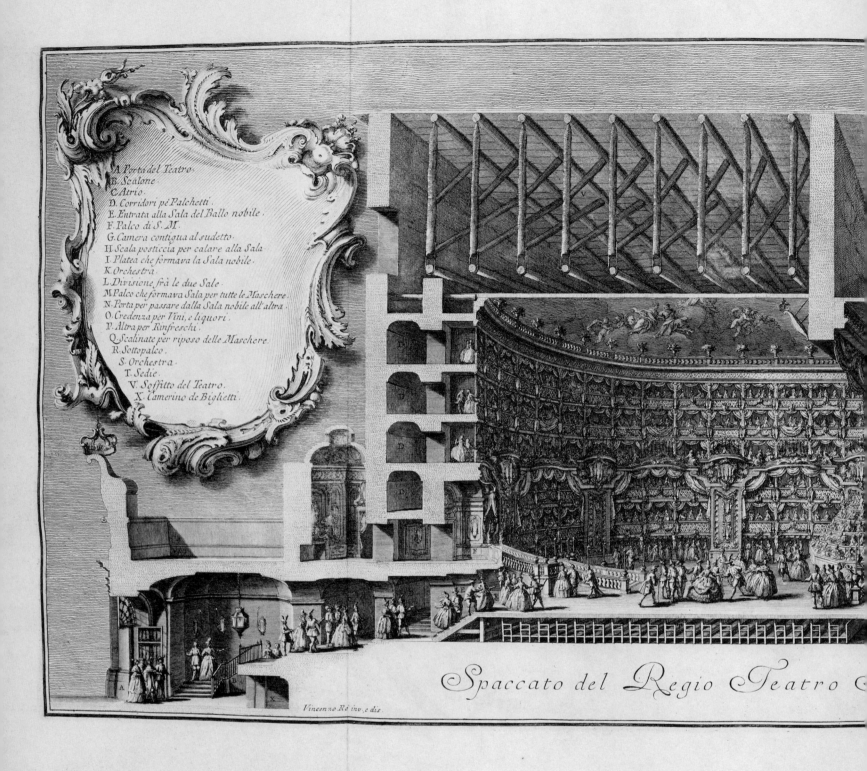

A. Porta del Teatro.
B. Scalone.
C. Atrio.
D. Corridori pe' Palchetti.
E. Entrata alla Sala del Ballo nobile.
F. Palco di S. M.
G. Camera contigua al sudetto.
H. Scala posticcia per calare alla Sala.
I. Platea che formava la Sala nobile.
K. Orchestra.
L. Divisione frà le due Sale.
M. Palco che formava Sala per tutte le Maschere.
N. Porta per passare dalla Sala nobile all'altra.
O. Credenza per Vini, e liquori.
P. Altra per Rinfreschi.
Q. Scalinate per riposo delle Maschere.
R. Sottopalco.
S. Orchestra.
T. Sedie.
V. Soffitto del Teatro.
X. Camerino de Biglietti.

Vincenzo Rè inv. e dis.

*Spaccato del Regio Teatro*

**Giuseppe Vasi**
Festdekoration aus *Narrazione delle solenni reali feste fatte celebrare in Napoli*, 1749
Festive decoration from *Narrazione delle solenni reali feste fatte celebrare in Napoli*, 1749
Kupferstich     Copper engraving
MAK, BI 4369

*rlo adornato per Festa di Ballo*

Giuseppe Vasi incise

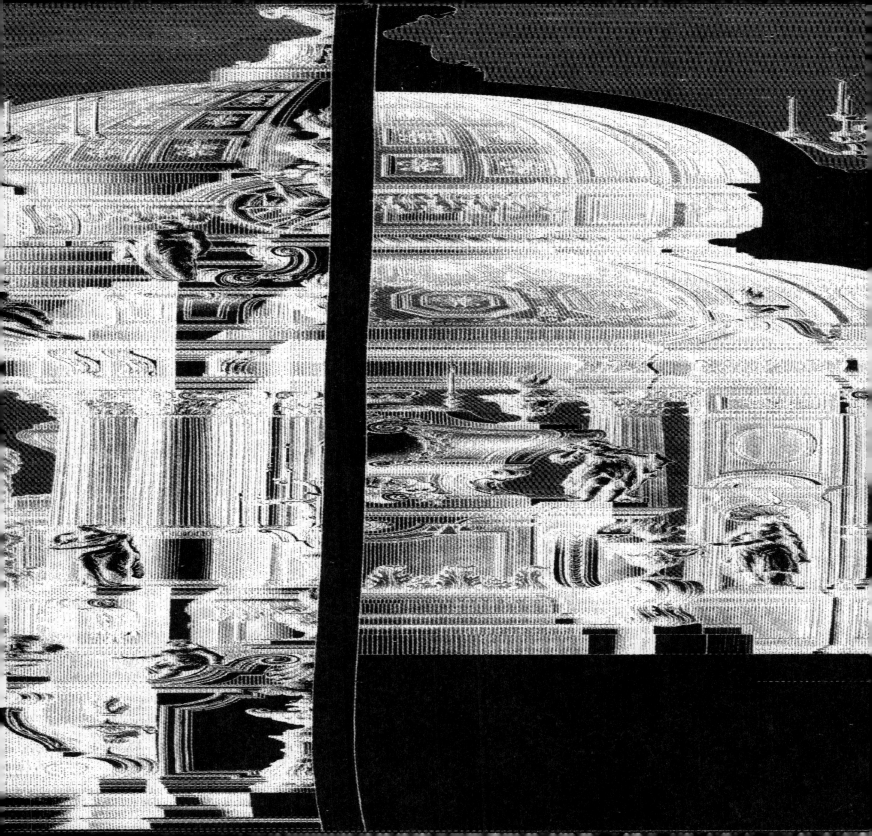

# URBANITAS*

# (Werner Oechslin)

FIG.5: The Piazzetta, Venice.

**Stadt und Fest; der Markusplatz in Venedig, Inbegriff festlicher Stimmung. Spät wieder-entdeckt durch die Moderne (CIAM 8) im Zeichen von *The Heart of the City: towards the humanisation of urban life*, hg. von Tyrwhitt, J./Sert, J. L./Rogers, E.N., New York 1952**
City and celebration; St Mark's Square in Venice, the epitome of a festive atmosphere. A late rediscovery by Modernity (CIAM 8) under the influence of *The Heart of the City: towards the humanisation of urban life*, publ. by Tyrwhitt, J./Sert, J. L./Rogers, E.N., New York 1952

*) Es handelt sich hier um die stark gekürzte Fassung eines Textes, der in voller Version und Bebilderung im Bulletin der Stiftung Bibliothek Werner Oechslin, Einsiedeln, www.bibliothek-oechslin.ch erschienen ist: Oechslin, Werner, „Urbanitas", in: *SCHOLION* 12/13 2020/21, 206–234.
This is an abridged version of a text that appeared in full with illustrations in the Bulletin of the Werner Oechslin Library Foundation, Einsiedeln, www.bibliothek-oechslin.ch: Oechslin, Werner, "Urbanitas", in: *SCHOLION* 12/13 2020/21, 206–234.

In jüngerer Zeit hat sich wieder vermehrt die Einsicht eingestellt, dass das Leben der Städte nicht so sehr von ihren Bauten als von den Menschen abhängt, die in ihnen wohnen, die sie nutzen, die sie täglich begehen und mit ihren Bewegungen erfüllen. Und es ist kein Zufall, dass Leon Battista Alberti diesen Grundsatz – gemäß dieser Reihenfolge der Argumentation – an den Anfang des vierten Buches seines *De Re Aedificatoria* stellt, das den öffentlichen Bauten gewidmet ist: „Aedificia hominum esse causa constituta in promptu est."[1]

Es sei evident, dass die Gebäude *‚der Menschen wegen'* erstellt würden, um ihnen zu dienen. Dies, so Alberti, beginne bei den Verteidigungsmaßnahmen nach außen und führe zur Befriedigung von Bedürfnissen im Innern; von den lebensnotwendigen („ad vitae necessitatem"), zu den praktisch nützlichen („ad usus oportunitatem") bis schließlich zu den zufälligen Lustbarkeiten („ad temporum voluptatem"). Es sind unterschiedlichste Ansprüche, die von unterschiedlichen Menschen vorgebracht werden. Alberti schließt daraus auf die Vielfalt und Differenzierung ihrer Interessen und ihres Tuns, wie sie sich in einer Gemeinschaft und in einer Stadt darstellen. Schnell gelangt Alberti zu Fragen, die die Gesellschaft, die Ordnung und Organisation eines Staats- und Stadtwesens, die das Ganze und Teile der Bevölkerung betreffen. Und bevor er dann auf Einzelheiten eingeht, stellt er fest, dass alle auf die Stadt und deren Angebote, die ein friedliches Leben in Ruhe ermöglichen, auch Anspruch erheben; es sind öffentliche Güter („Universis urbs et, quae urbis partes sunt, publica omnia debentur."[2]). Kurzum, es gehört zur Stadt, dass sie, *weil* sie von Menschen bewohnt und genutzt wird und somit lebendig ist,

vielfältig und öffentlich sei.

Das sind beileibe nicht bloß architektonische Überlegungen; es ist umgekehrt, der*die Architekt*in richtet sich nach den Grundlegungen menschlichen Lebens und menschlicher Gesellschaft. Am Anfang steht dabei jene Kompromissformel, die Aristoteles auf den Punkt bringt, wenn er die Stadt als eine auf dem Geben und Nehmen aufgebaute Lebensform begreift, die allen Vorteile bringt, ihnen aber auch etwas abverlangt.

Philippi Beroaldo stellt einleitend zu seiner Anthologie glücksbeschreibender Texte fest, dass das Glücksstreben die größte unserer Sorgen bilde und dass das Glück das höchste aller erstrebenswerten Dinge sei: „Hec est summa curarum: hec est summa rerum expetendarum." Wer es hat, kann nicht noch weitergelangen; es fehlt ihm an nichts („Cui felicitas adest: huic nihil prorsus deest."). Mit dem Glück enden unsere Bedürfnisse („Felicitate terminantur nostra desideria.").[3]

Leonardo Bruni ergänzt in seinem *Proemium*[4] zur Politik Aristoteles':[5] Wenn schon das Glücksstreben eines Einzelnen so viel vermag, zu wie viel größerem Erfolg kann dann das Streben einer ganzen Gemeinschaft gelangen.

In der Zeit Albertis hat sich der Sieneser Bischof Francesco Patrizi – insbesondere in seinem Werk *De Institutione Reipublicae libri novem* – ausführlichst dem Thema des Staatswesens angenommen und dabei die „vita civilis" und deren Vorteile sowie die Pflichten des „optimus civis" diskutiert. Dabei ist nun bei ihm die *„urbanitas"* zu einer festen Größe geworden und zu Beginn des fünften Buches unter den „praecepta" auf-

1) Alberti, Leon Battista, *L'Architettura [De Re Aedificatoria]*, hg. von Giovanni Orlandi, Milano 1966, 265.        2) Ebd., 273.        3) Beroaldo, Philippi, *De felicitate opusculum*, Bologna 1495, fol. a I recto.        4) [Benedictus Fontana], „Hoc in volumine continentur infrascripta opera Aristotelis…" [„omnia opera Aristotelis"], Venezia: Gregorius de Gregoriis, 1496, fol. 259 v („Leonardi Aretini proemium in libros politicorum").        5) „Quippe disciplina huius modi omnis foelicitatem hominibus conficere studet. Foelicitatem vero si uni acquirere praeclarum est: quanto magnificentius erit universae civitati beatitudinem adipisci."

geführt. Was sich damit verbindet, ist eine Art Stadtbürgertum und ‚Stadtgewohnheit'; es ergibt sich aus Ethos, Bildung und kultureller Gewandtheit und soll zu innerer „tranquillitas", dem erklärten Privileg des Lebens in der Stadt führen. Der „Tranquillità dell'animo" widmet auch Alberti eine eigene Schrift, in der er Agnolo di Filippo Pandolfini sagen lässt: „[…] e sempre sarà l'animo osservatore della ragione."[6] Es bildet sich ein reichschattiertes Bild des idealen Bürgers. Giovanni Gioviano Pontano hat seine Ausführungen zum „sermo", dem Gespräch, ganz auf diese „ratio" aus-gerichtet, womit das Leben in Vielzahl („cum sociabiles nati sumus") im Zeichen von „varietas" und „diversitas" ermöglicht wird; es äußert sich in der Sprache, in einer „elocutio blanda & ornata", oder aber „inculta & aspera" und lässt die Differenz einer urbanen zu einer ‚ruralen' Welt erfahren: „[…] prae se ferat urbis mores: alius vero ruris."[7]

Das Gegenteil von „urbanitas" ist also die „*rusticitas*",[8] von städtischer Raffiniertheit entblößt, gleichsam in ‚Vergröberung' erstarrt.[9] Nicht überraschend findet sich die Charakteristik Patrizis in der späteren italienischen Übersetzung des Werkes von Giovanni Fabrini offener, treffender, lebens-naher dargestellt. Im Titel steht hier statt „urbanitas" „*piacevolezza*"; und der nach-folgende Text definiert dann im Rückgriff auf das Latein:

Chiamavano latini questa gentilezza, ò vero piacevolezza, ò leggiadria che dir noi ci vogliamo urbanitas detta della città cio è urbe in latino, che altro non vuole inferire se non quella gra-tia e piacevolezza, che nel parlare, e ne' costumi esser deve. Il cui contra-rio è la zotichezza, detta in latino rus-ticitas detta della villa cioè rure in latino.[10]

Man befindet sich mit diesen Charakter-isierungen von „*gentilezza*", „*piacevolezza*" und „*leggiadria*" schon nahe an Kenn-zeichnungen, die sich auch mit dem modernen Stadtmenschen verbinden. Ein ganzes Umfeld tut sich hier auf; es bildet sich eine ‚Kultur' um die Vorstellung des Stadtmenschen, der – ciceronianisch – auch als „buono, e liberale cittadino" er-scheint und dem auch die „*astutia*",[11] eine gewisse Schlauheit, zugeschrieben wird. „Astutia" und „urbanitas" sind bei Patrizi schon im Titel[12] parallel gesetzt gleich-gestellt; die Begriffe ergänzen sich und „astutia" sucht noch tiefer nach Charakter und *Psychologie des Stadtmenschen*, ergründet das „Städtische" und beschreibt besondere Verhaltensweisen. Wörtlich übersetzt steht „astutia" auch für „sagacità"; doch was meint Scharfsinn im städtischen Verhalten? Offensichtlich hat es etwas zu tun mit Täuschung, mit dem Täuschen wie dem Sich-gegen-Täuschungen-Vorsehen. Man muss gut unterrichtet sein, um irgend-welchen Schlichen etwas entgegensetzen zu können. Das *Vocabolario degli Accademici della Crusca* verbindet damit auch die „simulazione di prudenza" sowie die „*aparenza di bene*". Man täuscht etwas vor und geht nicht den Weg der Wahrheit, folgt vielmehr den „*vie simulate, e apparenti*".

6) Alberti, Leon Battista, „Della Tranquillità dell'Animo", in: Bonucci, Anicio (Hg.), *Opere Volgari*, I, Firenze 1843, 7–130, hier 19.    7) Pontano, Giovanni Gioviano, „De Sermone", in: Ders., *De Sermone et De Bello Neapolitano*, Napoli 1509, fol. a ii verso–fol. a iii recto.    8) Anicio Bonucci bezieht sich in seiner Ausgabe von Albertis „Della Famiglia" (Alberti, Leon Battista, „Della Famiglia", Libri IV, in: Bonucci, Anicio (Hg.), *Opere Volgari*, II, Firenze 1844, XLV) auf einen von Giuseppe Maffei gelieferten Hinweis, wonach das Buch „Della Famiglia" auch unter dem Titel „Della Repubblica, della Vita civile e della Rusticana" zitiert worden sei.    9) Patrizi, Francesco, *De Institutione Reipublicae libri novem*, Paris 1518, fol. LXXI verso.    10) Patrizi, Francesco, *De Discorsi [...] sopra alle cose appartenenti ad una città libera, e famiglia nobile*, Venezia 1545, fol. 149 verso.    11) Die „astutia" erscheint schon im Titel des fünften Buches in der zitierten lateinischen Version zusammen mit der „urbanitas".    12) Patrizi 1518 (s. Anm. 8), fol. LXXI recto: „De Officio optimi Civis et de Institutione civilis vitae, quae ad tranquilitatem ducit, ut de urbanitate de astutia, Qui sunt habendi cives, de patria Germana, de patria iuris."

Mit „astuto" verbindet sich im *Vocabolario* als Synonym „scaltrito", was sich noch deutlicher, weil auf guter Grundlage von Wissen aufgebaut, als ‚berechnend' versteht: ganz im Gegensatz zur Weisheit, der es nur um die Sache geht, während hier der Effekt, das Kalkül, die im Voraus berechnete Wirkung im Vordergrund steht. Bei Patrizi sind diese Zusammenhänge bis in die Antike zurückverfolgt; es ist im ältesten Verständnis von Stadt mitbedacht. Die „astutia" war schon immer eine „cosa cittadinesca" genauso wie die mit der „urbanitas" zusammen gelesenen angenehmen Umgangsformen von „gentilezza, „piacevolezza" und „leggiadria".

In der deutschen Sprache hat sich all dies in der Vorstellung der *„Gewandtheit"* zusammengefunden, was auch ‚geschickt' und – an Erfahrung und Kenntnis geknüpft – ‚lebensgewandt' meint. Das *Grimm'sche Wörterbuch* zitiert dazu Lessing, der mit Gewandtheit auch „Pfiffigkeit" verbindet. Gewandtheit steht zudem für „Beweglichkeit und Schmiegsamkeit gegenüber den Lebensverhältnissen" und meint stets auch „geistige Beweglichkeit".

Und so wie es bei Patrizi den Gegenbegriff zur „urbanitas", die „rusticitas" respektive die „zoticchezza", gibt, so gibt es im Deutschen den „Tölpel" der ‚vom Land kommt' und mit den Raffinessen städtischen Lebens und entsprechenden Verhaltensweisen nicht vertraut ist; „roh" und unbedarft, das Gegenteil von höfisch und gebildet. Stadt und Land, höfisches Umfeld und Dorf bilden Begriffspaare, in denen man alles einordnen kann. Und natürlich geht es auch immer um ‚gut' und ‚schlecht'. Schließlich sind die architektonischen und die urbanen Dinge insbesondere doch stets auf eine ethische Grundlage bezogen. Die klare Gegenüberstellung von gut und schlecht bezogen auf

Architektur hat sich bis in die Neuzeit hinein als probates Mittel der Beurteilung bewährt. Sie findet sich schon in einer vielfach Augustinus' *De Civitate Dei* beigegebenen Illustration der guten und bösen Stadt in exemplarischer Weise vorgeformt.

Die böse Stadt Kains erscheint als ein geschlossenes Bollwerk, ohne Fenster und Tür und von Teufeln besetzt. Die gute Stadt Abels öffnet sich dagegen mit einem wundervollen Stadtportal.

Unverkennbar hat sich Philibert de l'Orme an dieser Bildfindung orientiert und diese am Gegensatz ‚gut/böse' festgemachte Dichotomie auf die Architekten übertragen. Der schlechte Architekt ist zwar wie ein weiser Mann gekleidet, gibt etwas vor, ist jedoch in verdächtiger Weise ‚echauffiert' und hastig („habillé que un sage, toutefois fort eschauffée & hasté"). Doch er hat keine Hände, kann also nicht handeln. Ihm fehlen die Sinne; er hört und sieht nicht; er verfügt bloß über einen Mund, mit dem er schwafelt und schlechtredet („pour bien babiller & mesdire"). [13]

Umgekehrt, de l'Orme gibt dem guten Architekten drei Augen: für das Vergangene und Zukünftige und für das, was sich unmittelbar vor seinen Augen in der Jetztzeit abspielt. Er stellt ihn vor mit vier Ohren, damit er besser und mehr zuhört als spricht. Und schließlich hat er vier Hände, weil es so viel zu tun gibt; in einer hält er eine Papierrolle „un memoire & instruction", womit angezeigt ist, dass er lernt und unterrichtet. Er findet sich in jeder Hinsicht mit der Welt in regem Austausch.

„Liberalitas": Die zivile Stadt ist eine freundliche, gesprächswillige, kommunikative offene Stadt, in der sich Menschen von

---

13) L'Orme, Philibert de, *L'Architecture*, Paris [1567] 1576, fol. 279 verso–fol. 293 verso; Tafeln: fol. 281 recto und fol. 283 recto.

edler Gesinnung mit – ganz wörtlich – offenen Sinnen begegnen, so wie es de L'Orme dargestellt hat. Das Gespräch ist in humanistischer Zeit eine sehr beliebte Form auch für die Darstellung anspruchsvollster Inhalte. In Camaldoli treffen sich Humanisten, unter ihnen Cristoforo Landino und Leon Battista Alberti, um sich zu Fragen wie denen zur „vita activa" und „vita contemplativa" auszutauschen.

In den *Quaestiones Camaldulenses* wird besonders deutlich, dass es beim Gespräch um eine menschliche Begegnung, um eine „communicatio", geht. Ein Gespräch ist eine Bewegung, bei der wir *„ab alio in aliud progredimur".*[14]

Es dreht sich natürlich um mehr als bloß städtische „piacevolezze"; man bemüht sich grundsätzlich um Lebenseinstellungen und Lebens-‚Entwürfe'. Cristoforo Landino fragt sich an anderer Stelle der *Quaestiones Camaldulenses*, was anderes es denn sei, einen Tempel für Apollo zu bauen, als sich dem Erwerb von Weisheit zu öffnen und hinzugeben. Gute Architekten wie Daedalus („vir omnibus optimis artibus instructus") hätten derartige Zusammenhänge ge-schaffen.[15] So hat alles, auch die „vita activa" und die „vita contemplativa", in der äußeren sinnenhaften Welt seinen Ort; und immer wieder begegnen sich die beschriebenen Lebensformen und selbst abstrakteste Vor-stellungen mit der Architektur; sie werden gleichsam ‚architektonisch'. Die „urbanitas" mit ihren vielfältigen Aspekten findet hier immer einen passenden Ort.

\*

Im Grunde genommen sind seit Alberti und Patrizi und den humanistischen Kommentaren und Texten die Grundlagen gegeben, die Leben und Architektur auf ethisch-sittlichen Grundlagen in Verbindung bringen und die somit die Vorstellung illustrieren, die sich mit der Stadt und dem ‚Städtischen' verbinden. Am Ende ist man dort angelangt, wo der Mensch über die Erfahrung und die Sinne ein solches Ver-hältnis aufnimmt und gestaltet. Dem Seh-sinn kommt dabei seit den ersten Sätzen der *Metaphysik* Aristoteles' eine besondere, privilegierte Rolle zu: „καὶ μάλιστα τῶν ἄλλων ἡ διὰ τῶν ὀμμάτων" („vor allen anderen die Wahrnehmungen mittels der Augen"). So besehen wird sich das ‚Städtische' als eine Form darstellen, die menschlicher Erfahrung entstammt; die Verantwortung liegt dann wohl beim ‚formgiver', bei dem, der diese besondere Erfahrung zur Kunst entwickeln soll. Sein besonderes Instrument, die Seherfahrung mit ins Kalkül zu nehmen, ist in der Perspektive gegeben. Damit wird der menschlichen Erfahrung sehr konkret ein Ort in diesem Prozess zugewiesen.

Marc-Antoine Laugier erklärt in seinem *Essai sur l'Architecture* den in seiner Zeit geradezu modisch gewordenen „goût des embellissements" als Überwindung von „confusion" und „désordre", die durch „ignorance" und ‚rusticité' – somit dem Fehlen von Urbanität – verursacht worden sind. Mit der „urbanità" verbindet sich nun ein Repertoire spezifisch städtischer archi-tektonischer Ordnungsmaßnahmen und Formen: „Entrées" (= Plätze als Eingangs-situationen), „Rues", „Bâtimens". Es sind die Teile, aus denen das Ganze der Stadt gebildet und deren „beauté" und „magnificence" hergestellt wird. Der Weg

14) Alberti, in: Christophori Landini Florentini... Disputationum Camaldulensium Liber Primus. De Vita Contemplativa et Activa, in: C. Landini, Quaestiones Camaldulenses, [Venezia: Bernardino Vitali], [c. 1500], fol. b I verso–b ii recto.    15) Landino, Cristoforo, „Disputationum ad illustrem Federicum Urbinatum Principem Liber Quartus in P. Virgilii Maronis Allegorias", in: Ders. [c. 1500] (s. Anm. 13), fol. I iv, recto.

führt weiter von der Stadt bis in die Großstadt hinein.

August Endell besingt 1908 die *Schönheit der großen Stadt*. Alles bewegt sich immer noch in der guten Tradition des „embellissement", der geordneten, archi-tektonischen Stadt. Doch die Form droht zu erstarren, verliert ihre Dynamik; zu viel Gleichförmigkeit, Wiederholung und ‚Mono-tonie'.

Die wirkliche Krise erwächst Europa aller-dings anderswoher. Der entscheidende Maßstabssprung weist in die Höhe. Die Faszination des Wolkenkratzers, „das Ge-schenk Chicagos an die Welt",[16] ist zwie-spältig. Der Berliner Stadtbaurat Martin Wagner beobachtet 1929 die „Kehrseite der Kathedralen", womit man die Wolkenkratzer schnell verbindet; es sind die Notleitern an den eng gefassten Rückseiten der hohen Gebäude; es sind dunkle Straßenschluchten, in denen das Leben verkümmert und die Wagner kommentiert: „Im Schatten der Titanen."[17] Das faszinierende Stadtbild in diesem durch „great density" gekennzeich-neten, neuen „Skyscraper Age" wird – bis heute – durch die großartigen Silhouetten gebildet. Wagner ergänzt das Bild einer Vogelschau: „Da unten aber ist's fürchter-lich."[18] Kurzum, Martin Wagner sieht die jüngste Entwicklung der Großstadt als dem Leben feindlich gegenübergestellt. Doch das Wachstum lässt sich nicht bremsen. Die Versuche, die alte – ‚zivile' – Stadt-struktur und die kleinteilige harmonische Fassade zu retten, wie dies Werner Hegemann, der frühere Generalsekretär der Berliner internationalen Städtebauaus-stellung (1909/11), insbesondere in seinem zusammen mit Elbert Peets publizierten *American Vitruvius* 1922 unternahm, sind wie alle nachfolgenden ähnlich gelagerten

Projekte bis zu Léon Krier und Maurice Culot kaum wirklich erfolgreich. Dem *American Vitruvius* war im Untertitel die Kenn-zeichnung „Civic Art" hinzugesetzt; nun schien es also, als ob jene – am Leben orientierte – Grundüberzeugung der ‚Zivil-gesellschaft' und deren adäquate Stadt-form ausgedient hätten.

Noch verheerender für die Entwicklung der Stadt war die Flucht aus der Stadt auf die Wiese und in die Siedlungen, die sich auf die Gartenstadtbewegung berufen mochten, in Tat und Wahrheit jedoch der gleichen Entwicklung von Maßstabssprung und Ver-dichtung – wie in der Stadt – ausgeliefert waren.

Die Wiederentdeckung des Lebens in der Stadt durch die CIAM in Venedig, als ob das nicht immer da, vor unseren Sinnen aus-gebreitet gewesen wäre! Dann der wenig qualifizierte Schub der vermeintlichen, jedoch meist sehr oberflächlichen Wieder-entdeckung der Geschichte, der doch wieder in erster Linie der architektonischen Formenvielfalt zugutekommen sollte. Schließlich die durchaus ernsthaften Ver-suche einer „neuen Urbanität", die an der Feststellung von einem „Ende der Stadt-kultur" jedoch nicht vorbeikommen, wie in der 1958 erschienenen verdienstvollen Darstellung von Hartmut Häußermann und Walter Siebel, in der die Kultur schon längst unter dem Aspekt von „Kultur als Standort-faktor", als „Industrie" und als „Tourismus-branche" diskutiert wird.[19] Derweil bleiben die Probleme von „bigness" und ‚extra-large' ungelöst und hat sich die scheinbar im Konsens angestrebte „Verdichtung" der Städte (und Dörfer) in erster Linie als Instrument der Immobilienwirtschaft etabliert.

16) Wagner, Martin, „Städtebauliche Probleme in amerikanischen Städten und ihre Rückwirkung auf den deutschen Städtebau", in: *Deutsche Bauzeitung* [1929], 40.      17) Ebd., 50.
18) Ebd., 47.      19) Häußermann, Hartmut/Siebel, Walter, *Neue Urbanität*, Frankfurt a. M. 1987, 204.

‚Der Leidtragende' ist das – im Reichtum seiner Schattierungen von der gelenkten Zivilisation kaum erreichte – wirkliche Leben. Dabei scheinen die Ansprüche doch so bescheiden zu sein: der knapp bemessene Ausblick, wie ihn Ernst Mach in seiner *Analyse der Empfindungen*[20] in einer Skizze in Erinnerung ruft, und das bisschen Maßstäblichkeit und Ordnung, das Hermann Maertens in dem in seiner Zeit viel benützten Buch *Der Optische-Maassstab* beansprucht, in dem die Verbindung physiologischer und ästhetischer Gesichtspunkte thematisiert wurden.[21]

Unsere vollmundig gepriesene ‚Wissensgesellschaft' scheint die Bedingungen des Wissens und die sie begleitenden Umstände und Zweifel weniger zu kümmern. Sie will sich nicht ‚unnötig ablenken' lassen. Doch alles beginnt dort, wo schon Aristoteles in der *Metaphysik* sein Abenteuer des Wissens mit den Sinnen, dem privilegierten Sehsinn, der Erfahrung und der Erinnerung und dem daraus entstehenden Prozess zur Vergleichung des Ähnlichen führt und dabei schon längst allen Tücken begegnet ist, bevor sich dann Wissen einstellt und zur Kunst („τέχνη") geworden ist.

Es gibt keinen anderen Weg als den, immer wieder nach dem Leben zu fragen. Man stellt dann öfters fest, dass nicht der Architekt und der Planer, auch nicht der Soziologe in erster Linie am Puls des Lebens argumentiert; der Literat, der vorurteilslose ‚Dichter und Poet' scheint dem Leben in seinem wechselhaften und unvorhersehbaren Charakter oft sehr viel offener gegenüberzustehen. Es fällt dann auf, wie nahe an jener Vorstellung der „urbanitas" solche Berichte verfasst sind, jener „urbanitas", die in der Zeit von Patrizi und

Alberti die Lebensformen in ihrer ganzen Variationsbreite und Unschärfe an die Stadt herangeführt hat, und die sich chamäleonartig von der „piacevolezza" und „leggiadria" in die Schlauheit, oder vom Scharfsinn in die Täuschung verwandelt: Leben! Man muss das Leben beobachten und ihm möglichst hautnah folgen, um es wenigstens ein bisschen zu begreifen. Leben ist immer anders, Leben ist Leben und hat dies den statischen, festgebauten Formen der Architektur voraus.

20) Mach, Ernst, *Die Analyse der Empfindungen und das Verhältnis des Physischen zum Psychischen*, vierte vermehrte Auflage, Jena 1903, 15.    21) Maertens, Hermann, *Der Optische-Maassstab oder die Theorie und Praxis des ästhetischen Sehens in den bildenden Künsten. Auf Grund der Lehre der physiologischen Optik für die Ateliers und Kunstschulen der Architekten, Bildhauer etc. bearbeitet*, zweite, gänzlich umgearbeitete Auflage, Berlin 1884.

In recent years, there has again been a growing awareness of the fact that urban life depends not so much on the buildings as on the people who live in them, who use them, who walk around in them every day and fill them with their movement. And it is not surprising that Leon Battista Alberti places this principle—in accordance with this order of argumentation—at the beginning of the fourth book of his *De Re Aedificatoria*, which is devoted to public buildings: "Aedificia hominum esse causa constituta in promptu est."[1]

He considers it evident that the buildings are made *'for the sake of the people'*, in order to serve them. According to Alberti, this begins with defensive measures on the exterior and leads to the satisfaction of needs in the interior; from the vital ("ad vitae necessitatem"), to the practically useful ("ad usus oportunitatem"), and finally to the incidental pleasures ("ad temporum voluptatem"). It involves a wide variety of requirements presented by different people. The result for Alberti is the diversity and differentiation of interests and activities as manifested in a community and city. Alberti quickly arrives at questions relating to society, the order and organization of a city and state, which affect the population in whole and in part. And then, before going into details, he notes that all actually lay claim to the city and its provisions, which offer a quiet life in peace; they are public goods ("Universis urbs et, quae urbis partes sunt, publica omnia debentur."[2]). In short, it is inherent in the city that, *because* it is inhabited and used by people and is therefore alive, it is diverse and public.

By no means are these merely architectural considerations; on the contrary, the architect is guided by the foundations of human life and society. This goes back to the formula for compromise summed up by Aristotle in terms of the city as a form of life based on give and take, which benefits everyone but also demands something in return.

In the introduction to his anthology of texts on the subject of happiness, Filippo Beroaldo says that the pursuit of happiness is the greatest of our concerns and that happiness is the most desirable of all things: "Hec est summa curarum: hec est summa rerum expetendarum." Those who have happiness cannot progress any further; they lack nothing ("Cui felicitas adest: huic nihil prorsus deest."). Happiness puts an end to our needs ("Felicitate terminantur nostra desideria.").[3]

In his *Proemium*[4] on Aristotle's politics, Leonardo Bruni adds:[5] If the individual's pursuit of happiness can achieve so much, how much greater can be the success resulting from that pursuit by an entire community.

In the time of Alberti, the Sienese bishop Francesco Patrizi addressed the subject of the state in the greatest detail—especially in his work *De Institutione Reipublicae libri novem*—discussing the "vita civilis" and its advantages as well as the duties of the "optimus civis." In his work, *"urbanitas"* becomes a standard concept and is listed among the "praecepta" at the beginning of the fifth book. Associated with it is a kind of burghership and 'urban habitude' resulting from ethos, learning, and cultural skills and ideally leading to inner "tranquillitas," the declared privilege of life in the city. The "Tranquillità dell'animo" is also the subject of a dialogue by Alberti, in which the interlocutor Agnolo di Filippo Pandolfini says: "[…] e

1) Alberti, Leon Battista, *L'Architettura [De Re Aedificatoria]*, publ. by Giovanni Orlandi, Milan 1966, 265.     2) Ibid., 273.     3) Beroaldo, Filippo, *De felicitate opusculum*, Bologna 1495, fol. a I recto.     4) [Benedictus Fontana], "Hoc in volumine continentur infrascripta opera Aristotelis…" ["omnia opera Aristotelis"], Venice: Gregorius de Gregoriis, 1496, fol. 259 v ("Leonardi Aretini proemium in libros politicorum").     5) "Quippe disciplina huius modi omnis foelicitatem hominibus conficere studet. Foelicitatem vero si uni acquirere praeclarum est: quanto magnificentius erit universae civitati beatitudinem adipisci."

sempre sarà l'animo osservatore della ragione."[6] The result is a nuanced image of the ideal citizen. Giovanni Gioviano Pontano focuses his remarks on the "sermo," i. e. discourse, on this "ratio," facilitating social life ("cum sociabiles nati sumus") in the spirit of "varietas" and "diversitas"; it is expressed in language, in an "elocutio blanda & ornata" compared with "inculta & aspera." This in turn reflects the difference between an urban and a 'rural' world: "[…] prae se ferat urbis mores: alius vero ruris."[7]

The opposite of "urbanitas" is thus *"rusticitas,"*[8] deprived of urban sophistication, cast in 'coarseness', as it were.[9] In a later Italian translation of the work by Giovanni Fabrini, Patrizi's characterization is not surprisingly expressed in a language that is more open, more accurate, more true to life. Instead of "urbanitas" the word *"piacevolezza"* is used in the title and explained in the following text with reference to the Latin:

> Chiamavano latini questa gentilezza, ò vero piacevolezza, ò leggiadria che dir noi ci vogliamo urbanitas detta della città cio è urbe in latino, che altro non vuole inferire se non quella gratia e piacevolezza, che nel parlare, e ne' costumi esser deve. Il cui contrario è la zotichezza, detta in latino rusticitas detta della villa cioè rure in latino. [10]

Such terms as *"gentilezza," "piacevolezza,"* and *"leggiadria"* create a picture that is much closer to the modern image of the city dweller. A whole context emerges here; a 'culture' develops around the concept of the city dweller, who—in Ciceronian terms—also appears as a "buono, e liberale cittadino"

and whose attributes include *"astutia,"*[11] a certain cunning. In Patrizi's work, "astutia" and "urbanitas" are already used together on an equal footing in the title[12]; the terms are mutually complementary, although "astutia" delves deeper into the character and *psychology of the city dweller*, fathoms the "urban" element, and describes particular modes of behavior. Translated literally, "astutia" also stands for "sagacità"; but what is meant by sagacity in urban behavior? Clearly, it has something to do with deception, with deceiving and protecting oneself from being deceived. One has to be well informed to be in a position to counter any trickery. In the *Vocabolario degli Accademici della Crusca* it is also associated with "simulazione di prudenza" and *"aparenza di bene"*; it involves deception, taking *"vie simulate e apparenti"* rather than following the path of truth. The *Vocabolario* treats "astuto" as a synonym of "scaltrito," which— grounded as it is in knowledge—can be interpreted even more clearly as "calculating." It thus contrasts with wisdom, where the only concern is the matter in hand, whereas here the focus is on the strategy and its result, on an effect calculated in advance. In his work, Patrizi traces these connections back to the ancient world; they are reflected in the earliest concepts of the city. "Astutia" has always been a "cosa cittadinesca" just as the social graces of "gentilezza," "piacevolezza," and "leggiadria" are connoted with "urbanitas."

In German, this is all summed up in the concept of *"Gewandtheit"* meaning 'adroitness' and in modern parlance, in combination with experience and knowledge, 'savvy.' The *Grimm'sche Wörterbuch* includes a quotation from Lessing, who also

6) Alberti, Leon Battista, "Della Tranquillità dell'Animo", in: Bonucci, Anicio (ed.), *Opere Volgari*, I, Florence 1843, 7–130, here 19.      7) Pontano, Giovanni Gioviano, "De Sermone", in: id., *De Sermone et De Bello Neapolitano*, Naples 1509, fol. a ii verso–fol. a iii recto.      8) In his edition of Alberti's "Della Famiglia" (Alberti, Leon Battista, "Della Famiglia", Libri IV, in: Bonucci, Anicio (ed.), *Opere Volgari*, II, Florence 1844, XLV), Anicio Bonucci refers to information provided by Giuseppe Maffei to the effect that "Della Famiglia" was also cited under the title "Della Repubblica, della Vita civile e della Rusticana."      9) Patrizi, Francesco, *De Institutione Reipublicae libri novem*, Paris 1518, fol. LXXI verso.      10) Patrizi, Francesco, *De Discorsi […] sopra alle cose appartenenti ad una città libera, e famiglia nobile*, Venice 1545, fol. 149 verso.      11) In the cited Latin version, "astutia" appears together with "urbanitas" in the title of the fifth book.      12) Patrizi 1518 (see fn. 8), fol. LXXI recto: "De Officio optimi Civis et de Instiutione civilis vitae, quae ad tranquilitatem ducit, ut de urbanitate de astutia, Qui sunt habendi cives, de patria Germana, de patria iuris."

associates "Gewandtheit" with "Pfiffigkeit" ('astuteness'). "Gewandtheit" also stands for "Beweglichkeit und Schmiegsamkeit gegenüber den Lebensverhältnissen" ('flexibility and adaptability to living conditions') and always implies 'mental agility' as well.

Patrizi contrasts the term "urbanitas" with "rusticitas" and "zoticchezza", and the English language has the word "yokel" for a person from the countryside who is unacquainted with the refinements of urban life and the corresponding modes of behavior, someone who is "coarse" and unsophisticated, the opposite of courtly and cultured. City and country, court and village constitute conceptual pairs in which everything can be categorized. Of course, it is always about 'good' and 'bad,' too. After all, architectural and urban objects in particular are always related to an ethical basis. The strict distinction between good and bad in relation to architecture has proven to be an effective tool for evaluation right up to modern times. It finds exemplary expression in an illustration of the good and the evil city, which often accompanied Augustine's De Civitate Dei:

The evil city of Cain is shown as an impenetrable bastion occupied by devils, with neither windows nor a door, while the good city of Abel is an open structure with a fine city gate.

Philibert de l'Orme clearly took his cue from this image and applied this 'good/evil' dichotomy to architects. The bad architect, though dressed like a wise man, seems to represent something but is suspiciously excitable and hasty ("habillé que un sage, toutefois fort eschauffée & haste"). Above all, he has no hands and therefore cannot act. He lacks the senses; he neither hears nor sees. He has only a mouth with which he babbles and badmouths ("pour bien babiller & mesdire").[13]

Conversely, de l'Orme's good architect has three eyes: for the past, the future, and for what is happening in the present time right in front of his eyes. He also has four ears, that he may listen better and more than he speaks. And finally he is given four hands, because there is so much to be done. In one he is holding a roll of paper "un memoire & instruction," indicating that he is both student and teacher. In every respect he is involved in a lively exchange with the world.

"Liberalitas": The civil city is a friendly, sociable, communicative open city, where people of noble minds encounter one another with—quite literally—open senses, as depicted by de L'Orme. In humanistic times, the conversation was a popular format for discussing even the most challenging issues. Humanists like Cristoforo Landino and Leon Battista Alberti met in Camaldoli to debate such matters as the "vita activa" and "vita contemplativa."

In Quaestiones Camaldulenses it is particularly clear that a conversation is a human encounter, a "communicatio." A conversation is a progression in which "ab alio in aliud progredimur".[14]

The focus is of course on more than mere urban "piacevolezze"; it is fundamentally all about attitudes to life and life plans. At one point in Quaestiones Camaldulenses, Cristoforo Landino asks himself what building a temple to Apollo is other than opening and devoting oneself to the acquisition of wisdom. He says good architects like Daedalus ("vir omnibus optimis artibus instructus") achieved such interrelationships.[15] Thus everything, including the "vita activa"

13) L'Orme, Philibert de, L'Architecture, Paris [1567] 1576, fol. 279 verso–fol. 293 verso; plates: fol. 281 recto and fol. 283 recto.

and the "vita contemplative," has its place in the external world of the senses. And again and again these forms of life and even the most abstract ideas meet with architecture; they become 'architectural,' so to speak. For "urbanitas" with its manifold aspects, there is always a suitable place.

\*

Since Alberti and Patrizi and the humanist commentaries and texts, the basis has been established in principle for relating life and architecture on ethical-moral grounds and thus illustrating the concept of the city and urbanity. Ultimately, we have reached the point where, through our experience and senses, we are able to perceive and shape such a relationship. In the first sentences of Aristotle's *Metaphysics* already, a special, privileged role in this process is assigned to the sense of sight: "καὶ μάλιστα τῶν ἄλλων ἡ διὰ τῶν ὀμμάτων" ("and above all others that of the eyes"). To that extent the urban element is presented as a form originating from human experience. The responsibility thus lies with the form-giver, whose task is to develop this particular experience into art. His special tool, the ability to take the visual experience into account, is the representation of perspective, and human experience is very specifically assigned a place in this process.

In his *Essai sur l'Architecture*, Marc-Antoine Laugier explains the "goût des embellissements" that had become fashionable in his time as an antidote to "confusion" and "désordre" resulting from "ignorance" and "rusticité," i. e. a lack of urbanity. "Urbanità" was associated with a repertoire of specifically urban architectural arrangements and patterns: "entrées" (= squares serving as entry points), "rues," "bâtiments." These are the elements which form the city in its en-tirety and establish its "beauté" and "magnificence" on a path leading from the city to the metropolis.

The beauty of the metropolis is the subject of *Die Schönheit der großen Stadt* by August Endell, published in 1908. Everything is still being created in the tradition of "embellissement," of the well-ordered, architectural city. But the form is in danger of petrifying, of losing its dynamic: too much uniformity, repetition, and monotony.

The real crisis for Europe, however, has other roots. The decisive jump in scale is directed upwards. The fascination with the skyscraper, "Chicago's gift to the world,"[16] is ambivalent. In 1929, the Berlin city architect Martin Wagner notes the "reverse of the cathedrals," with which the skyscrapers were soon associated: the fire escapes on the narrow backs of the tall buildings, and the gloomy urban canyons where life atrophies "in the shadow of the Titans," as Wagner puts it.[17] The fascinating cityscape in a new "Skyscraper Age" defined by "great density" is still composed of magnificent silhouettes today. But Wagner is aware of more than the bird's eye view: "Down below it's terrible."[18] In short, Martin Wagner considers recent developments in the big city to be inimical to life. But such growth is not to be curbed. The attempts to rescue the old—'civil'—urban structure and small-scale harmonious façade, undertaken for example by Werner Hegemann, the former Secretary General of the Berlin International Town Planning Exhibition (1909/11), especially in *The American Vitruvius* co-authored with Elbert Peets in 1922, enjoy only very limited success, as do all the subsequent projects of a similar nature up to Léon Krier and Maurice Culot. The subtitle of *The American Vitruvius* included the label "Civic Art"; it

14) Alberti, in: Christophori Landini Florentini... Disputationum Camaldulensium Liber Primus. De Vita Contemplativa et Activa, in: C. Landini, Quaestiones Camaldulenses, [Venezia: Bernardino Vitali], [c. 1500], fol. b I verso–b ii recto.     15) Landino, Cristoforo, "Disputationum ad illustrem Federicum Urbinatum Principem Liber Quartus in P. Virgilii Maronis Allegorias", in: id. [c. 1500] (see fn. 13), fol. I iv, recto.

seemed as if the basic conviction of a 'civil society'—with its life orientation—and an appropriate urban format for it was no longer relevant.

Even more disastrous for the development of the city was the exodus from the city to greenfield sites and housing estates, which proponents claimed to be based on the Garden City concept but which in fact was subject to the same developments in terms of jumps in scale and densification as in the urban centers.

There followed the rediscovery of life in the city by the CIAM in Venice, as if it had not always been there, spread out before our very eyes! Then the less than professional thrust of the supposed, but mostly very superficial rediscovery of history, which was again primarily intended to benefit the diversity of architectural form. And finally, the perfectly serious attempts at developing a "new urbanity," which could not escape the conclusion of an "end of urban culture," however, as stated in the laudable book by Hartmut Häussermann and Walter Siebel, published in 1958, in which culture is shown to have been long since discussed in terms of "culture as a locational factor," an "industry" and a "sector of tourism."[19] Meanwhile, the problems of "bigness" and 'extra-large' remain unsolved and the apparently consensual "densification" of cities (and villages) has established itself primarily as an instrument of the real estate industry.

The 'victim' is real life—hardly attainable in its wealth of nuances within our controlled civilization. Yet the demands made seem modest enough: the limited view, as recalled by Ernst Mach in a sketch in his *Analyse der Empfindungen*[20], and the little bit of scale and order called for by Hermann Maertens in his book *Der Optische-Maassstab*—much used in his time—in which he addresses the connection between physiological and aesthetic points of view.[21]

Our much vaunted 'knowledge society' seems to be less concerned with the conditions for knowledge and the circumstances and doubts that accompany them; 'unnecessary distractions' are to be avoided. But it all goes back to where Aristotle in his *Metaphysics* conducts his adventure of knowledge with the senses, the privileged sense of sight, experience, and memory, and the resulting process of comparing the similar, where he has long since encountered all the pitfalls, before knowledge arrives and becomes art ("τέχνη").

There is no other way than to continually ask about life. Often one finds that it is not the architect or the planner, nor the sociologist, who primarily has their finger on the pulse of life; people of letters, the unprejudiced writers and poets, often seem to be much more open to life with all its vicissitudes and unpredictability. And it is striking how close to the concept of "urbanitas" their accounts are, the "urbanitas" which—in the time of Patrizi and Alberti—brought to the city the forms of life in all their variety and fuzziness, and which, like a chameleon, changes from "piacevolezza" and "leggiadria" to cunning, or from astuteness to deception: Life! One has to observe life and follow it as closely as possible in order to understand it at least in some small way. Life is always different. Life is life and to that extent is always ahead of the static, immobile forms of architecture.

16) Wagner, Martin, "Städtebauliche Probleme in amerikanischen Städten und ihre Rückwirkung auf den deutschen Städtebau", in: *Deutsche Bauzeitung* [1929], 40.      17) Ibid., 50.      18) Ibid., 47.      19) Häußermann, Hartmut/Siebel, Walter, *Neue Urbanität*, Frankfurt a. M. 1987, 204.      20) Mach, Ernst, *Die Analyse der Empfindungen und das Verhältnis des Physischen zum Psychischen*, fourth enlarged edition, Jena 1903, 15.      21) Maertens, Hermann, *Der Optische-Maassstab oder die Theorie und Praxis des ästhetischen Sehens in den bildenden Künsten. Auf Grund der Lehre der physiologischen Optik für die Ateliers und Kunstschulen der Architekten, Bildhauer etc. bearbeitet*, second fully revised edition, Berlin 1884.

Il Gran Balletto à Cauallo Fattosi il dí 24. di Genaro 1667 nel Gran Cortile del Pallazzo Imperiale di Vienna.

Portone del finto Palazzo. B. La Naue d'Argo. C. Comparsa de Cauallieri. D. La machina rappresentante l'Aria E. Il Fuoco F. La machina rappresentante l'Acqua. G. La Ter.

**Lodovico Ottavio Burnacini**
**Zwei Aufzüge zum Ritterballett** *Die vier Elemente* **in der Wiener Hofburg, 1667**
Two marches for the knight ballet *Die vier Elemente* at the Wiener Hofburg, 1667
Stecher     Engraver: Andreas Frölich
**Kupferstiche     Copper engraving**
**MAK, KI 3611-1/2**

Il Gran Balletto a Cauallo fattosi il di 24. di Genaro 1667. nel Gran Cortile del Palazzo Imperiale
di S. Mtà Ces.a dal Tempio dell'Eternità Rappresentando il suo Augustissimo Genio seruita da numeroso corteggio con 12. Cauallieri, che figurano altri Genij delli Cesari Austriaci seguitati dal Carro della
Gloria col suo accompagnamento.
..tà Cesarea. B. Il Tempio dell'Eternità. C. Il Carro della Gloria. D. La Naue d'Argo. E. L'Aria. F. Il Fuoco. G. L'Acqua. H. La Terra. I. Li Portoni dalli quali uscirono li Cauallieri.

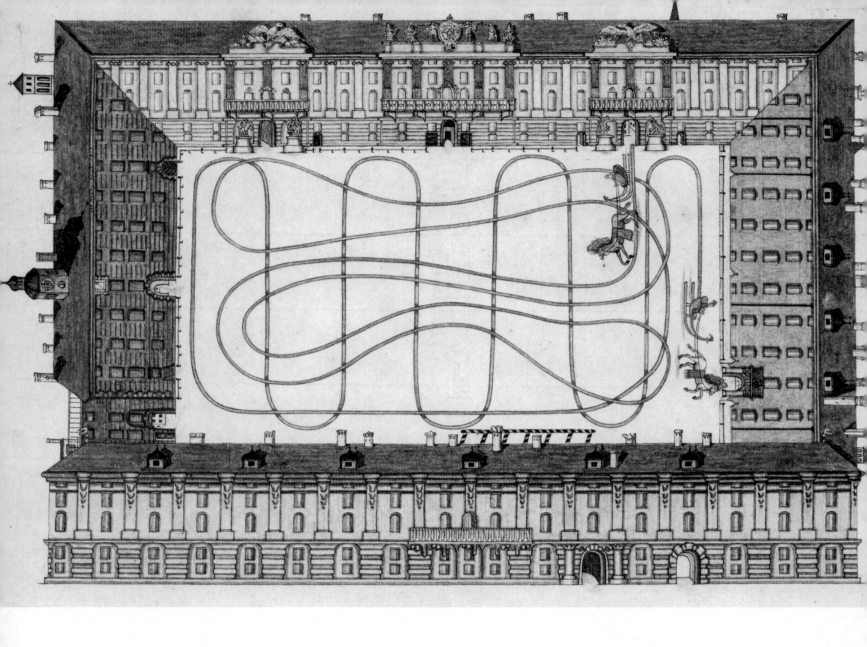

Anonym    Anonymous
Plan für Schlittenfahrten im Inneren Burghof in Wien, 18. Jahrhundert
Map for sleigh rides at the Innerer Burghof in Vienna, 18th century
Aquarell    Watercolor painting
KHM-Museumsverband

120

Ignaz Bendl
**Blatt aus einer Folge von Schlitten und Tragsesseln, 17. Jahrhundert**
**Page from a series of sledges and sedan chairs, 17th century**
**Radierung      Etching**
**MAK, KI 1-330-3**

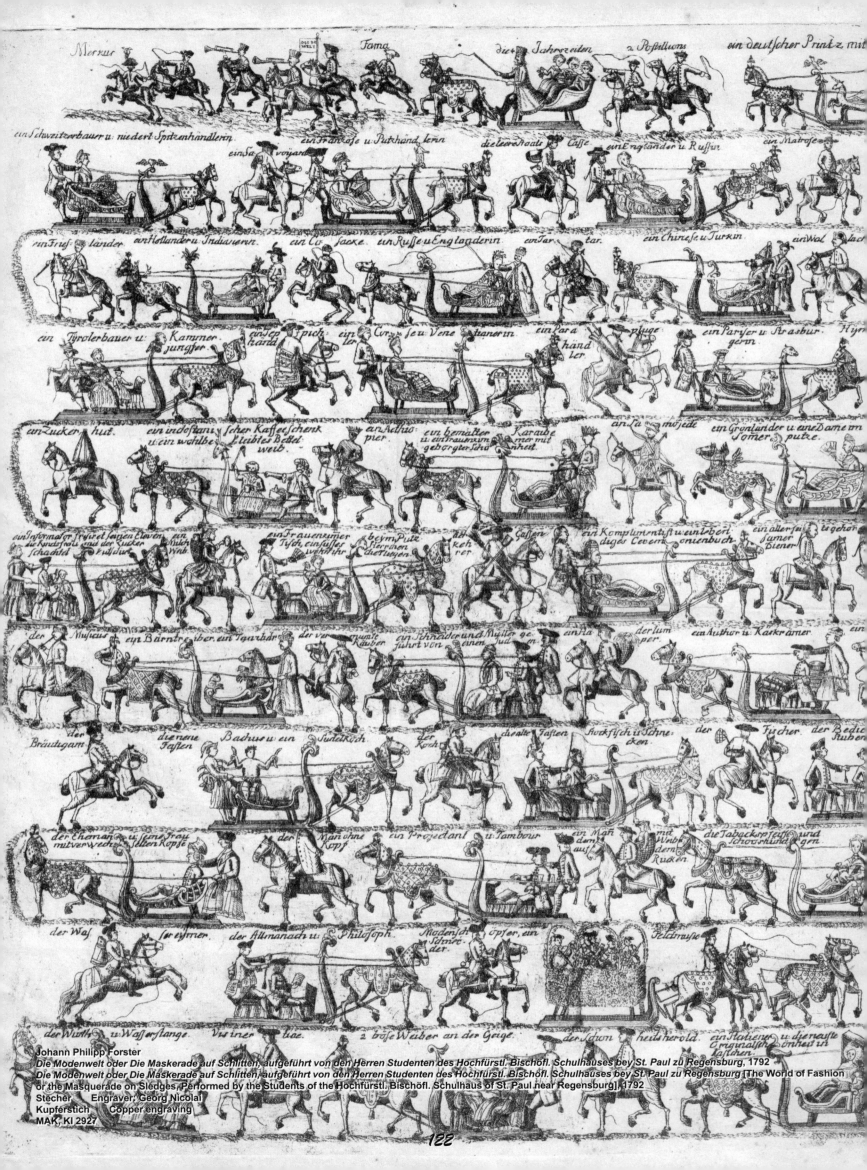

Johann Philipp Forster
*Die Modenwelt oder Die Maskerade auf Schlitten, aufgeführt von den Herren Studenten des Hochfürstl. Bischöfl. Schulhauses bey St. Paul zu Regensburg, 1792*
Die Modenwelt oder Die Maskerade auf Schlitten, aufgeführt von den Herren Studenten des Hochfürstl. Bischöfl. Schulhauses bey St. Paul zu Regensburg [The World of Fashion or the Masquerade on Sledges, Performed by the Students of the Hochfürstl. Bischöfl. Schulhaus of St. Paul near Regensburg], 1792
Stecher    Engraver: Georg Nicolai
Kupferstich    Copper engraving
MAK, KI 2927

122

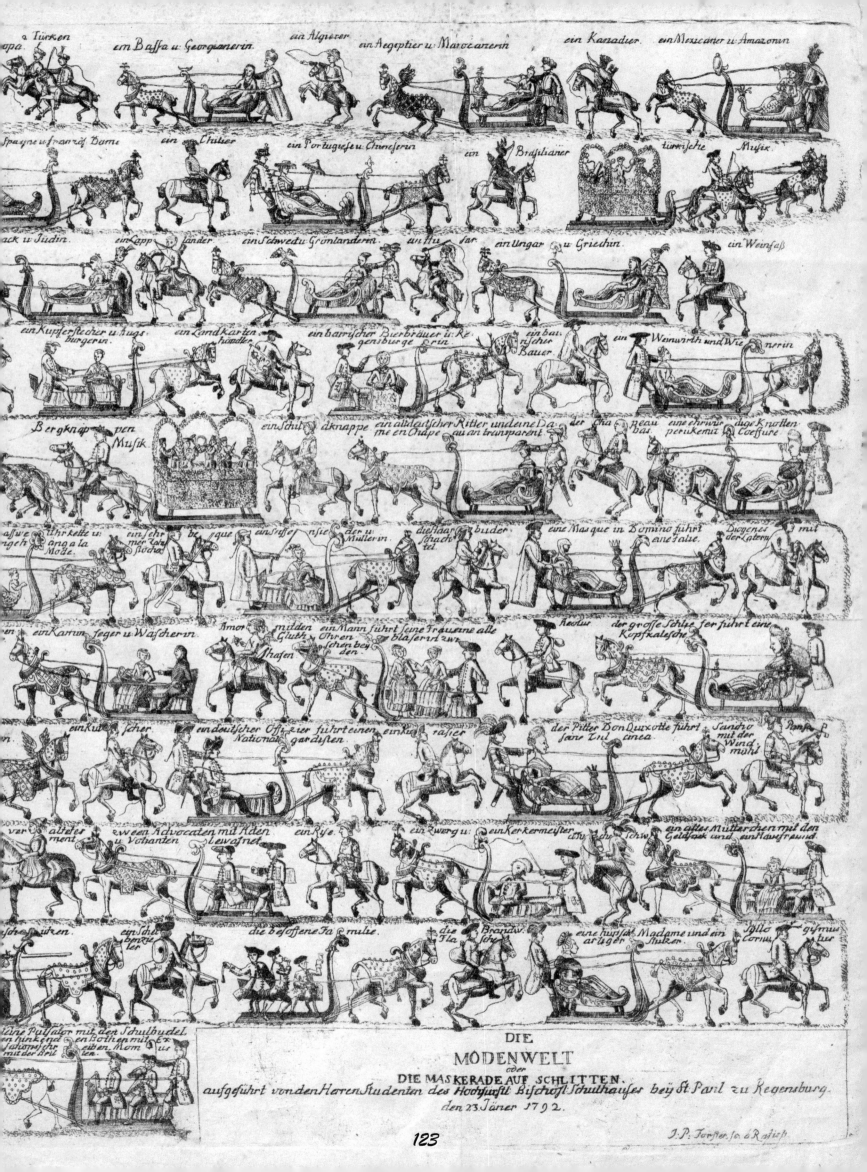

DIE
MODENWELT
oder
DIE MASKERADE AUF SCHLITTEN.
aufgeführt von den Herren Studenten des Hochfürstl. Bischöfl. Schulhauses bey St. Paul zu Regensburg.
den 23 Jäner 1792.

123

**Karen Radkai**
*Parade der Riesen*, Dramaturgie: Salvador Dalí, Kostüme: Christian Dior, Venedig, 1951
*Parade of Giants*, dramaturgy: Salvador Dalí, costumes: Christian Dior, Venice, 1951
Fotografie     Photograph
**Marton Radkai**

Filmstill aus *Dali's Bad Dream Party*, 1941
Film still from *Dali's Bad Dream Party*, 1941
Sherman Grinberg Film Library

SHERMAN

Deutsch

Ein Fest des Ephemeren. Das Feuerwerk an der
Ryōgoku-Brücke    (Mio Wakita-Elis)

# Ein Fest des Ephemeren.
# Das Feuerwerk
# an der Ryōgoku-Brücke

# (Mio Wakita-Elis)

Der berühmte Utagawa Hiroshige (1797–1858) schuf dieses ikonische Blatt im Jahre 1858. Aus der Vogelperspektive wird der alljährliche Auftakt der Sommersaison (*kawabiraki*) am Fluss Sumida in Edo, dem heutigen Tokio, am 28. Tag des fünften Monats (Anfang Juli nach dem gregorianischen Kalender) festgehalten. An diesem Tag begann die Zeit der abendlichen Sommerfrische mit kulinarischen Angeboten und anderen Vergnügungen an den Ufern des Flusses. Nur während dieser drei Monate waren dort Verkaufsstände mit Öffnungszeiten bis in die Nacht erlaubt.

In einem unendlich weiten schwarzen Himmel spielt sich hoch oben ein allzu schnell vergängliches Lichtspektakel ab, unten drängen sich die Schaulustigen auf der Holzbrücke Ryōgoku, mitten im Vergnügungsviertel von Edo gelegen. Im Fluss um die Brücke haben sich Boote versammelt, die einer zahlungskräftigen Kundschaft die exklusivste Aussicht sichern, um das Ereignis zu verfolgen. Auf den Plätzen, die an den beiden Brückenköpfen gelegen sind, warten – hier zwar unsichtbar, aber ein*e zeitgenössische*r Betrach-

Kitagawa Utamaro
*Wahre Darstellung der Saisoneröffnung an der Ryōgoku-Brücke in Edo in der Bunka-Periode*, Japan, 1889
*True Pictures of the Opening of the Season at Ryōgoku Bridge in Edo During the Bunka Period*, Japan, 1889
Verlag    Publisher: Ōkura Magobee
Dreiteiliger Farbholzschnitt    Three-part color woodcut
MAK, KI 8327-2/3/4

# Celebrating the Ephemeral: The Fireworks at the Ryōgoku Bridge

# (Mio Wakita-Elis)

The famous Utagawa Hiroshige (1797–1858) created this iconic print in 1858. From a bird's-eye view, the yearly beginning of the summer season (*kawabiraki*) at the Sumida River in Edo, today's Tokyo, on the 28th day of the fifth month (early July according to the Gregorian calendar) is captured. On this day, the time of evening summer retreats with culinary offerings and other entertainment on the banks of the river began. Only during these three months, sales stands with opening times until late at night were allowed there.

High above, in an infinite, black sky, a light spectacle takes place that perishes far too quickly, below the spectators are crowded on the wooden Ryōgoku bridge in the middle of Edo's entertainment district. On the river, boats have gathered around the bridge, offering wealthy clients the most exclusive view to follow the event. Close to the two bridge heads, many people are waiting nosily and impatiently to experience the happenings at the river from up close. While they are invisible in the image, a contemporary observer from Edo would of course have known about

Deutsch

Ein Fest des Ephemeren. Das Feuerwerk an der
Ryōgoku-Brücke      (Mio Wakita-Elis)

ter*in aus Edo hätte dies selbstverständlich gewusst und förmlich gehört – viele Menschen lautstark und ungeduldig, um das Geschehen am Fluss aus nächster Nähe erleben zu können. Teehäuser, Restaurants, Imbissbuden, Kioske und bunte Stände mit teils ulkig-schrägen Unterhaltungsdarbietungen begleiten das festliche Treiben.

Bereits seit 1733 wurde in Edo der Beginn der Sommersaison durch Feuerwerke festlich begangen, diese Zeit dreier vergnügungsreicher Sommermonate, in denen bis tief in die Nacht Speisen, Getränke und Belustigungen aller Art im gleichnamigen Vergnügungsviertel Ryōgoku konsumiert wurden. Das Fest unter freiem Himmel stand dabei allen offen. Das streng hierarchische Vier-Kastensystem Japans wurde in dieser Nacht kurzfristig symbolisch aufgehoben, das Spektakel richtete sich an alle sozialen Schichten.

Hiroshiges Blatt *Feuerwerk bei der Ryōgoku-Brücke* gehört zur Serie *Hundert berühmte Ansichten von Edo* (*Meisho Edo hyakkei*), die sich mit mehr als 10.000 Nachdrucken einzelner Blätter als enormer Verkaufserfolg herausstellen sollte. Japanische Farbholzschnitte oder *ukiyoe* („Bilder der fließenden Welt") stellten zu Lebzeiten Hiroshiges eine günstige Möglichkeit dar, gleichsam ein visuelles Konsumgut zu erwerben, das trotz Zensur viele Themen zeigte: Die Vielfalt der Motive, ob berühmte Schönheiten, Schauspieler des Kabuki-Theaters, Szenen aus populären Erzählungen und Legenden oder auch ikonische Landschaftsdarstellungen, all dies zeugt von der Urbanität der Stadt Edo als die führende Produktions- und Verbreitungsstätte des *ukiyoe*, sodass die polychromen Holzdrucke aus der Hauptstadt sowohl vom lokalen Publikum als auch von Reisenden gern als Souvenir erworben wurden.

Einem Feuerwerk wurde auch eine reinigende Kraft zugeschrieben, die böse Geister ver-

Utagawa Hiroshige
*100 berühmte Ansichten von Edo: Feuerwerk bei Ryōgoku*, Japan, 1858
*100 Famous Views of Edo: Fireworks at Ryōgoku*, Japan, 1858
Verlag      Publisher: Uoya Eikichi
Farbholzschnitt      Color woodcut
MAK, KI 10984

*130*

this fact and literally have heard them. Tea houses, restaurants, snack stands, kiosks, and colorful stand with partly funny and peculiar entertainment accompany the festive event.

Already since 1733, the summer season had been celebrated with fireworks in Edo. These three months were a time full of enjoyment when food, drinks, and all kinds of amusement were consumed in the entertainment district of Ryōgoku, named just like the bridge, until late at night. The open-air party was open to everybody. The strictly hierarchical four-caste system in Japan was symbolically abolished for a short time during this night, the spectacle reached out to all social classes.

*Hiroshige's Fireworks by Ryōgoku Bridge* belongs to the series *One Hundred Famous Views of Edo (Meisho Edo hyakkei)*, which would turn out to be a great sales hit with more than 10,000 reprints of individual sheets. During the lifetime of Hiroshige, Japanese color woodblock prints or *ukiyoe* ("pictures of the floating world") were an easily available, low-budget visual commodity which portrayed various topics despite censorship: The variety of the motifs, be it famous beauties, actors of the Kabuki theatre, scenes from popular stories and legends, or iconic landscape pictures, bears witness to the urbanity of the city of Edo as the leading center for production and distribution of *ukiyoe*. Color woodprints from the capital were a souvenir both locals as well as tourists liked to buy.

Fireworks were also credited with a cleansing power that was supposed to drive away evil spirits. The fireworks in the capital at the beginning of summer are said to trace back to a memorial celebration in 1733. Its purpose was to appease the souls of the dead from great famines and a Cholera epidemic as well as to end the epidemic. In popular belief, the water of the river was the border with the af-

Deutsch

Ein Fest des Ephemeren. Das Feuerwerk an der
Ryōgoku-Brücke     (Mio Wakita-Elis)

treiben sollte. So soll das Feuerwerk in der Hauptstadt zu Sommerbeginn auf eine Gedächtnisfeier im Jahr 1733 zurückgehen, als die Seelen der Toten nach großen Hungersnöten und einer Cholera-Epidemie besänftigt werden sollten und man die Seuche vertreiben wollte. Das Wasser des Flusses galt im Volksglauben als Grenze zum Jenseits. Auch wenn dieser einst rituelle Charakter durch die wachsende Popularität des Festes im Laufe der Jahre allmählich in den Hintergrund getreten sein dürfte, blieb doch das Gefühl einer spirituellen Reinigung bei einem Feuerwerk zurück. Bis heute werden Gedächtnisfeiern, vor allem im Andenken an Verstorbene, in Japan oft von einem Feuerwerk begleitet.

Das Sujet „Feuerwerk bei der Brücke Ryōgokubashi" verbindet sich mit unterschiedlichen Attributen. So evoziert das Bild die Lust und profan-weltliche Freude an sinnlich erlebbaren Vergnügungen, die für alle zugänglich sind – zumindest eine kurze Nacht lang. Gleichzeitig versinnbildlicht das Motiv die Flüchtigkeit und Unbeständigkeit des Lebens oder gar der Welt, ein Memento, dass jeder Mensch zur Vergänglichkeit verdammt ist.

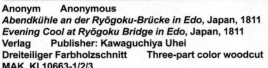

Anonym     Anonymous
*Abendkühle an der Ryōgoku-Brücke in Edo*, Japan, 1811
*Evening Cool at Ryōgoku Bridge in Edo*, Japan, 1811
Verlag     Publisher: Kawaguchiya Uhei
Dreiteiliger Farbholzschnitt     Three-part color woodcut
MAK, KI 10663-1/2/3

terworld. Even though with rising popularity this formerly ritual character of the celebrations slowly faded throughout the course of the years, the sense of a spiritual cleansing at fireworks remained. To this day, memorial celebrations, especially in memory of the dead, are often accompanied by fireworks.

The theme "fireworks by Ryōgoku Bridge" combines different attributes. The image evokes the delight and mundane-secular joy of sensually experienced entertainment, which is accessible to everybody—at least for one short night. At the same time, the motif symbolizes the transience and volatility of life or even the entire world, a memento that every human being is doomed to mortality.

Deutsch    English

Ein Fest des Ephemeren. Das Feuerwerk an der Ryōgoku-Brücke    Celebrating the Ephemeral: The Fireworks at the Ryōgoku Bridge    (Mio Wakita-Elis)

Claude Gellée gen.    referred to as Claude Lorrain
Feuerwerk des spanischen Botschafters, Marquis von Castel Rodrigo, zur Krönung von Ferdinand III. zum römischen König, 1637 (1., 2. und 3. Darstellung)
Fireworks by the Spanish Ambassador, Marquis of Castel Rodrigo, for the coronation of Ferdinand III as the Roman King, 1637 (1st, 2nd, and 3rd illustrations)
Radierungen    Etchings
Albertina, Wien    Vienna

Deutsch    English

Ein Fest des Ephemeren. Das Feuerwerk an der Ryōgoku-
Brücke    Celebrating the Ephemeral: The Fireworks at the
Ryōgoku Bridge    (Mio Wakita-Elis)

135

Deutsch    English

Ein Fest des Ephemeren. Das Feuerwerk an der Ryōgoku-
Brücke    Celebrating the Ephemeral: The Fireworks at the
Ryōgoku Bridge    (Mio Wakita-Elis)

Andrea Rossi
Zweites Feuerwerksgerüst zur *Festa della Chinea* in Rom am 29. Juni 1727: *Der Vesuv*
Second fireworks scaffolding for the *Festa della Chinea* in Rome on 29 June 1727: *Der Vesuv* [Vesuvius]
Vorlage    Artwork: Alessandro Specchi
Radierung    Etching
Albertina, Wien    Vienna

Deutsch    English

Ein Fest des Ephemeren. Das Feuerwerk an der Ryōgoku-
Brücke    Celebrating the Ephemeral: The Fireworks at the
Ryōgoku Bridge    (Mio Wakita-Elis)

Jean-Baptiste Philibert Moitte
Feuerwerk zu Ehren von Königin Marie Antoinette auf der Place de Grève, Paris 1785
Fireworks in honor of Queen Marie Antoinette at Place de Grève, Paris 1785
Feder in Schwarz, Gouache    Pen and black ink, gouache
Albertina, Wien    Vienna

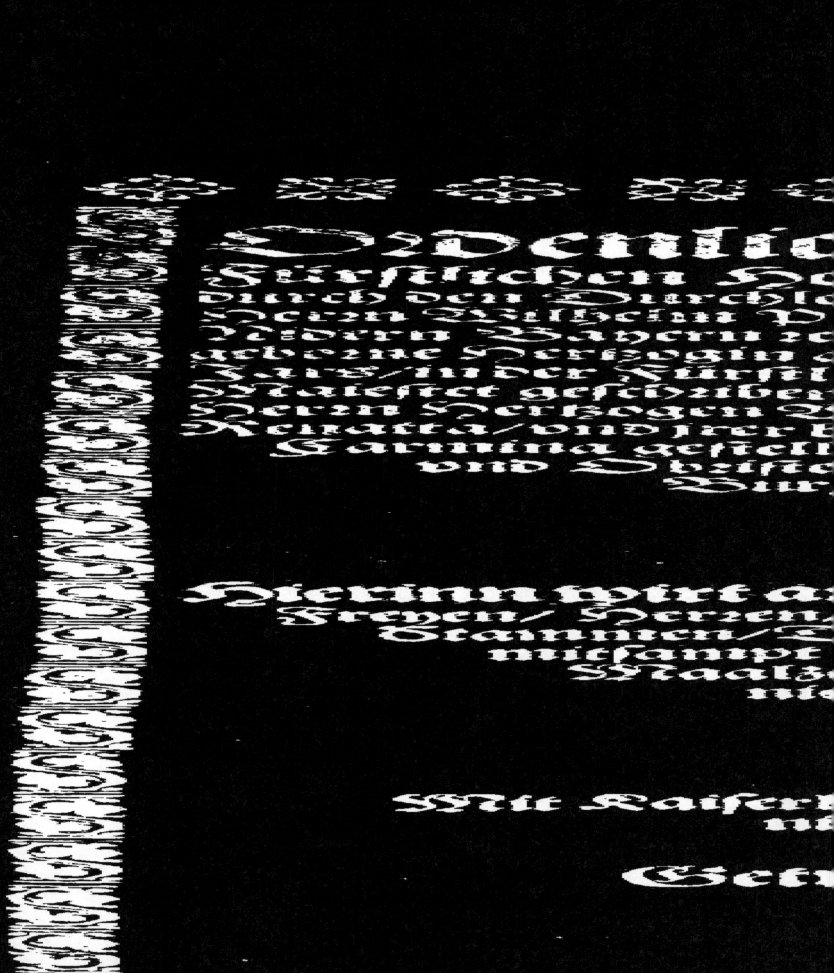

# ...e Hochzeyt

...hzeyt / die du gehalte...

...illigen / Hochgebornen Fü...

...lzgraf beim Rhein / Herh...

...it dem Hochgebornen...

...ß Puttinge / den 21. tag...

...en Statt München / Vnd...

...Vnd den Hochernelten...

...ilhelm 2c. Auch dem Hoche...

...er freundtschafft / zu hohe...

...durch Hainrichen Wirte...

...Plütschenmaister inn S...

...r auff der Zell / inn der...

...schafft Gleyß / an der

Dhos gelegen.

...ch begriffen / alle Für...

...Rittern vnd Edlen / mit ir...

...zglaich wie starck ain yede...

...ler hier / Es sey Einritt / R...

...t / Schimpffung / Tantzen...

...vnd andern Ritterspile...

...as sich die zeyt der Hoch-

zeyt verlauffen

hat.

...her Matestet Gnaden vn...

...t nach zutrucken verbotte...

...ckt zu Augspurg / d...

Philipp Vlhart.

...ung Der

...n ist worden/

...ften vnnd Herren/

...gin Obern vnd

...rawlin Renatta/

...bruarij/des 1568

...an die Kaiserliche

...ursten vnd Herren/

...namten Frawlin

...n ehren/in teutsche

...eutscher Poet/

...ereich/vnd

...Herr-


...ten/Grauen/

...m Namen vnd

...ankommen/

...rchgäng/

...Thur

...v


...d Freyhait/

...n.


...urch

Deutsch    English

Karl heiratet Maria. Ein Hochzeitsspektakel im Hause Habsburg
Karl Marries Maria: A Wedding Spectacle in the House of Habsburg    (Kathrin Pokorny-Nagel)

# Karl heiratet Maria. Ein Hochzeitsspektakel im Hause Habsburg

# Karl Marries Maria: A Wedding Spectacle in the House of Habsburg

# (Kathrin Pokorny-Nagel)

**Heinrich Wirri**
Festbeschreibung, Wien 1571: Kolorierte Darstellung des Festumzugs (Detail)
Description of the festivities, Vienna 1571: Colored depiction of the procession (detail)
MAK, BI 1453

Deutsch

Karl heiratet Maria. Ein Hochzeitsspektakel im Hause Habsburg
(Kathrin Pokorny-Nagel)

„Bella gerant alii, tu felix Austria nube."[1] Dieser berühmte Satz beschreibt treffend die habsburgische Heiratspolitik ab dem späten Mittelalter, die wohl einen ihrer Höhepunkte in der Verehelichung von Maximilian I. mit Maria von Burgund im Jahr 1477 erreichen sollte. Und es waren vorrangig Regenten des österreichischen Kaiserhauses, die es verstanden, durch Ehebündnisse den Herrschaftsanspruch auf weite Teile Europas und damit auch ihren Einfluss auf die Kolonialreiche in Übersee auszudehnen.

Geradezu exemplarisch für das überschwängliche Zeremoniell eines solchen Festes mögen die Feierlichkeiten zur Hochzeit des Habsburgers Erzherzog Karl II. von Innerösterreich mit Prinzessin Maria Anna von Bayern gelten, die am 26. August 1571 in Wien stattfand. Im Bestand des MAK[2] findet sich heute die herausragende und reich illustrierte Ausgabe eines anlässlich dieser Hochzeit eigens angefertigten Erinnerungsbuches. Solche Erinnerungsbücher wurden handschriftlich verfasst, aber auch gedruckt und dokumentierten den Kreis der Geladenen wie den Ablauf der Feierlichkeiten. Ein schon im Vorfeld des Festes hinzugezogener „Pritschenmeister" verfasste dafür Beschreibungen in Versform, die teilweise mit kolorierten Holzschnitten ergänzt wurden.

Pritschenmeister waren Zeremonienmeister, Komödiant und Dichter in einer Person und wurden für Hochzeiten wie für Festivitäten aller Art – ob Schießwettbewerbe, Turniere bis hin zu Jahrmärkten – verpflichtet. Die nicht mehr geläufige Berufsbezeichnung entspricht heute wohl am ehesten der eines „Eventmanagers" oder „Wedding Planners".

Der Pritschenmeister unterhielt die Gäste, führte sie mit Späßen und ausgeklügelten Reimen durch das Programm und sorgte freundlich für Disziplin unter den Zusehenden – mit seiner namensgebenden Pritsche, einem flachen Stück Holz, an einem Ende in schmale Brettchen gespalten, mit dem die Gäste eingewiesen und „Unfolgsame" mitunter zum Gaudium der Festgesellschaft „gezüchtigt" wurden. Die erfolgreichsten Pritschenmeister wurden zu Festlichkeiten des (Hoch-)Adels geladen, die sie (mit-)organisierten, sie hielten im Versmaß gehaltene Festreden und dokumentierten die mehrtägigen Feierlichkeiten.

So bezeichnete sich Heinrich Wirri[3] (Abb. 1) als oberster Pritschenmeister der Schweiz und Österreichs. Er war zunächst als Weber und Schneider tätig,[4] ehe er zwecks „Erkundigung der Welt" durch die Lande zog und gegen Eintrittsgeld Aufführungen veranstaltete. Auf Märkten und Messen führte er zwischen 1557 und 1570 mit einem Guckkasten „Komödien" und die „Passion Christi mit Figuren" auf, berichtete von Gerichtsprozessen und Hinrichtungen oder auch über Kriegsereignisse in Form von Zeitungen und Einblattdrucken, die auf den Märkten verkauft und auch vorgetragen oder vorgesungen wurden. Dank seiner vielseitigen Talente brachte er es vom „Vagabund" auf Jahrmärkten bis zu Engagements bei Hof.

Nach vergleichbaren Werken in der Tradition der Wappen- und Herolddichtungen[5] stellt das Erinnerungsbuch zur besagten Hochzeit in Wien wohl den Höhepunkt seiner beruflichen Laufbahn dar. Das in kleiner Auflage gefertigte, mit kolorierten Holzschnitten illustrierte und in Wien[6] bei Blasius

1) Abwandlung der ersten Verszeile aus Ovids Dichtichon *Heroides*: „Bella gerant alii, Protesilaus amet."　　2) Das Buch wurde 1867 beim Pariser Antiquar Edwin Troß vom k. k. Österreichischen Museum für Kunst und Industrie (heute MAK) um 500 Francs angekauft, vermutlich anlässlich des Besuchs von Rudolf von Eitelberger und Franz Schestag auf der Pariser Weltausstellung, und unter der MAK-Inventarnummer BI 1453 aufgenommen (30,5 × 21,4 cm). Für die damit verbundene Aktenrecherche danke ich Peter Klinger und Walther Merk.　　3) Geboren um 1520 in Aarau, gestorben nach 1572 vermutlich in Österreich; auch als Wirry, Wir[r]e, Wirrich, Werry, Wurro zu finden.　　4) Wie aus dem Solothurner Rathsprotokoll hervorgeht. Vgl. Baechtold, Jakob, *Geschichte der Deutschen Literatur in der Schweiz*, Frauenfeld 1892, 131.　　5) Zum Beispiel beschrieb er 1563 die Krönung von Maximilian II. zum ungarischen König in Pest; 1570 war er am Reichstag zu Speyer.　　6) Dies muss das letzte Werk Heinrich Wirris gewesen sein, starb er doch um 1572 vermutlich in Österreich. Vgl. Weller, Emil, „Heinrich Wirry, ein Solothurner Dichter", in: *Anzeiger für Kunde der deutschen Vorzeit* 7 1860, 397–399 und 439–442.

Deutsch

Karl heiratet Maria. Ein Hochzeitsspektakel im Hause Habsburg
(Kathrin Pokorny-Nagel)

Eber gedruckte Werk ist unter folgendem Titel erschienen: *Ordenliche Beschreibung des Christlichen / Hochlöblichen und Fürstlichen Beylags oder Hochzeit / so da gehalten ist worden durch den Durchleuchtigisten / Hochgebornen Fürsten unnd Herrn / Herrn CAROLEN / Erzherzog zu Osterreich / Burgund / Steyr / Kärnten / Crayn / Graff zu Tirol / Zilli und Görtz / u. mit dem Hochgebornen Fräwlein Maria / geborne Hertzogin zu Bayrn / den XXVI. Augusti in der Kayserlichen Statt Wienn / [...] Durch Heinrichen Wirrich / Obrister Pritschenmaister in Osterreich [...] Gedruckt zu Wienn in Österreich / durch Blasium Eberum / in der LämblBursch.* (Abb. 2)

Die wenigen heute erhaltenen Exemplare sind unterschiedlich ausgestattet, wobei das im MAK befindliche mit seinen Darstellungen des Empfanges, drei großen Holzschnitten des allegorischen Turniers und Abbildungen verschiedener Kampfspiele, das vollständigste und damit bedeutendste ist. Ergänzt wird das Buch um die Dokumentation der Gäste anhand der Darstellung ihrer Wappen in kolorierten Holzschnitten. Weitere Holzschnitte verschiedener Künstler illustrieren die Wiener Bürgerwehr und die anlässlich der Feierlichkeiten abgehaltenen Turniere.[7] Jede Seite ist mit einer Zierleiste umgeben, die heimische und exotische Tiere und Fabelwesen abwechselnd mit Blattranken-motiven aneinanderreiht. Die Texte des Buches sind in Reimen gehalten, lediglich für die Einleitung und kurz an anderer Stelle[8] wählte Wirri die Prosaform. Diese ist durchsetzt mit der für eine solche Festbeschreibung einst gebotenen Unterwürfigkeit. (Abb. 3)

Heinrich Wirri hatte bereits die Hochzeit des Bruders der Braut, Herzog Wilhelm von Bayern, mit Renata von Lothringen, die 1568 in München gefeiert worden war, dokumentiert. (Abb. 4)

Die royale Hochzeit fand im Sommer 1571 statt. Karl war als Sohn von Kaiser Ferdinand I.[9] und Bruder von Maximilian II. eine wichtige Figur im Heiratsspiel der herrschenden Familien Europas. Die Verbindung mit Maria Anna bedeutete Rückhalt im bayerischen Herzogshaus. Die einwandfreie katholische Gesinnung der Braut war für die religiös gespaltenen Erblande wesentlich; sie war gebildet, sprach Latein und wurde in Malerei und Musik gefördert. Nachdem Papst Pius V. wegen der nahen Verwandtschaft des Paars die Dispens erteilt hatte, konnte geheiratet werden.[10]

Die Feierlichkeiten, die in Wien und Graz ausgerichtet wurden, dauerten von der Ankunft der ersten Abordnungen in Wien am 18. August bis zum 17. September 1571, nur unterbrochen von der Reise nach Graz. Albrecht V. von Bayern als Brautvater, der Bräutigam und der Kaiser wählten die Gäste aus. Am Kaiserhof gruppierte sich ein Organisationskomitee, bestehend aus den Herren Trautson, Hoffmann, Khevenhüller, Mallart, Harrach, Auersperg und Kuen, um die Hochzeit vorzubereiten.[11] Diesem war die Organisation der Verpflegung der Teilnehmenden, deren Unterbringung, der Ablauf des Zeremoniells und – wenn auch nur in groben Zügen – die künstlerische Ausgestaltung der Festivität übertragen.

Die überlieferten Gesamtkosten beliefen sich auf rund 200.000 Gulden (die Kaufkraft eines Guldens betrug circa 100 Euro), wovon auf den Brautvater und Karl je 50.000

---

7) Da die Holzschnitte nicht signiert sind, können sie keinem Meister zugeschrieben werden. Die Autorenschaft von Wirri selbst ist eher unwahrscheinlich.   8) Einige Teile der Beschreibung des Ringelrennens enthalten auch Prosastellen.   9) Er war der dritte Sohn von Kaiser Ferdinand I. und dessen Gattin Prinzessin Anna von Böhmen und Ungarn.   10) Maria gebar ihrem Gemahl in einer glücklichen Ehe 15 Kinder. Das letzte Kind, Erzherzog Karl, erblickte erst nach dem Tod des Vaters 1590 das Licht der Welt. Maria nahm aktiv Anteil am politischen Geschehen in ihrer neuen Heimat.   11) HHSTA Familienakten Fasc. 22 (17. Juli 1571); in: Vocelka, Karl, *Habsburgische Hochzeiten 1550–1600*, Wien/Köln/Graz 1976, 53.

Deutsch

Karl heiratet Maria. Ein Hochzeitsspektakel im Hause Habsburg
(Kathrin Pokorny-Nagel)

und auf den Kaiser 100.000 Gulden entfielen. Um seinen Kostenanteil aufbringen zu können, musste Karl sogar ein Darlehen bei der Augsburger Bankiersfamilie Fugger aufnehmen.[12] Allein für die Verpflegung von Mensch und Tier wurden 24 Mutt Weizen (entspricht rund 47 000 Liter) bzw. 100 Mutt Hafer (entspricht rund 195 000 Liter) bestellt.[13] Man beauftragte zudem das Salzamt mit der Bereitstellung von 60 Fuder Salz (also 1 500 kg)[14] sowie die Ausseer Fischer mit einer Lieferung von 2 923 Saiblingen.[15] Der Burggraf von Komorn (dem heutigen Komarom in Ungarn) und der Jagdlandmeister von Böhmen waren für die Bereitstellung von Wildbret und Federvieh verantwortlich, allein 30 Rehe wurden für die Hochzeitstafel am 26. August benötigt.[16] Für die Unterbringung der adligen Gäste wurden Räume im Kindertrakt, im Salmschen Haus und den dazugehörigen Stallungen in der Hofburg adaptiert, zudem Verbindungsgänge und ein temporäres hölzernes Tanzhaus auf der Burgbastei errichtet.[17] Allein die bayerische Abordnung der Braut bestand aus 565 Personen. Die Tafeln für die vielen Gäste mussten je nach Familienzugehörigkeit auf diverse Säle der Hofburg verteilt werden.[18] In Augsburg wurden noch rasch 72 silberne Schüsseln und zwölf komplette Garnituren von Reiterharnischen unter anderem für den Kaiser, die Erzherzöge Karl, Rudolf und Ernst sowie für Herzog Ferdinand von Bayern, Johann Jakob Fugger und Don Juan de Austria bestellt.[19] Der große zeitgenössische Musiker Orlando di Lasso, schon bei der Hochzeit in München 1568 zugegen, wurde als Freund der Braut in die Feiern eingebunden.[20]

Der Empfang der Braut, die mit ihrem Gefolge am 24. August 1571 über die Donau anreiste, wird von Wirri geschildert. So trugen die Wiener Bürger zu diesem Anlass Stangenwaffen und Bärenspieße, in Harnische wurde zur Erinnerung die Jahreszahl „1571" eingeätzt,[21] Fahnen wurden angefertigt und bereits vorhandene von dem Maler Donat Hübschmann restauriert.[22] Als Fahnenfarben wählte man Blau-Weiß und Rot-Weiß, die Landesfarben der Brautleute. Nicht weniger als „zehn fenlein Fußvolk"[23] aus Wien (entspricht 4 121 Personen) sollen zum Empfang der Braut am Donauufer erschienen sein. All dies beschreibt Wirri in kurzweiligen Reimen, ein ausklappbarer kolorierter Holzschnitt hält das bunte Treiben fest. (Abb. 5)

Höhepunkte wie die Trauung durch den Erzbischof von Salzburg[24] am 26. August 1571 in der Augustinerkirche der kaiserlichen Burg und die anschließende Festtafel werden in Reimen beschrieben, wobei Wirri den Festsaal mit seinen Tapisserien und die Tischordnung hervorhebt. Am oberen Ende der kaiserlichen Tafel saßen die Brautleute, der Kaiser hatte ihnen zu Ehren auf den Vorsitz verzichtet. Es wurden Wildbret, Geflügel und Fisch, kalte Speisen und exotische Spezialitäten wie Südfrüchte in sechs „Thrachten" (Gängen) serviert, wobei „mit eyner thracht sechzig speiß aufgesetzt" wurden.[25] Nach dem anschließenden Tanz kehrten alle in ihre Herbergen zurück. Im Hinblick auf das adelig-ritterliche Denken und die protestantische wie katholische Gesinnung der Gäste verzichtet der Autor auf Ansichten der Kirche oder des Festessens.

12) Hurter, Friedrich von, *Geschichte Kaiser Ferdinand II.*, Schaffhausen 1857, Band 1, 176.   13) Hofkammerarchiv Wien, Gedenkbücher 112, fol. 367r ff.   14) Gedenkbücher 112, fol. 325v.   15) Hollwöger, Franz, *Das Ausseerland. Geschichte der Gemeinden Bad Aussee, Altaussee, Grundlsee, Mitterndorf und Pichl*, Bad Aussee 1956, 95.   16) HH-STA, Familienakten Fasc. 22 (30. Juli 1571), in: Vocelka 1976 (s. Anm. 11), 54.   17) BHStA Fürstensachen 374, fol. 77r, in: Karner, Herbert (Hg.), *Die Wiener Hofburg 1521–1705. Baugeschichte, Funktion und Etablierung als Kaiserresidenz*, Veröffentlichungen zur Bau- und Funktionsgeschichte der Wiener Hofburg Band II, Wien 2014, 129.   18) HHStA, Familienakten Fasc. 22, unfoliert, in: Karner 2014 (s. Anm. 17), 129.   19) Thiel, Viktor, „Regesten zur Geschichte der Beamtenschaft unter Erzherzog Karl von Innerösterreich", in: *Jahrbuch der heraldischen Gesellschaft Adler* 21 1911, 124–275; Regest 1088, in: Vocelka 1976 (s. Anm. 11), 84; vgl. Sammlung Kunsthistorisches Museum Inventarnummer A 885, A 1405.   20) Vermutlich hat Orlando di Lasso auch Motetten für diese Hochzeitsfeierlichkeiten geschrieben. Musik hatte bei Festen immer eine besondere Bedeutung und war einer der kostspieligsten Faktoren. Dabei reichte die Palette von einfacher Gebrauchsmusik bis zu Spitzenleistungen wie etwa die Hochzeits-Motette von Orlando di Lasso, die er für die Hochzeit in München 1568 komponiert hatte und die etwa ein Zehntel der Gesamtkosten jener Prachthochzeit verschlang.   21) Einige dieser Harnische sind heute im Wien Museum unter den Inventarnummern 127.177 bis 127.236 aufbewahrt.   22) Kammeramtsrechnung der Stadt Wien 1571, fol. 314r.   23) Zwiedineck, Hans von, „Die Hochzeitsfeier Erzherzog Karls II. mit Maria von Baiern", in: *Mittheilungen des historischen Vereins für Steiermark* 47 1899, 201.   24) HHSTA Familienakten Fasc. 22, in: Vocelka 1976 (s. Anm. 11), 75. Es assistierten die Äbte von Melk, dem Wiener Schottenkloster und die Pröpste von Klosterneuburg, St. Pölten, Herzogenburg, Göttweig, Heiligenkreuz und Mariazell.   25) HHSTA Familienakten Fasc. 22, in: Vocelka 1976 (s. Anm. 11), 77.

Deutsch

Karl heiratet Maria. Ein Hochzeitsspektakel im Hause Habsburg
(Kathrin Pokorny-Nagel)

Dagegen widmet Wirri dem festlichen Programm umso breiteren Raum. So fand am Morgen nach der Hochzeit ein feierlicher Umzug der Gäste statt, der zum Festplatz geleitet wurde. Dieser befand sich vor dem „Roten Turm" im zweiten Bezirk. Das dort dargebotene allegorische Turnier in Form eines Ringelrennens,[26] bei dem auch Karl selbst mitwirkte, griff mythologische Erzählungen auf. Es gilt als erwiesen, dass für die inhaltliche Ausgestaltung dieses als „Cartell" bezeichneten Ringelrennens kein Geringerer als Giuseppe Arcimboldo, der spätere Hofmaler von Rudolf II., gemeinsam mit Johann Baptist Fonteius verantwortlich zeichnete.[27] Das von Fonteius verfasste Zentralstück des manieristischen Festprogramms wurde von Wirri niedergeschrieben und in Holzschnitten dargestellt. (Abb. 6) Grundidee des Schaustücks war der Streit der beiden Göttinnen Juno (der eifersüchtigen Gattin Jupiters) und Europa (die von dem als Stier erscheinenden Jupiter bekanntlich nach Kreta entführt wurde). Juno wird dabei von den Königen Asiens, Amerikas und Afrikas unterstützt, dargestellt von den Erzherzögen Ferdinand und Karl sowie Graf Wolf von Stubenberg, während Europa ihre Töchter Italien, Spanien, Frankreich und Deutschland zur Seite standen. Diese Länder wurden durch vier Ritter dargestellt, die ihrer Verkleidung nach die vier Jahreszeiten symbolisierten, wobei der Kaiser höchstpersönlich in die Rolle Deutschlands schlüpfte. All diese Mitkämpfer wurden von unzähligen allegorischen Figuren in fantasievollen Kostümierungen begleitet, Fanfarentrompeter stellten die Windrichtungen dieser Länder dar, als weitere allegorische Figuren traten die sieben freien Künste, die vier Tugenden, der Gott Neptun ebenso wie die Göttin Diana auf, die von „Thieren/Hunden und Jegern", letztere von verkleideten Männern dargestellt, begleitet

wurde. (Abb. 7) Zuletzt erschien Europa, auf einem Ochsen thronend, auf dem Kampfplatz, unterstützt durch die Göttin Victoria, die auf einer mit Hellebarden, Rüstungen und Helmen geschmückten Säule stand. Abgerundet wurde das Spektakel durch den Auftritt von vier von König Artus (!) gesandten Rittern der Tafelrunde. Umgeben wurde der Aufzug durch einst beliebte bizarre „Launen der Natur", wie Menschen mit Schwanenhälsen, Zwerge mit riesigen Köpfen oder als Riesen verkleidete Menschen. (Abb. 8)

Dieses mythologisch-humanistische Grundgerüst zeigt in der Häufung der Allegorien bereits frühbarocke Züge, die Zyklushaftigkeit des Programms – vier Jahreszeiten, vier Windrichtungen, vier europäische Nationen – ist charakteristisch für den geistigen Urheber Arcimboldo. Auch der Widerstreit Europas gegen den Rest der Welt darf als Hinweis auf die politische Situation verstanden werden: Damit wurde auf den Kampf gegen die Türken angespielt, der 40 Tage nach der Hochzeit am 7. Oktober in der Seeschlacht von Lepanto die Vormachtstellung Europas im Mittelmeer endgültig besiegeln sollte.

Den Abschluss der Feierlichkeiten in Wien markierte ein sogenanntes Fußturnier am 2. September 1571, das auf dem Platz vor der kaiserlichen Burg stattfand und an dem zahlreiche Hochzeitsgäste teilnahmen. Über die Zusammensetzung des Publikums liegen kaum nähere Informationen vor, doch hatten wohl auch Wiener Bürger*innen Zutritt.[28] Auch das Fußturnier wurde durch den Aufzug mehrerer Festwagen mit allegorischen und mythologischen Figuren eingeleitet, welche die Handschrift Arcimboldos auswiesen. (Abb. 9) Wirris Darstellung kommt zusätzliche Bedeutung

26) Dabei versucht der Reiter mit seiner Lanze einen an einem Galgen aufgehängten Ring zu berühren oder aufzuspießen.    27) Vocelka 1976 (s. Anm. 11), 78 f.    28) Karner 2014 (s. Anm. 17), 499.

Deutsch

Karl heiratet Maria. Ein Hochzeitsspektakel im Hause Habsburg
(Kathrin Pokorny-Nagel)

zu, zeigt sie doch detailgetreu die Verlängerung des Nordwestturms der Hofburg durch ein Gebäude von sechs Fensterachsen.[29] Auch wird der Wandel des Turniers von der militärischen Übung für den Ernstfall hin zum höfischen Divertissement sichtbar, bei dem es auf das ästhetische Vergnügen ankam.[30]

Die Dokumentation Heinrich Wirris ermöglicht Einblicke in die pompöse Ausgestaltung festlicher Veranstaltungen in der zweiten Hälfte des 16. Jahrhunderts. Diese Zurschaustellung von Reichtum und Macht ist dabei als gegenreformatorischer Propagandaakt zu sehen und nicht zuletzt als überlieferter Beleg für das kulturelle Klima einer Zeit – bei aller festlichen Flüchtigkeit.

29) Vocelka 1976 (s. Anm. 11), 85 f.     30) Karner 2014 (s. Anm. 17), 500.

"Bella gerant alii, tu felix Austria nube."[1] This famous phrase adequately describes the Habsburg marriage policy from the late Middle Ages on, which probably reached one of its pinnacles in the marriage between Maximilian I and Mary of Burgundy in 1477. Most of all, the regents of the Austrian imperial dynasty understood how to use matrimony to expand their claim to power over large parts of Europe and, consequently, also their influence on the colonial empires oversees.

Almost exemplary of the exuberant ceremonial of such festivities are the celebrations for the wedding of the Habsburg Archduke Karl II of Inner Austria with Princess Maria Anna of Bavaria, which took place on 26 August 1571 in Vienna. The MAK's inventory[2] today contains the outstanding and richly illustrated edition of a commemorative book created specifically on the occasion of this wedding. These commemorative books were written by hand or also printed and documented who was invited as well as the course of the celebrations. For their creation, a "Pritschenmeister" (slapstick master), who was already involved in advance, wrote descriptions in verse which were partly supplemented with colored woodcuts.

The "Pritschenmeister" were masters of ceremonies, comedians, and poets in one person and were employed for weddings as well as for festivities of all kinds—like shooting competitions, tournaments, or also fairs. Nowadays, they would probably be referred to as event managers or wedding planners. The "Pritschenmeister" entertained the guests, guided them through the program with jokes and sophisticated rhymes, and disciplined the audience in a friendly way—

with his eponymous "Pritsche" (slapstick), a flat piece of wood that splits into two thin slats at one end, which was used to instruct the guests and also, much to everyone's amusement, "chastise" those who were "disobedient." The most successful "Pritschenmeister" were invited to the festivities of the (high) nobility, which they helped organize or also fully organized. They gave speeches in verse and documented the celebrations that lasted several days.

Heinrich Wirri[3] (Fig. 1), for example, called himself the top "Pritschenmeister" in Switzerland and Austria. After working as a weaver and tailor[4], he started travelling in order to "explore the world" and hosted performances for which he charged an admission fee. Between 1557 and 1570, he performed peepshow "comedies" and the "Passion of Christ with figures" at markets and fairs and reported on trials and executions or also wars in newspapers and broadsheets, which were sold at the markets or also recited or chanted. Due to his manifold talents, he rose from a "vagabond" at market fairs to being employed at court.

After comparable works in the tradition of heraldic poetry[5], the commemorative book for the aforementioned wedding in Vienna[6] was probably the highlight of his professional career. The work was printed in small numbers in Vienna by Blasius Eber and was illustrated with colored woodcuts. It was titled *Ordenliche Beschreibung des Christlichen / Hochlöblichen und Fürstlichen Beylags oder Hochzeit / so da gehalten ist worden durch den Durchleuchtigisten / Hochgebornen Fürsten unnd Herrn / Herrn CAROLEN / Erzherzog zu Osterreich / Burgund / Steyr / Kärnten / Crayn / Graff zu*

1) Adaptation of the first line of verse of Ovid's distich *Heroides*: "Bella gerant alii, Protesilaus amet."    2) The book was bought in 1867 by the Imperial Royal Austrian Museum of Art and Industry (today's MAK) from the Paris antiquarian bookseller Edwin Troß for 500 francs, probably on the occasion of the visit of Rudolf von Eitelberger and Franz Schestag at the Paris World Fair. It was inventoried at the MAK under the number BI 1453 (30.5 × 21.4 cm). I would like to thank Peter Klinger and Walther Merk for their work researching the historical records.    3) Born around 1520 in Aarau, died after 1572 probably in Austria; also known as Wirry, Wir[r]e, Wirrich, Werry, and Wurro.    4) As stated by the Solothurn Rathsprotokoll. Cf. Baechtold, Jakob, *Geschichte der deutschen Literatur in der Schweiz*, Frauenfeld 1892, 131.    5) In 1563, he, for example, described the coronation of Maximilian II as the Hungarian King in Pest; in 1570, he was at the Reichstag in Speyer.    6) It must have been Heinrich Wirri's last work as he died around 1572 probably in Austria. Cf. Weller, Emil, „Heinrich Wirry, ein Solothurner Dichter", in: *Anzeiger für Kunde der deutschen Vorzeit* 7 1860, 397–399 and 439–442.

*Tirol / Zilli und Görtz / u. mit dem Hochgebornen Fräwlein Maria / geborne Hertzogin zu Bayrn / den XXVI. Augusti in der Kayserlichen Statt Wienn / [...] Durch Heinrichen Wirrich / Obrister Pritschenmaister in Osterreich [...] Gedruckt zu Wienn in Österreich / durch Blasium Eberum / in der Lämbl-Bursch.* (Fig. 2)

Today, the few remaining copies vary in content. With its depiction of the opening, three large woodcuts of the allegorical tournament, and images of different combat games, the one at the MAK is the most complete and, consequently, most important. The book is amended by the documentation of the guests based on their coat of arms in colored woodcuts. Additional woodcuts by different artists illustrate the "Bürgerwehr" in Vienna as well as tournaments that were held on the occasion of the celebrations.[7] Each page is surrounded by a decorative strip which strings local and exotic animals as well as mythical creatures alternatingly with leaf tendril motifs. The texts of the book are in rhyme, Wirri only chose prose for the introduction and for a short part elsewhere.[8] It is filled with the, at the time, imperative subservience for the description of such festivities. (Fig. 3)

Heinrich Wirri had already documented the wedding of the bride's brother, Duke Wilhelm of Bavaria, with Renata of Lorraine, which had been celebrated in Munich in 1568. (Fig. 4)

The royal wedding took place in the summer of 1571. As the son of Emperor Ferdinand I and the brother of Maximilian II, Karl[9] was an important figure in the matchmaking of the ruling families in Europe. The connection with Maria Anna meant support

from the Bavarian royal family. The bride's impeccable Catholic faith was highly important for the religiously divided hereditary lands; she was well educated, spoke Latin, and was trained in painting and music. After Pope Pius V had given his dispensation due to the couple's close blood relationship, they were able to marry.[10]

The festivities, which took place in Vienna and Graz, lasted from the arrival of the first delegation in Vienna on 18 August until 17 September 1571 and were only interrupted by the journey to Graz. Albrecht V of Bavaria as the bride's father, the bridegroom, and the emperor selected the guests. At the imperial court, an organizing committee, consisting of Messrs. Trautson, Hoffmann, Khevenhüller, Mallart, Harrach, Auersperg, and Kuen, met to prepare the wedding.[11] The committee was responsible for organizing board and lodging of the participants, the course of the ceremonial, and—even though only roughly—the artistic arrangement of the festivities.

The reported overall cost was around 200,000 guilders (the purchasing power of one guilder was about 100 euros), of which 50,000 each fell on the bride's father and Karl and 100,000 guilders on the emperor. To be able to pay his share, Karl even had to take on a loan from the Fugger banking family in Augsburg.[12] For the food for people and animals alone, 24 "Mutt" of wheat (around 47 000 liters) and 100 "Mutt" of oats (around 195 000 liters) were ordered.[13] In addition, the department of salt was asked to provide 60 "Fuder" of salt (so 1 500 kg)[14], and 2 923 chars were ordered from the Aussee fishermen.[15] The Burgrave of Komorn (today's Komarom in Hungary) and the Jagdlandmeister of Bohemia were

7) As the woodcuts are not signed, no master can be credited with them. It is rather unlikely that Wirri himself is the author.     8) Some parts of the description of the "Ringelrennen" (running at the ring) are also in prose.     9) He was the third son of Emperor Ferdinand I and his wife Princess Anna of Bohemia and Hungary.     10) Over the course of the happy marriage, Maria gave birth to 15 children. The last child, Archduke Karl, was only born after his father's death in 1590. Maria actively participated in the political decisions of her new home country.     11) HHSTA Familienakten Fasc. 22 (17 July1571); in: Vocelka, Karl, *Habsburgische Hochzeiten 1550–1600*, Vienna/Cologne/Graz 1976, 53.     12) Hurter, Friedrich von, *Geschichte Kaiser Ferdinand II.*, Schaffhausen 1857, Volume 1, 176.     13) Hofkammerarchiv Wien, Gedenkbücher 112, fol. 367r. ff.     14) Gedenkbücher 112, fol. 325v.

responsible for providing game and poultry. For the wedding banquet on 26 August alone, 30 roe deer were needed.[16] To accommodate the noble guests, rooms in the children's wing as well as House Salm and the corresponding stables at the Hofburg were adapted. In addition, connecting passages and a temporary wooden dance hall were set up at the Burgbastei.[17] The bride's Bavarian delegation alone were 565 persons. The tables for the many guests had to be distributed among different rooms of the Hofburg based on kinship.[18] 72 silver bowls and twelve complete suits of armor, among others for the emperor, Archdukes Karl, Rudolf, and Ernst, as well as Duke Ferdinand of Bavaria, Johann Jakob Fugger, and Don Juan de Austria, were ordered last minute in Augsburg.[19] The great contemporary musician Orlando di Lasso, who was already present at the wedding in Munich in 1568, was involved in the festivities as a friend of the bride.[20]

The reception of the bride, who arrived on 24 August 1571 via the Danube, is described by Wirri. For this occasion, Vienna's citizens carried polearms and bear spears, the year "1571" was etched in armors in remembrance of the event[21], flags were produced and already existing ones were restored by the painter Donat Hübschmann.[22] The colors of the flags were blue and white and red and white, the national colors of the bridal couple. No less than „zehn fenlein Fußvolk"[23] (about 4 121 people) from Vienna are said to have appeared on the banks of the Danube to receive the bride. Wirri describes all of this in entertaining rhymes, a fold-out colored woodcut documents the hustle and bustle. (Fig. 5)

Highlights, for example, the wedding ceremony by the Archbishop of Salzburg[24] on 26 August 1571 in the Augustinian Church of the imperial castle and the subsequent banquet are described in rhymes. Here, Wirri emphasizes the festive hall with its tapestry and the seating order. The bridal couple was seated at the head of the imperial table. In their honor, the emperor stepped aside. Game, poultry, fish, cold dishes, and exotic specialties like tropical fruit were served in six "Thrachten" (courses) with one course consisting of sixty dishes.[25] After the subsequent dance, everybody returned to their accommodations. Due to the noble-chivalric mindset and the Protestant as well as Catholic faith of the guests, the author restrained from portraying the church or the festive meal.

In contrast, Wirri dedicated even more space to the festive program. On the morning after the wedding, a festive procession of the guests led to the fairground. It was located in front of the "Roter Turm" in Vienna's second district. The allegorical tournament presented there in the form of a "Ringelrennen" (running at the ring)[26], where even Karl himself participated, revisited mythological stories. It has been demonstrated that nobody less than Giuseppe Arcimboldo, the later court painter of Rudolf II, was responsible for the content of this "Ringelrennen," referred to as "Cartell," together with Johann Baptist Fonteius.[27] The central piece of this manneristic festive program composed by Fonteius was written down by Wirri and portrayed in woodcuts. (Fig. 6)

15) Hollwöger, Franz, Das Ausseerland. *Geschichte der Gemeinden Bad Aussee, Altaussee, Grundlsee, Mitterndorf und Pichl*, Bad Aussee 1956, 95.     16) HHSTA, Familienakten Fasc. 22 (30 July 1571), in: Vocelka 1976 (see footnote 11), 54.     17) BHStA Fürstensachen 374, fol. 77r., in: Karner, Herbert (ed.), *Die Wiener Hofburg 1521–1705. Baugeschichte, Funktion und Etablierung als Kaiserresidenz, Veröffentlichungen zur Bau- und Funktionsgeschichte der Wiener Hofburg Band II*, Vienna 2014, 129.     18) HHStA, Familienakten Fasc. 22, not laminated, in: Karner 2014 (see footnote 17), 129.     19) Thiel, Viktor, „Regesten zur Geschichte der Beamtenschaft unter Erzherzog Karl von Innerösterreich", in: *Jahrbuch der heraldischen Gesellschaft Adler* 21 1911, 124–275; Regest 1088, in: Vocelka 1976 (see footnote 11), 84; comp. Collection Kunsthistorisches Museum inventory number 885, A 1405.     20) Orlando di Lasso probably also composed motets for this wedding ceremony. Music always played a big role at festivities and was one of the most expensive factors. It ranged from simple Gebrauchsmusik (music for use) to first class compositions like the wedding motet by Orlando di Lasso, which he wrote for the wedding in Munich in 1568 and which consumed almost one-tenth of that luxurious wedding's budget.

The basic idea of the play was the fight between the two Goddesses Juno (Jupiter's jealous wife) and Europa (who, as is well known, was abducted by Jupiter in the form of a bull to Crete). Juno was supported by the kings of Asia, America, and Africa, played by the Archdukes Ferdinand and Karl as well as Count Wolf of Stubenberg, while Europa had her daughters Italy, Spain, France, and Germany by her side. These countries were played by four knights, whose costumes symbolized the four seasons with the emperor himself taking the role of Germany. All of these supporters were accompanied by countless allegorical figures in imaginative costumes, fanfare trumpeters displayed the geographic direction of these countries. The seven liberal arts, the four virtues, the God Neptune, as well as Goddess Diana, accompanied by animals/dogs and hunters played by costumed men, featured as further allegorical figures. (Fig. 7) At the end, Europa, enthroned on an ox, appeared in the arena supported by Goddess Victoria standing on a column decorated with halberds, armors, and helmets. The spectacle was completed by the appearance of four Knights of the Round Table sent by King Arthur (!). The parade was surrounded by bizarre "vagaries of nature," which were popular at the time, such as humans with swan necks, dwarfs with huge heads, or humans dressed up as giants. (Fig. 8)

In the accumulation of the allegories, this mythological-classical basic framework already shows early baroque features. The cyclic character of the program—four seasons, four geographic directions, four European nations—is typical for its author Arcimboldo. Also, the conflict between Europe and the rest of the world can be understood as a reference to the political situation: It alluded to the battle against the Turks which would take place 40 days after the wedding on 7 October. The Battle of Lepanto would ultimately confirm Europe's hegemony in the Mediterranean region.

The celebrations in Vienna ended with a so-called foot tournament on 2 September 1571, which took place on the square in front of the imperial castle and where numerous wedding guests participated. There is hardly any information on the audience but citizens of Vienna were apparently also allowed to watch.[28] The foot tournament, too, opened with a procession of several parade floats with allegorical and mythological figures, which bore Arcimboldo's signature. (Fig. 9) Wirri's account is important as it shows in detail the extension of the northwest tower of the Hofburg by a building with six window axes.[29] The difference between a tournament as a practice for military situations and a tournament for entertainment at court, where aesthetic pleasure was important, also becomes evident.[30]

Heinrich Wirri's documentation allows insights into the pompous arrangement of festive events in the second half of the 16th century. This presentation of wealth and power can be seen as a counter-reformatory act of propaganda and, last but not least, as preserved proof of the cultural climate of a time—despite all festive fleetingness.

21) Today, some of these armors are stored at the Wien Museum under inventory numbers 127.177 to 127.236.    22) Invoice by the Kammeramt of the City of Vienna in 1571, fol. 314r.    23) Zwiedineck, Hans von, „Die Hochzeitsfeier Erzherzog Karls II. mit Maria von Baiern", in: *Mittheilungen des historischen Vereins für Steiermark* 47 1899, 201.    24) HHSTA Familienakten Fasc. 22, in: Vocelka 1976 (see footnote 11), 75. The Abbots of Melk, the Schottenkloster in Vienna, and the Provosts of Klosterneuburg, St. Pölten, Herzogenburg, Göttweig, Heiligenkreuz, and Mariazell assisted.    25) HHSTA Familienakten Fasc. 22, in: Vocelka 1976 (see footnote 11), 77.    26) Here, a rider tries to thrust the point of his lance at or through a ring hanging from a gallows.    27) Vocelka 1976 (see footnote 11), 78 f.    28) Karner 2014 (see footnote 17), 499.    29) Vocelka 1976 (see footnote 11), 85 f.    30) Karner 2014 (see footnote 17), 500.

Deutsch     English

Karl heiratet Maria. Ein Hochzeitsspektakel im Hause Habsburg
Karl Marries Maria: A Wedding Spectacle in the House of Habsburg    (Kathrin Pokorny-Nagel)

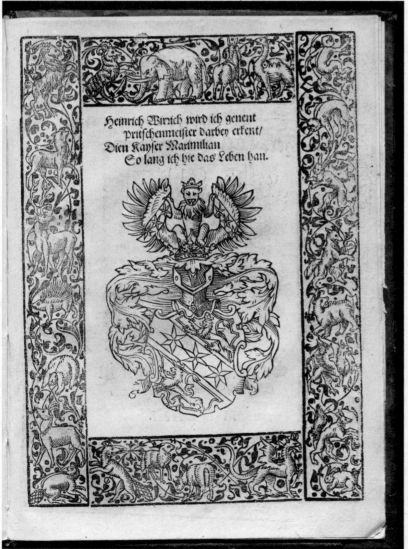

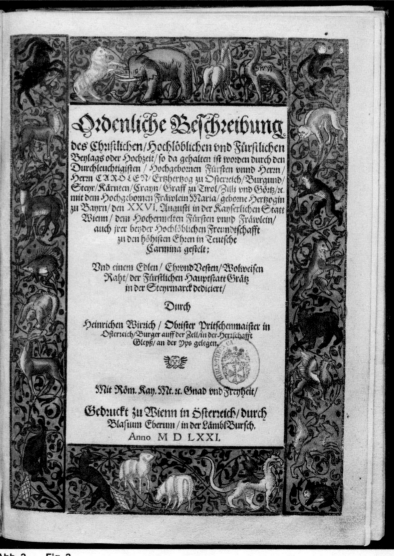

Abb. 1    Fig. 1
Heinrich Wirri
Festbeschreibung, Wien 1571: Wappen des Heinrich Wirri
Description of the festivities, Vienna 1571: Heinrich Wirri's coat of arms
MAK, BI 1453

Abb. 2    Fig. 2
Heinrich Wirri
Festbeschreibung, Wien 1571: Kolorierte Titelseite
Description of the festivities, Vienna 1571: Colored front page
MAK, BI 1453

Deutsch     English

Karl heiratet Maria. Ein Hochzeitsspektakel im Hause Habsburg
Karl Marries Maria: A Wedding Spectacle in the House of Habsburg     (Kathrin Pokorny-Nagel)

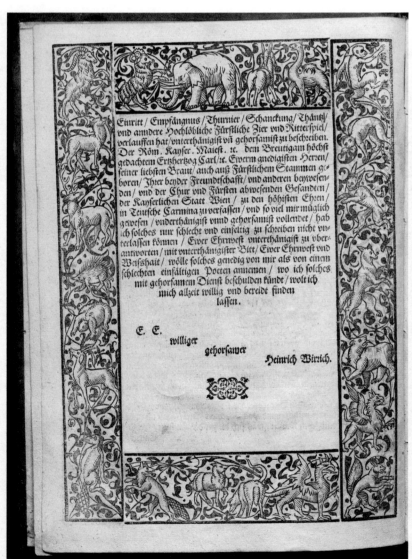

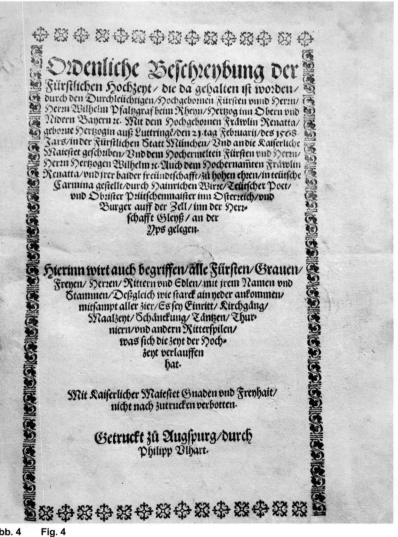

Abb. 3     Fig. 3
Heinrich Wirri
Festbeschreibung, Wien 1571: Textseite mit Rahmenleiste und Reimen
Description of the festivities, Vienna 1571: Text page with decorative strip and rhymes
MAK, BI 1453

Abb. 4     Fig. 4
Heinrich Wirri
Festbeschreibung, München 1568: Titelseite
Description of the festivities, Munich 1568: Front page
MAK, BI 1510

Deutsch      English

Karl heiratet Maria. Ein Hochzeitsspektakel im Hause Habsburg
Karl Marries Maria: A Wedding Spectacle in the House of Habsburg      (Kathrin Pokorny-Nagel)

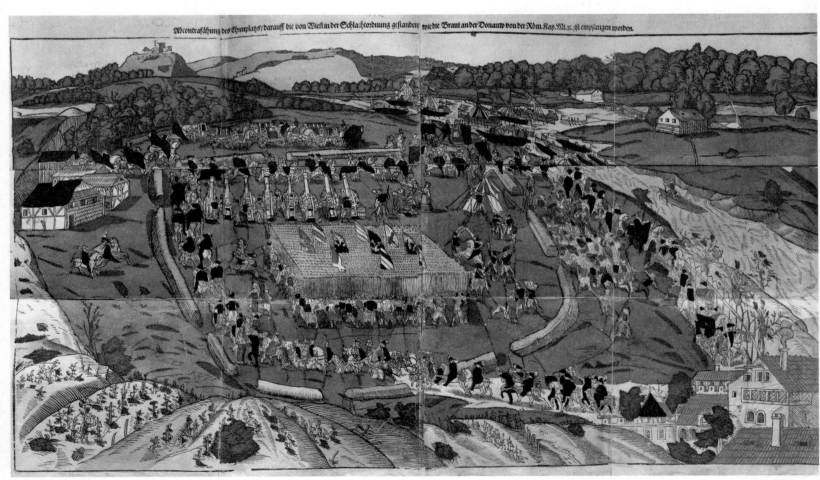

**Abb. 5      Fig. 5**
Heinrich Wirri
Festbeschreibung, Wien 1571: Kolorierte Darstellung vom Empfang der Braut
Description of the festivities, Vienna 1571: Colored depiction of the reception of the bride
MAK, BI 1453

Deutsch    English

Karl heiratet Maria. Ein Hochzeitsspektakel im Hause Habsburg
Karl Marries Maria: A Wedding Spectacle in the House of Habsburg    (Kathrin Pokorny-Nagel)

**Abb. 6    Fig. 6**
Heinrich Wirri
Festbeschreibung, Wien 1571: Kolorierte Darstellung des Ringelrennens
Description of the festivities, Vienna 1571: Colored depiction of the "Ringelrennen"
(running at the ring)
MAK, BI 1453

Deutsch    English

Karl heiratet Maria. Ein Hochzeitsspektakel im Hause Habsburg
Karl Marries Maria: A Wedding Spectacle in the House of Habsburg    (Kathrin Pokorny-Nagel)

**Abb. 7    Fig. 7**
Heinrich Wirri
Festbeschreibung, Wien 1571: Kolorierte Darstellung des Festumzugs
Description of the festivities, Vienna 1571: Colored depiction of the procession
MAK, BI 1453

**Abb. 8    Fig. 8**
Heinrich Wirri
Festbeschreibung, Wien 1571: Kolorierte Darstellung des Festumzugs
Description of the festivities, Vienna 1571: Colored depiction of the procession
MAK, BI 1453

Deutsch    English

Karl heiratet Maria. Ein Hochzeitsspektakel im Hause Habsburg
Karl Marries Maria: A Wedding Spectacle in the House of Habsburg    (Kathrin Pokorny-Nagel)

Karl heiratet Maria. Ein Hochzeitsspektakel im Hause Habsburg
Karl Marries Maria: A Wedding Spectacle in the House of Habsburg    (Kathrin Pokorny-Nagel)

Abb. 9    Fig. 9
Heinrich Wirri
Festbeschreibung, Wien 1571: Kolorierte Darstellung des Fußturniers
Description of the festivities, Vienna 1571: Colored depiction of the foot tournament
MAK, BI 1453

158

Deutsch     English

Karl heiratet Maria. Ein Hochzeitsspektakel im Hause Habsburg
Karl Marries Maria: A Wedding Spectacle in the House of Habsburg     (Kathrin Pokorny-Nagel)

Thurnierplatz in der Volic/
vor der Burck zu Wienn.

Rosetten aus dem Haller Schmuck, spätes 16. Jahrhundert
Rosettes from the Haller Jewelry, late 16th century
Manufakturen     Manufactories: Hofwerkstatt Prag, Münchner Hofwerkstatt, Meister AB, Klausenburg/Kolozsvár/Cluj-Napoca
Gold, Email, Rubine, Perlen     Gold, enamel, rubies, pearls
MAK, BJ 929-1/BJ 931-4/BJ 938-1/BJ 936-8/BJ 937-9

Ottavio Zanuoli (zugeschr. attributed to)
Erzherzogin Maria Christierna (1574–1621), Tochter Karls II. von Innerösterreich, im Brautkleid, um 1595
Archduchess Maria Christierna (1574–1621), daughter of Karl II of Inner Austria, in a wedding dress, ca. 1595
Öl auf Leinwand Oil on canvas
KHM-Museumsverband

Bruno Reiffenstein
Fotografie von Rosetten aus dem Haller Schmuck, vor 1914
Photograph of rosettes from the Haller Jewelry, before 1914
Silbergelatineabzug      Gelatin silver print
MAK, KI 7922-2

Eigentliche abbild„ und vorstellün
Feüerwercks, welches auf dem Hoch,
den 8. Decembris (28) Novemb.) deß 1666.

A E I O V

sehr künstlichen und kostbarn chen Kaÿßerl: Beÿlager zu Wien, angezündet und verbranet worden.

Lodouico Burnacini in et del:

**Lodovico Ottavio Burnacini**
*Reggia di Giove co'l convito de gli Dei*, Szenenbild aus *Il Pomo d'Oro*, Oper von Francesco Sbarra und Antonio Cesti, 1667
*Reggia di Giove co'l convito de gli Dei*, stage design from *Il Pomo d'Oro*, an opera by Francesco Sbarra and Antonio Cesti, 1667
Stecher     Engraver: Matthäus Küsel, Augsburg
Kupferstich, koloriert     Copper engraving, colored
ÖNB, Musiksammlung

*Reggia di Giove co*

Matthæus Küsel fecit

...to de gli Dei.

Lodovico Ottavio Burnacini
*Bocca Inferno*, Szenenbild aus *Il Pomo d'Oro*, Oper von Francesco Sbarra und Antonio Cesti, 1667
*Bocca Inferno*, stage design from *Il Pomo d'Oro*, an opera by Francesco Sbarra and Antonio Cesti, 1667
Stecher      Engraver: Matthäus Küsel, Augsburg
Kupferstich, koloriert      Copper engraving, colored
ÖNB, Musiksammlung

*... dill'insigne delle cavallerizza coperta della Real Corte di Vienna*
*... Marianna, con il Sermo Principe Carlo di Lorena, esposta con le*
*... di Cristallo appese in mezzo erano al numero di 40, e l'Illuminazione era composta*
*I. G. Bibiena S.C.M. Archit. Theatr. Prim. Inv. et del.*  172

n Sala per Comando di S. M. la Regina d'Ungheria e di Boemia etc. etc. in occasione delle Nozze della
miere appese davanti, tralasciatesi le altre per non dar confusione al Disegno. Le dette Lumie
Lumi, tutte candele di Cera fina.

173

J. A. Pfeffel S. C. M. Chalcogr. sculpt. direx.

Vn pezzo della Parte Laterale della medessimma Cavallerizza; tutti li

J. G. Bibiena S.C.M. Archit: Theatr: Prim. Inv. et del.

*errano composti di fiori al Naturale, ed i fondi delli adornamenti messi ad'oro.*

175

*L. Zucchi sculps. Dresdæ.*

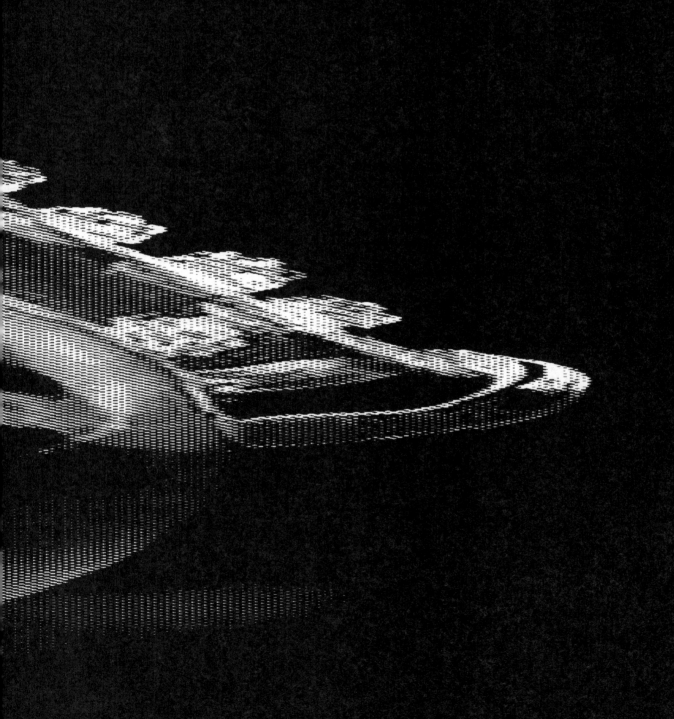

# Festtafel, Schauessen, Künstlertisch. Tafelkultur im europäischen Festkontext

# Festive Tables, Showcase Dishes, Artists' Tables: Dining Culture in the European Festive Context

# (Rainald Franz)

Deutsch

Festtafel, Schauessen, Künstlertisch. Tafelkultur im europäischen
Festkontext     (Rainald Franz)

Die enge Verbindung der Mahlzeit mit der neuzeitlichen Festkultur ist schon im Ritus des Christentums angelegt, hat doch das Abendmahl darin seinen fixen Platz als innigstes Zeichen der Verbindung mit Gott in der Wandlung von Brot und Wein.[1] Dieser christlich-religiösen Wurzel des Festmahles steht die antike Tradition des festlichen Gastmahles und Gelages gegenüber, aufgezeichnet etwa in Platons *Symposium*. Beide Wurzeln neuzeitlicher Tafelkultur im Festkontext haben ihre Spuren in den sich entwickelnden Gebräuchen hinterlassen: Antik-heidnische und christliche Gesetzmäßigkeiten und die „licenza", diese zu übertreten, prägten Geschichte(n). Mit der Etablierung einer Sitte oder eines Brauches entsteht auch der Reiz einer Übertretung der- bzw. desselben. Und in der Mischung höfischer Gebräuche mit Zitaten aus einer bäuerlichen wie bürgerlichen Kultur fand das Festmahl zu neuen Elementen seiner Gestaltung. Die Kenntnis und Beherrschung einer Form war jedoch zugleich Voraussetzung, um sie auch zu unterlaufen oder gar zu brechen. Ernst, Würde und Repräsentation im höfischen Tafelzeremoniell ließen sich durch Scherz, Satire, Ironie aufheben. Das festlich inszenierte, öffentliche Mahl als Symbol des fürstlichen Herrschaftsanspruchs wurde in der Mitte des 15. Jahrhunderts am burgundischen Hof eingeführt. Besuche fremder Adelshäuser, Hochzeiten, Krönungen und andere herausragende Ereignisse boten Anlässe zur Veranstaltung höfischer Festlichkeiten. Nicht zuletzt die raffiniert gestaltete Festtafel mit ihren Wein spendenden Tischbrunnen, Wohlgerüche speienden Vulkanen, von Mensch und Tier bevölkerten Gartenlandschaften – mit Architekturstaffage versehen – wurde zum fixen Bestandteil der als Gesamtkunstwerke zelebrierten Lustbarkeiten.[2]

# Die bewegliche Tafel

Die mittelalterliche Tafel hatte noch keinen fixen Platz im Raum. Sie konnte mit Schragen und einer mobilen Tischplatte leicht aufgebaut, aber auch „aufgehoben" werden. Gastgeber*innen und Gästen standen nur wenige, nicht unbedingt zusammenpassende Geräte wie Messer, Löffel, Holzbrett, Schüssel, gläsernes und irdenes Trinkgeschirr zur Verfügung, die sich mehrere Personen teilten. Zuweilen wurde hartes Fladenbrot als Tellerauflage oder sogar Tellerersatz verwendet. Darauf wurde das gebratene Fleisch von den Esser*innen zerteilt, der ausfließende Saft erweichte das Brot. Messer und Löffel gehörten bis zum beginnenden 18. Jahrhundert zum persönlichen Besitz eines Menschen. Man nahm sie auf Reisen, aber auch zu Einladungen mit, um mit dem notwendigsten Essgerät ausgerüstet zu sein.[3]

# Essgeräte und Essplätze

Messer, Löffel, Gabel sind als tägliches Gebrauchsgerät und in einheitlicher Form als Bestecksatz etwa seit 1800 in unserem Kulturkreis fest verankert. Der Löffel zur Aufnahme eines flüssigen und breiigen Mahls ist freilich seit Urzeiten in Gebrauch. Auch das Messer als Schneidegerät hat seine Urform beibehalten. Im Lauf der Entwicklung wurde jedoch das Material der Klingen verbessert und die äußere Form den Essgewohnheiten angepasst, wobei sich das Aussehen jedoch nur geringfügig änderte. Die Griffe hingegen waren dem Formenkanon ihrer jeweiligen Epoche unterworfen. „Feste" Gerichte wurden mit

1) Baudy, Gerhard, „Heiliges Fleisch und sozialer Leib. Ritualfunktion in antiker Opferpraxis und christlicher Eucharistie", in: Gottwald, Franz-Theo/Kolmer, Lothar (Hg.), *Speiserituale. Essen, Trinken Sakralität*, Stuttgart 2005, 33–69.     2) Morel, Andreas, *Der Gedeckte Tisch. Zur Geschichte der Tafelkultur*, Zürich 2001, 107–117.     3) Ebd., 34–37.

Deutsch

Festtafel, Schauessen, Künstlertisch. Tafelkultur im europäischen
Festkontext     (Rainald Franz)

den Fingern gegessen, das Messer diente zum Zerkleinern und zuweilen auch zum Aufspießen einer Speise. Die Gabel als jüngstes Essgerät ist circa seit dem 12. Jahrhundert bekannt. Durchgesetzt hat sich die drei- bis vierzinkige Gabel als Teil eines Bestecksatzes jedoch erst im 18. Jahrhundert. Die Spezialisierung beim Essen vergrößerte schließlich im 19. Jahrhundert das Repertoire der einzelnen Besteckteile, die nun jeweils eine bestimmte Funktion – je nach Speise – zugeteilt bekamen.[4]

Die Renaissance als Zeitalter der Entdeckungen und des vermehrten internationalen Handels brachte neue Materialien, Formen, Speisen und Gewürze auf den Tisch. Bis zur Reformation sind Darstellungen von gedeckten Tafeln vorwiegend in der sakralen Malerei zu finden. Erstmals wird die Dekoration des Essplatzes Thema der Tafelkultur. Der Rang der Gastgeber*innen wird nun nicht mehr ausschließlich durch die verwendeten Geschirre, sondern auch durch das die Tafel flankierende Schaubuffet ablesbar. Zu Beginn des 16. Jahrhunderts finden sich auf den Tischen der zunächst städtischen Oberschicht neben den Holztellern zunehmend solche aus Metall, wobei dem Zinn der Vorzug gegeben wurde. Wenn im Haushalt vorhanden, griff man auch auf Keramikteller und -schüsseln zum Anbieten der Speisen zurück.

## Schaubuffet

Schau- oder Paradebuffets entwickelten sich im 14. Jahrhundert zunächst als Etageren, die sich – wie der Tisch im Mittelalter – bei Bedarf aufstellen ließen. Als Teil des höfischen Tafelzeremoniells drückten vor allem die auf dem Buffet in unterschiedlichen Stufen neben der Tafel präsentierten Goldschmiedearbeiten symbolisch die Macht und Würde eines Fürsten aus. Dieser Brauch ging im 15. Jahrhundert auch in die gehobene bürgerliche Esskultur über: Festliche Mahlzeiten wurden durch die Aufstellung von Prunkbuffets geschmückt. Im 16. Jahrhundert setzten sich, aus Italien kommend, Schaubuffets mit Majolikageschirr als Alternative zu den Goldschalen durch. Die italienische Luxuskeramik, vor allem die „istoriato"-Teller (von italienisch „storia", Erzählung) präsentierten in ihrer starkfarbigen Figurenmalerei Szenen aus der griechischen und römischen Mythologie, die Thema der Konversation werden konnten. Die luxuriösen Goldschmiedearbeiten des Schaubuffets wie die glasierte Majolikakeramik dienten in den dunklen Stuben vor Erfindung des Wandspiegels auch der Lichtreflexion und intensivierten das Kerzenlicht. Im 18. Jahrhundert wird das Schaubuffet allmählich aufgegeben. Ausgewählte Luxusstücke werden nun Teil der Tischdekoration.[5]

## Trinkspiele und Essinszenierungen

Eine an allen bedeutenden europäischen Fürstenhöfen der Neuzeit anzutreffende Form weinseliger Geselligkeit bezeichnete man als „Willkomm", womit Gastgeber*innen und Gäste ihrer gegenseitigen Achtung Ausdruck verliehen. Man traf sich in eigens dafür bestimmten Räumlichkeiten, trug sich in eine Art Gästebuch ein und leerte anschließend „… ohngeachtet offt etliche Mass Wein …".[6] Der Tiroler Landesfürst Erzherzog Ferdinand II. veranstaltete diese „Gastereyen" in seinem Jagdschloss Rotholz bei Jenbach in einem eigenen „wilikumbsaal" und ab 1567 in der

4) Ebd., 70–71.     5) Rainer, Paulus, „Das Schaubuffet als Herrschaftszeichen und Machtsymbol", in: Haag, Sabine/Swoboda, Gudrun (Hg.), *Feste Feiern. 125 Jahre Jubiläumsausstellung*, Ausst.-Kat., Wien 2016, 83–87.     6) „Willkommen", in: Zedler, Johann, *Zedlers Großes Vollständiges Universal-Lexicon aller Wissenschafften und Künste*, Band 57, 1732, Reprint, Graz 1962, 266–268.

Deutsch

Festtafel, Schauessen, Künstlertisch. Tafelkultur im europäischen
Festkontext     (Rainald Franz)

eigens dafür eingerichteten Bacchusgrotte im Garten von Schloss Ambras bei Innsbruck.[7] Einer Initiation gleich, mussten die Gäste, einer Trinkordnung folgend, gewaltige Humpen, sogenannte Hierophanten, leeren und durften sich dann ins Trinkbuch eintragen. Für derartige Gelage entstanden gläserne Scherzgefäße, die ab dem 16. Jahrhundert die festlichen Tafeln schmückten und durch ihre naturalistische Form oder überraschende Gestaltung der Ausgüsse und anderer Details die Tafelgäste unterhielten.[8]

Essinszenierungen entwickelten sich zu fixen Bestandteilen höfischer Bewirtung. Als Dekoration der Tafel dienten neben in Modeln geformten Aufsätzen aus Zuckerguss und Tragant auch aus Butter bzw. Marzipan gebildete Bilder, Kunstkammerobjekte, Tischautomaten und kunstvoll gefaltetes Tischzeug wie Servietten und Tischtücher. Die Kunst des „Serviettenbrechens" entwickelte sich als Tafeldekoration seit dem 16. Jahrhundert, wobei gestärkte Leinenstoffe durch ihre Faltung fantasievolle Formen erhielten. Aus den nicht dauerhaften Zuckergussdekorationen bildete sich mit der Erfindung des Porzellans ab der Mitte des 18. Jahrhunderts die Tischdekoration mit Porzellanfiguren aus, die im Rokoko ganze Tafelaufsätze mit Dutzenden Figuren hervorbrachte. Anfangs als Tongeschirr (Fayence), nach 1710 auch in Porzellan ausgeführt, entstanden Trompel'œil-Terrinen in Form von täuschend echt nachgeahmten Eberköpfen, Tieren oder Salaten und Gemüsen.[9]

## Barockes

Das einheitlich gestaltete Service ist eine Erfindung des Barock und wurde ab der Mitte des 17. Jahrhunderts im „Service à la Française" angewendet. Dabei wurden alle pro Gang genossenen Speisen in zueinander passenden Schüsseln und Terrinen sowie auf Platten gleichzeitig auf den Tisch gestellt. Der erste Gang bestand aus Suppen, Ragouts und Pasteten, der zweite aus diversen großen Braten, Gemüsen und Gratins, der dritte aus Käse, Kuchen, Eis und Früchten. Die Gäste bedienten sich selbst. Ab dem 17. Jahrhundert wurde an den europäischen Höfen auf französische Art gespeist: Das Essen wurde in mehreren Gängen aufgetragen, wobei pro Gang bis zu 100 Gerichte auf Platten und in Schüsseln symmetrisch auf der Tafel arrangiert wurden. Im Zentrum stand bis zur Nachspeise das „Surtout", ein Tafelaufsatz in Gestalt eines Tempels oder Pavillons, wo Gewürze u. a. aufbewahrt wurden. Eine besondere Rolle kam der „Confect-Tafel", dem Dessert, als letztem Gang zu.

Das „Milieu de table", der große Tafelaufsatz, war eine aufwendig erdachte Tafelzierde. 1711 anlässlich des Krönungsbanketts Karls VI. im Frankfurter Römer erregten die von Wiener Zuckerbäcker*innen kunstreich dekorierten „Galanteriespeisen", gut 1,50 Meter hohe Tafelaufsätze aus Zuckerwerk, auf dem kaiserlichen Tisch größte Bewunderung. Gestaltung und Dekor mit Personifikationen und Sinnsprüchen spielten symbolhaft auf den Anlass an. Reich an Anspielungen war etwa auch die zentrale Dekoration bei einem „Schauessen" im Rahmen der Krönungsfeierlichkeiten von Karls Tochter Maria Theresia 1743 in Prag. Das *Wienerische Diarium* berichtete:

Die Mitte des Aufsatzes bildete vor Ihre Majestät die Königin auf einem Triumph-Wagen mit – als nach-höchsterhaltenem Sieg zu beyden Seiten

7) Zeleny, Karin, „Der Ambraser Trinkritus", in: Haag, Sabine (Hg.), *Trinkfest! Bacchus lädt ein*, Ausst.-Kat., Wien 2011, 13–23.     8) Morel 2001 (s. Anm. 2), 58, 59. Haag/Swoboda 2016 (s. Anm. 5), 153–154.     9) Haag/Swoboda 2016 (s. Anm. 5), 104–115.

Deutsch

Festtafel, Schauessen, Künstlertisch. Tafelkultur im europäischen
Festkontext    (Rainald Franz)

liegen-habenden Kriegs-Waffen; Seitwärts stunde die Pallas und über dem Triumph schwebete die Fama.[10]

# Hochbarockes

Im Laufe des 18. Jahrhunderts trat das Porzellan den bislang an den europäischen Höfen verwendeten Edelmetallen Silber und Gold und den Majolikaservicen gleichwertig zur Seite und wurde sogar beliebter. 1710 hatte Johann Friedrich Böttger in Meißen das Arkanum, das Rezept für die Erzeugung von Porzellan, gefunden. Erste europäische Porzellane entstanden und traten mit dem durch die Ostindien-Kompanie seit dem 17. Jahrhundert aus China importierten Porzellan in Konkurrenz. 1718 gründete der Hofkriegsagent Claudius Innocentius du Paquier mit dem von Kaiser Karl VI. verliehenen Privileg die erste Wiener Porzellanmanufaktur mit aus Meißen abgeworbenen Porzellanarbeitern und Malern. Schon in den 1720er Jahren setzte in Wien die Produktion ganzer Speiseservice aus Porzellan ein. Aus der verderblichen Tafelzier aus Zucker und Tragant entwickelte sich nun die Tischdekoration mit Porzellanfiguren, die im Rokoko Tafelaufsätze mit Dutzenden Figuren hervorbrachte. 1761 ließ die stets auf Sparsamkeit bedachte Monarchin Maria Theresia die immer kostspieliger hergestellten „Galanteriespeisen" aus Zuckerguss per Erlass verbieten. Fortan waren nur noch wiederverwendbare Porzellanaufsätze gestattet. Im *Frauen-Lexicon* von 1773 heißt es:

> An großen Ceremonien-Tafeln verbindet man mit dem Dessert öfters viele Sinnbilder und figürliche Vorstellungen, zu deren gehörigen Anordnung aber viel Wissenschaft aus der Historie, Poesie und Fabellehre, ingleichen aus der Architectur und Perspective gehöret. Die leichtesten Vorstellungen bey großen Desserts sind die Lustgärten mit Spaziergängen, Gebäuden, Springbrunnen, Parterren und Statuen, zu welchen letztern die Porcellain-Fabriken in Meissen, Berlin, Wien etc. die schönsten und zierlichsten Figuren von allen nur erdenklichen Arten und Stellungen zubereiten, und den Conditorn dadurch viel Arbeit ersparen, weil die vormals dergleichen Figuren und Statuen von Tragant-Teige oder Caramel-Zucker mühsam und mit viel Kosten verfertigen mußten.[11]

# Exkurs: Der Zwettler Tafelaufsatz und seine Entstehung

Das Zisterzienserstift Zwettl bereitete 1768 ein Ehrengeschenk für Abt Rayner Kollman vor, der genau 50 Jahre zuvor seine Ewigen Gelübde abgelegt hatte. Durch eine Sammlung konnte das Konvent 600 Gulden aufbringen, um ein würdiges Geschenk zu finanzieren: ein Porträt des Jubilars, eine festliche Kantate von Joseph Haydn und einen Tafelaufsatz aus Porzellan, hergestellt in der Kaiserlich-Königlichen „Porcellain-Fabrique" in Wien.

Dieser auch „Desserte" genannte Tafelaufsatz für 30 Personen umfasste neun Desserte-Bretter mit Spiegeln und weißen Porzellanleisten, eine Hauptgruppe in der Mitte, vier große und vier kleine Seiten-

---

10) *Wienerisches Diarium*, 15.5.1743, 8. Siehe dazu auch: Pötschner, Angelina/Franz, Rainald, „Von der ‚Galanteriespeise' zum Tafelaufsatz. Tafelkultur im Wandel der Zeiten", in: *Denkmal Heute*, 2 2015, 39–41.    11) *Nutzbares, Galantes und Curiöses Frauenzimmer-Lexicon, worinnen alles was ein Frauenzimmer in der Hauswirtschaft, Kochkunst, Zuckerbeckerey, Kellery, wie auch in allen andern weiblichen Arbeiten und sonst im gemeinen Leben, imgleichen zur Erleichterung ihrer Lectüre zu wissen nöthig hat, nach alphabethischer Ordnung kürzlich beschrieben und erkläret wird.* 2 Teile, 3. Auflage, Leipzig 1773, 858.

Deutsch

Festtafel, Schauessen, Künstlertisch. Tafelkultur im europäischen
Festkontext     (Rainald Franz)

gruppen, 18 „einfache" und 18 „kleine figürln", 18 Blumenvasen sowie 48 Suppenteller, 72 Konfekt-Teller, acht Salzfässer und zwei „Saucieres". Das Prunkgeschenk kostete insgesamt 488 Gulden und 20 Kreuzer.

Am 7. Februar 1768 erreichte das Geschenk seinen Bestimmungsort. Die Desserte hatte zunächst kein Konzept. Die Nachlieferung von vier hohen weißen Figuren, die im März erfolgte, war der Versuch, das Objekt doch noch ikonologisch derart zu vereindeutigen, dass es als Geschenk an einen Klostervorsteher angemessen erscheinen konnte. Die Hauptgruppe stellt die Porzellanerzeugung dar, umgeben von anderen Künsten: Architektur, Lyrik/Literatur, Dramatik, Astronomie und Geografie. Zum Ausdruck gebracht werden sollte damit ein „Triumph der Porzellanherstellung", die sozusagen im Kreis jener Wissensgebiete erscheint, denen sie ihre Darstellungsinhalte verdankt. Dass Skulptur und Malerei nicht auftreten, ist nur konsequent, da in dieser Apotheose die „intellektuelle Kapazität" des Porzellans, nicht seine handwerklichen Voraussetzungen glorifiziert werden. In keiner Weise diesem programmatischen Kern verbunden sind die vier doppelten Gruppen unter Bäumen – Götterlieben, bei denen Paris und Venus, Neptun und Amphitrite, Apollo und eine Muse sowie Venus und Vulkan auftreten. Dass das Ganze schließlich noch mit humorvollen Genrefiguren des „Kaufrufs", mit Chinoiserien, mit „Amorln" in verschiedener Kostümierung aufgefüllt wurde, entblößt geradezu die Ignoranz, die man beim Kauf an den Tag gelegt hatte. Bei dem spektakulären Geschenk hatte man mehr Wert auf die Geste gelegt denn auf eine inhaltliche Kongruenz zwischen Anlass und Aussage. 1926 wurde der Tafelaufsatz für das Österreichische Museum für Kunst und Industrie (heute MAK) vom Stift erworben.[12]

# Glas bei Tisch

Im Mittelalter fanden sich auf dem Tisch Nuppenbecher, die in Form und Bearbeitung von orientalischen Gläsern inspiriert waren. Diese waren durch den Handel nach Europa gelangt und wurden hier vor allem in Venedig, aber auch in Waldglashütten von Klöstern nördlich der Alpen nachgeahmt. Die gotischen Gläser – Stengelgläser oder in Modeln geblasene – waren Luxusartikel für die höfische Oberschicht. Die Gestaltung von dünnwandigem Hohlglas setzte sich seit dem 11. Jahrhundert in Venedig nahtlos fort. Venezianisches Glas wurde zu einem Exportartikel, der in der zweiten Hälfte des 16. Jahrhunderts auch in der von Kaiser Maximilian I. unterstützten Haller Glashütte für einige Jahrzehnte nachgearbeitet wurde. Den filigranen südlichen Glasformen, den Pokalen und Schalen aus transluzidem Glas mit Faden- oder Eisglasdekor traten im Norden Krautstrunk und Stangenglas, Nuppenbecher, Kuttrolf und Römer für Wein und der „Willkomm" oder „Luntz" für Bier gegenüber, oft aus opakem Glas. Auf zeitgenössischen Darstellungen finden sich Tonkrüge wie Gläser auf der Tafel. Mit Emailfarbe bemalte Wappenbecher oder Reichsadlerhumpen wurden Teil der Trinkkultur des städtischen Bürgertums, wobei die Gläser nie auf der Tafel standen, sondern vom Mundschenk gereicht und wieder übernommen wurden. Der Wein aus unserem Kulturkreis war noch so mit Sedimenten versetzt, dass er zwar auf Wunsch im Becher oder Glas gebracht, nach einem Schluck aber wieder abserviert und abgestellt wurde, damit sich die Trübung wieder setzen konnte.

12) Gamerith, Andreas, „Sprachlos. Der Zwettler Tafelaufsatz und seine Entstehung", in: Thun-Hohenstein, Christoph/Franz, Rainald (Hg.), *300 Jahre Wiener Porzellanmanufaktur*, Ausst.-Kat., Wien 2018, 32–41.

Deutsch

Festtafel, Schauessen, Künstlertisch. Tafelkultur im europäischen
Festkontext     (Rainald Franz)

Anfang des 17. Jahrhunderts wurde in Nordeuropa das „Kristallglas" entwickelt, vor allem Böhmen war hier ein Zentrum. Durch Zusatz von Kalk zur Glasschmelze erreichte man eine Klarheit, die dem namensgebenden Mineral vergleichbar war. Prunkpokale, verziert durch Glasschnitt, Reliefschnitt und Gravur, beherrschten fortan die festlichen Tafeln des Nordens. Dem spätbarocken Überschwang des Glases in Form und Dekor des Rokoko, etwa in den Konfektschalen in Muschelform, trat im Biedermeier die neuerliche Schlichtheit der Pokale und Becher gegenüber. Ranft- und Fußbecher, mit und ohne Schaft, mit Stein- und Reliefschnitt und Malerei dekoriert, durch Beizen gefärbt oder mit farbigem Glas überfangen, wurden zu den üblichen Tischgläsern, die sich auch auf bürgerlichen Tafeln fanden.[13]

# Wiener Gläser für alle Anlässe – die Firma J. & L. Lobmeyr

Die 1823 in Wien gegründete, bis heute bestehende Firma J. & L. Lobmeyr war der führende Verleger von hochwertigem Glas in der k. k. Monarchie. Josef Lobmeyr vertrat die bedeutendsten böhmischen Glaserzeuger in Wien. Dessen Sohn Ludwig Lobmeyr entwickelte, entsprechend den neuen Bedürfnissen der Tischkultur in der zweiten Hälfte des 19. Jahrhunderts, Glasservice, die ab 1840 unter seinem Namen in böhmischen Glashütten erzeugt wurden. Auf der Weltausstellung in London 1862 wurden das Kristallglas und die Tafelgegenstände Lobmeyrs erstmals mit einer Medaille ausgezeichnet. Fortan stellte die

Firma auf allen Weltausstellungen aus, besonders erfolgreich 1873 in Wien. Vom Trinkservice Kristallglas mit Renaissancegravierung (1855), dem Kaiserservice (1870), dem Kristallservice mit griechischer Gravierung bis zum Trinkservice Kristall mit Rokokoschliff (ab 1882) und zum arabisch inspirierten Alhambraservice (1888) spannt sich der Bogen der stilistischen Entwicklung. Die Vorlagen für seine Service fand Lobmeyr oftmals im k. k. Österreichischen Museum für Kunst und Industrie (heute MAK), mit dem er seit dessen Gründung 1863 eng zusammenarbeitete, wobei es um die Entwicklung eines zeitgenössischen Stils ging. Künstler und Architekten wie Theophil von Hansen und Franz Schmoranz entwarfen für Lobmeyr. Spezielle Gläser für Rot- und Weißwein, Rheinwein, Champagnerschalen, Likör, Wasser und entsprechende Karaffen komplettieren die Trinkservice für Adel und gehobenes Bürgertum.[14]

# Es ist angerichtet!

Anfang des 19. Jahrhunderts änderte sich mit dem „Service à la Russe" das Speisenritual. Die verschiedenen Gerichte wurden bereits in der Küche portioniert und auf den Tellern fertig angerichtet. Es entfielen die bis dahin üblichen zahllosen Schüsseln und Platten. Alle nötigen Besteckteile und Trinkgläser waren bereits aufgedeckt. Die Suppe wurde in „tiefen" Tellern aus der Terrine serviert. Danach erhielten die Gäste von der Bedienung pro Gang einen Teller vorgesetzt, der zerlegtes Fleisch oder Fisch mit Saucen und Beilagen enthielt. Am Tisch stehende Glasservice vervollständigten die Speiseservice. Aufwendiger Tischschmuck war fortan während der gesamten Mahlzeit wesentlicher Bestandteil der Tischdekoration. Viel-

13) Morel 2001 (s. Anm. 2), 34–37. Franz, Rainald, „Feste Flüssigkeiten, Geschichte und Technik der Glaskunst", in: *Im Kinsky Journal*, 2 2014, 14–20.

Deutsch

Festtafel, Schauessen, Künstlertisch. Tafelkultur im europäischen
Festkontext     (Rainald Franz)

teilige, vergoldete Bronzesurtouts als variable Baukastensysteme wurden je nach Anlass zusammengestellt. Der insgesamt 30 Meter lange Mailänder Tafelaufsatz wurde zur Krönung Kaiser Ferdinands zum König von Lombardo-Venetien 1838 angeschafft und kam bis zum Ende der Monarchie bei Galatafeln des Wiener Hofes zum Einsatz. Allmählich setzte im 19. Jahrhundert jedoch eine Entwicklung ein, welche die Tafel zur Bühne für die Leistungen der Küche bestimmte. Das Tafelgerät wurde in erster Linie nach seiner Funktion ausgewählt.

# „Künstlertisch"

Entsprechend dem Reformgedanken des Jugendstils, der auf eine künstlerische Durchgestaltung und Erneuerung aller Bereiche des Lebens ausgerichtet war, wurden auch im Bereich der Tischkultur um 1900 neue Formen entwickelt. Die Wiener Moderne der Jahrhundertwende griff die Mode der stilisierten Tafeldekoration des Barock erneut auf – statt des „Surtouts" finden sich nun moderne Skulpturen im Zentrum der Tischgestaltung und erregten den Spott des zeitgenössischen Feuilletons. Unter dem bezeichnenden Titel *Sezessionistische Tafelfreuden. Das Tischleindeckdich der „W.W"*, ätzt der Kunstkritiker Armin Friedmann über „snobistische Philister", denen ein Maler und ein Architekt die Tafel decken muss. Angesichts gedeckter Mustertische von Koloman Moser und Josef Hoffmann schmäht der Kritiker Hoffmann als „Serviettenfalter", Moser als „Anordner von Tafelaufsätzen":

Außerordentlich apart finde ich den „Künstlertisch"; da kann überhaupt nicht gespeist werden. Offenbar ein Tisch für Hungerkünstler. Es kniet nämlich der ausgezehrte betende Knabe von Minne, dieses mystische Beindlvieh … ausführlich und allen Raum für sich allein in Anspruch nehmend, in der Mitte der Tafel. Er ist sicher von Marmor, keinesfalls von Marzipan, nicht einmal überzuckert. Ich habe ihn nämlich gekostet.[15]

14) Noever, Peter (Hg.), *J. & L. Lobmeyr. Zwischen Tradition und Innovation. Gläser aus der MAK Sammlung*, MAK Studies 6, Wien 2006.     15) Friedmann, Armin, „Sezessionistische Tafelfreuden. Das Tischleindeckdich der ‚W.W'", in: *Neues Wiener Tagblatt*, 16.10.1906, 1 ff.

The close link between a meal and modern festive culture is already inherent in the rite of Christianity where the Holy Communion with the consecration of bread and wine is firmly established as the most intimate symbolization of the connection with God.[1] This religious Christian root of feasts faces the antique tradition of festive banquets and symposia as, for example, portrayed in Plato's *Symposium*. Both roots of modern dining culture in the festive context have left their traces in the customs developed: Antique-pagan and Christian rituals and the license to surpass their limits have formed history. The establishment of a custom or a tradition also gives rise to the temptation of surpassing it. And the mixture of conventions at court with extracts from a peasant and bourgeois culture formed new festive elements. The knowledge and mastery of one form was however at the same time the condition to also surpass or even break it. Severity, honor, and representation during dining ceremonials at court could be suspended by jokes, satire, and irony. The festively arranged, public meal as a symbol of the royal claim to power was introduced in the mid-15th century at the Court of Burgundy. Visits by foreign nobility, weddings, coronations, and other prominent events provided the occasion to organize festivities at court. Not least the elaborately decorated festive table with its table fountains offering wine, its volcanos spewing wonderful aroma, and its garden landscapes populated by human and animal figures—an architectural accessory—became a fix component of the celebratory Gesamtkunstwerke (total works of art).[2]

# The Portable Table

In the Middle Ages, the table did not yet have a fix place in the room. It could easily be set up or also moved with trestles and a portable table top. Hosts and guests were only provided with a few, not necessarily matching utensils like knives, spoons, wooden boards, bowls, glasses and crocks, which several people had to share. At times, hard flatbread was used to overlay the plate or even replaced it. On it, the roasted meat was cut by the eaters, and the juice flowing out of the meat soaked the bread. Until the beginning of the 18th century, knives and spoons were part of one's personal belongings. They were taken on journeys but also to invitations in order to be equipped with the most necessary dining utensils.[3]

# Dining Utensils and Dining Areas

Since around 1800, knives, spoons, and forks as a daily object of use and in unified form as a cutlery set have been firmly anchored in our culture. Spoons to pick up fluid and mushy meals have of course been in use since time immemorial. Also knives as cutting devices have kept their original shape. Over the course of their evolution, the material of the blades has however improved and the outer shape has adapted to eating habits although their appearance has only marginally changed. The handles however were dictated by the canon of forms of the respective era. Solid meals were eaten with the fingers, knives were used to cut the food to small pieces and sometimes also to skewer the food. Forks as the youngest dining utensils have been

1) Baudy, Gerhard, "Heiliges Fleisch und sozialer Leib. Ritualfunktion in antiker Opferpraxis und christlicher Eucharistie", in: Gottwald, Franz-Theo/Kolmer, Lothar (Ed.), *Speiserituale. Essen, Trinken Sakralität*, Stuttgart 2005, 33–69.       2) Morel, Andreas, *Der Gedeckte Tisch. Zur Geschichte der Tafelkultur*, Zurich 2001, 107–117.       3) Ibid., 34–37.

known since around the 12th century. But the three- or four-pronged fork was only established as part of the cutlery set in the 18th century. The specialization of meals finally increased the repertoire of the individual items of cutlery in the 19th century. They were now assigned a certain function depending on the dish.[4]

Renaissance as the era of discoveries and increased international trade brought new materials, forms, food, and spices to the table. Until the Reformation, depictions of set tables can mostly be found in religious paintings. For the first time, dining culture also focused on the decoration of the dining area. The host's position was no longer merely reflected by the tableware used but also by the showcase buffet flanking the table. At the beginning of the 16th century, metal plates, preferably made of tin, could increasingly be found alongside wooden plates on the tables of the initially urban upper class. If available in the household, ceramic plates and bowls were also used to serve the food.

## Showcase Buffets

Showcase or parade buffets initially developed in the 14th century as étagères, which could be set up—like the table in the Middle Ages—when needed. As part of the dining ceremonial at court, especially the gold works presented at the buffet on different levels next to the table symbolized the power and honor of a sovereign. In the 15th century, this custom also transitioned to the dining culture of the upper bourgeoisie. Festive meals were decorated by installing a buffet of splendor. In the 16th century, coming from Italy, showcase buffets with majolica dishes as an alternative to the

golden bowls started to prevail. Italian luxury ceramics, most of all istoriato plates (from Italian "storia," story), presented scenes from Greek and Roman mythology in strongly colored figure paintings. These could become a topic of conversation. Before the invention of wall mirrors, the luxurious gold works of the showcase buffet as well as the glazed majolica ceramics also served to reflect light in dark rooms and to intensify the candle light. In the 18th century, the showcase buffet was slowly abandoned. Then, selected luxury items became part of the table decoration.[5]

# Drinking Games and Food Presentations

A form of socializing merrily with wine, which could be encountered at all European royal courts, was referred to as "Willkomm" (welcome). Here, hosts and guests expressed their mutual respect. They met in rooms assigned specifically to this purpose, signed up in a kind of guestbook, and subsequently drank "… ohngeachtet offt etliche Mass Wein ..." (oftentimes carelessly several pints of wine)[6]. The Tyrolese sovereign Archduke Ferdinand II organized these feasts in his hunting château Rotholz near Jenbach in a specifically assigned "Wilikumbsaal" (wilikumb room) and as of 1567 in the specifically furnished "Bacchusgrotte" in the garden of Ambras Castle near Innsbruck.[7] Similar to an initiation, the guests, following a drinking order, had to down huge beakers, so-called hierophants, and could then sign up into the drinking book. For binges like these, "Scherzgefäße" (joke vessels) made of glass were created and, from the 16th century on, these decorated the festive tables and entertained the guests at

4) Ibid., 70–71.    5) Rainer, Paulus, "Das Schaubuffet als Herrschaftszeichen und Machtsymbol", in: Haag, Sabine/Swoboda, Gudrun (Ed.), *Feste Feiern. 125 Jahre Jubiläumsausstellung*, Exhibition catalog, Vienna 2016, 83–87.    6) "Willkommen", in: Zedler, Johann, *Zedlers Großes Vollständiges Universal-Lexicon aller Wissenschafften und Künste*, Volume 57, 1732, Reprint, Graz 1962, 266–268.    7) Zeleny, Karin, "Der Ambraser Trinkritus", in: Haag, Sabine (Ed.), *Trinkfest! Bacchus lädt ein*, Exhibition catalog, Vienna 2011, 13–23.

the table with their naturalistic forms or surprising designs of the spout and other details.[8]

Food presentations became a fixed element of hospitality at court. In addition to decorative figures made of frosting and tragacanth with molds, images made of butter or marzipan, "Kunstkammer" objects (cabinet of wrought objects), table automatons, and artistically folded table linen, like serviettes and table cloths, also served to decorate the table. The art of napkin folding for table decoration, where starched linen was given imaginative forms by folding it, started developing in the 16th century. With the invention of porcelain, the non-permanent figures made of frosting developed into table decoration with porcelain figures in the mid-18th century. In Rococo, entire centerpieces with dozens of figures emerged. Trompe-l'oeil terrines started off as pottery (faience) and after 1710 were also executed in porcelain. They were deceptively real-looking imitations of boar heads, animals, or salads and vegetables.[9]

# Baroque

The uniformly designed service was invented during the era of Baroque and was first used in the "service à la française" (service French style) starting the mid-17th century. Here, all dishes of one course were served in matching bowls, terrines, and platters and placed on the table at the same time. The first course consisted of soups, ragouts, and pies, the second of various large roasts, vegetables, and gratins, the third of cheese, cake, ice cream, and fruits. Guests served themselves. From the 17th century on, European courts dined French style: The meal was served in several

courses with up to 100 dishes on platters and in bowls, which were arranged symmetrically on the table per course. Until desert, the surtout, a centerpiece formed like a temple or pavilion where, e.g. spices were stored, was placed in the center. Desert, the comfit and last course, played a special role.

The "milieu de table," the large centerpiece, was an elaborately designed table adornment. In 1711, on the occasion of the coronation banquet of Karl VI at the Römer in Frankfurt, the artistically decorated "Galanteriespeisen" (gallantry dishes), centerpieces about 1.50 meters tall made of confection, by the Viennese confectioners stirred utmost admiration at the Emperor's table. Design and decoration with personifications and aphorisms symbolically alluded to the occasion. Rich in allusions was, for example, also the central decoration at a "showcase meal" in the context of the coronation celebrations of Karl's daughter Maria Theresia in Prague in 1743. The *Wienerisches Diarium* reported:

> Die Mitte des Aufsatzes bildete vor Ihre Majestät die Königin auf einem Triumph-Wagen mit – als nach-höchsterhaltenem Sieg zu beyden Seiten liegen-habenden Kriegs-Waffen; Seitwärts stunde die Pallas und über dem Triumph schwebete die Fama.[10]
>
> The middle of the centerpiece portrayed Your Majesty the Queen on a chariot with war weapons lying to both her sides after a significant victory; on the side stood Pallas, and Fama was floating over the chariot.

8) Morel 2001 (see comment 2), 58, 59. Haag/Swoboda 2016 (see comment 5), 153–154.    9) Haag/Swoboda 2016 (see comment 5), 104–115.    10) *Wienerisches Diarium*, 15.5.1743,
8. See also: Pötschner, Angelina/Franz, Rainald, "Von der 'Galanteriespeise' zum Tafelaufsatz. Tafelkultur im Wandel der Zeiten", in: *Denkmal Heute*, 2 2015, 39–41.

# High Baroque

In the course of the 18th century, porcelain became equal to and even more popular than the precious metals silver and gold and the majolica sets that had so far been used at European courts. In 1710, Johann Friedrich Böttger had invented arcanum, the recipe for the production of porcelain, in Meißen. First European porcelains were created and started competing with porcelain which had been imported from China by the East India Company since the 17th century. Licensed by Emperor Karl VI, Hofkriegsagent Claudius Innocentius du Paquier, in 1718, founded the first Viennese porcelain manufactory with porcelain workers and painters he wooed away from Meißen. Already in the 1720s, the production of entire table sets made of porcelain began in Vienna. The perishable table adornments made of sugar and tragacanth now developed into the table decoration with porcelain figures which would give rise to the centerpieces with dozens of figures during the Rococo era. In 1761, Monarch Maria Theresia, who was always concerned about economy, issued a decree banning the ever more costly produced "Galanteriespeisen" made of frosting. Henceforth, only reusable porcelain centerpieces were permitted. The *Frauen-Lexicon* from 1773 states:

An großen Ceremonien-Tafeln verbindet man mit dem Dessert öfters viele Sinnbilder und figürliche Vorstellungen, zu deren gehörigen Anordnung aber viel Wissenschaft aus der Historie, Poesie und Fabellehre, ingleichen aus der Architectur und Perspective gehöret. Die leichtesten Vorstellungen bey großen Desserts sind die Lustgärten mit Spaziergängen, Gebäuden, Springbrunnen, Parterren und Statuen, zu welchen letztern die Porcellain-Fabriken in Meissen, Berlin, Wien etc. die schönsten und zierlichsten Figuren von allen nur erdenklichen Arten und Stellungen zubereiten, und den Conditorn dadurch viel Arbeit ersparen, weil die vormals dergleichen Figuren und Statuen von Tragant-Teige oder Caramel-Zucker mühsam und mit viel Kosten verfertigen mußten.[11]

At large ceremonial tables, dessert is often combined with many allegories and figurative presentations. Their correct arrangement however is based on a lot of knowledge regarding history, poetry, fables, as well as architecture and perspective. The easiest presentations at large desserts are the pleasure gardens with walks, buildings, fountains, parterres, and statues. Regarding the latter, the porcelain manufactories in Meissen, Berlin, Vienna, and others, produce the most beautiful and delicate figures in any imaginable way and position thus saving the confectioners a lot of work who previously had to laboriously and at high cost produce these kinds of figures and statues out of tragacanth dough or caramel sugar.

11) *Nutzbares, Galantes und Curiöses Frauenzimmer-Lexicon, worinnen alles was ein Frauenzimmer in der Hauswirtschaft, Kochkunst, Zuckerbeckerey, Kellery, wie auch in allen andern weiblichen Arbeiten und sonst im gemeinen Leben, imgleichen zur Erleichterung ihrer Lectüre zu wissen nöthig hat, nach alphabethischer Ordnung kürzlich beschrieben und erkläret wird.* 2 parts, 3rd edition, Leipzig 1773, 858.

# Side Note: The Zwettl Centerpiece and its Creation

In 1768, the Cistercian Abbey of Zwettl was preparing a gift of honor for Abbot Rayner Kollman, who had taken his perpetual vows exactly 50 years prior. Through a collection, the convent was able to raise 600 gulden to finance a worthy gift: a portrait of the abbot, a festive cantata by Joseph Haydn, and a centerpiece made of porcelain produced by the Imperial-Royal "Porcellain-Fabrique" in Vienna.

This centerpiece for 30 people, which was also called *desserte*, comprised nine dessert trays with mirrors and white porcelain borders, a main group in the middle, four large and four small side groups, 18 simple, and 18 small figures, 18 flower vases, as well as 48 soup plates, 72 confection plates, eight salt-cellars, and two saucieres. The luxurious gift cost 488 gulden and 20 kreutzer.

On 7 February 1768, the gift arrived at its destination. At first, the *desserte* was lacking a concept. An additional delivery of four tall white figures in March was the attempt to disambiguate the object iconologically in such a way that it would seem appropriate as a gift for an abbot. The main group depicts the production of porcelain, surrounded by other arts: architecture, poetry/literature, drama, astronomy, and geography. This was intended to express a "triumph of the production of porcelain," which, so to say, appears in a circle of those fields of knowledge to which it owes the content it depicts. The fact that sculpture and painting are missing is only consequent as in this apotheosis the "intellectual capacity" of porcelain and not the manual skills it requires are glorified. In no way linked to this programmatic focus are the four double groups under trees: here the loves of the Gods—Paris and Venus, Neptune and Amphitrite, Apollo and a muse, as well as Venus and Vulcan—appear. All of this is then additionally filled with humorous genre figures from the *Kaufruf*, with chinoiseries, with *Amorln* in different costumes. This downrightly exposes the ignorance with which this centerpiece was bought. The focus for this spectacular gift was placed more on the gesture than on congruency of content concerning occasion and message. In 1926, the centerpiece was purchased by the Austrian Museum of Art and Industry (today's MAK) from the monastery.[12]

# Glass at the Table

In the Middle Ages, prunted beakers could be found on the table, which were inspired by oriental glasses in form and production. These had reached Europe by trade and were imitated here mostly in Venice but also in forest glasshouses of monasteries north of the Alps. The Gothic glasses—stemware glasses or glasses blown in models—were luxury articles for the upper class at court. The production of thin-walled hollow glasses was seamlessly continued in Venice since the 11th century. Venetian glass became an export article which was also imitated for several decades in the glasshouse in Halle, which was supported by Emperor Maximilian I, in the second half of the 16th century. The delicate glass forms of the south, the goblets and bowls made of translucent glass with thread or frosted glass decor, in the north faced

12) Gamerith, Andreas, "Sprachlos. Der Zwettler Tafelaufsatz und seine Entstehung", in: Thun-Hohenstein, Christoph/Franz, Rainald (Ed.), *300 Jahre Wiener Porzellanmanufaktur*, Exhibition catalog, Vienna 2018, 32–41.

"Krautstrunk" goblets and cylindrical beakers, prunted beakers, "Kuttrolfs" (glass bottles) and roemers for wine, and the "Willkomm" or "Luntz" for beer, oftentimes made of opaque glass. Contemporary pictures show clay jugs as well as glasses on the tables. Armorial beakers and beakers with the "Reichsadler" (Imperial Eagle) became part of the drinking culture of the urban bourgeoisie. The glasses were, however, never placed on the table but were served by the cupbearer and taken away again. The wine drunk in our cultural region was still so mixed with sediments that it was brought in a beaker or glass by the waiter on request, but after a sip it was cleared from the table again and placed somewhere where the turbidity could settle.

At the beginning of the 17th century, crystal glass was developed in Northern Europe. Here, especially Bohemia was a center. By adding calcium to the glass melting process, a degree of clarity was achieved which was comparable to the eponymous mineral. Henceforth, decorative goblets, adorned with glass cuttings, relief carvings, and engravings dominated the festive tables of the North. The glass excess of Late Baroque in form and decor of Rococo, for example comfit bowls in the form of sea shells, was contrasted during the era of Biedermeier by a new simplicity of goblets and beakers. Rimmed and pedestal beakers, with and without shaft, decorated with stone and relief carvings as well as paintings, stained with color or coated with colorful glass, became the usual table glasses that could also be found on bourgeois tables.[13]

# Viennese Glasses for All Occasions— The Company J. & L. Lobmeyr

The company J. & L. Lobmeyr, which was founded in Vienna in 1823 and still exists today, was the leading merchant of high-quality glass during the Imperial and Royal Monarchy. Josef Lobmeyr represented the most important Bohemian glass producers in Vienna. Following the new demands of dining culture in the second half of the 19th century, his son Ludwig Lobmeyr developed glass sets, which were produced in his name in Bohemian glasshouses starting 1840. At the International Exhibition in London in 1862, Lobmeyr's crystal glass and the table objects were awarded a medal for the first time. Henceforth, the company participated at all World's Fairs and was especially successful in Vienna in 1873. The stylistic development spans from the drinking sets *Kristallglas mit Renaissancegravierung* [Crystal Glass with Renaissance Engraving] (1855), the *Kaiserservice* [Emperor's Set] (1870), the *Kristallservice mit griechischer Gravierung* [Crystal Set with Greek Engraving], to the *Trinkservice Kristall mit Rokokoschliff* [Drinking Set Crystal with Rococo Cut] (as of 1882), and the arabesque-inspired *Alhambraservice* [Alhambra Set] (1888). Lobmeyr often found the inspiration for his sets at the Imperial Royal Austrian Museum of Art and Industry (today's MAK), with which he closely collaborated since its founding in 1863 with the goal of developing a contemporary style. Artists and architects like Theophil von Hansen and Franz Schmoranz designed for Lobmeyr. Special glasses for red and

13) Morel 2001 (see comment 2), 34–37. Franz, Rainald, "Feste Flüssigkeiten, Geschichte und Technik der Glaskunst", in: *Im Kinsky Journal*, 2 2014, 14–20.

white wine, Rhine wine, Champagne saucers, liquor, water and matching decanters completed the drinking sets for the nobility and upper bourgeoisie.[14]

# Dinner Is Served

At the beginning of the 19th century, the "service à la russe" changed the dining ritual. The various dished were already portioned and arranged on the plates in the kitchen. Consequently, the, until then, common and numerous bowls and plates were no longer needed. All items of cutlery and drinking glasses were already set from the beginning. The soup was served in deep plates from the terrine. Afterwards, guests were served one plate per course by the waiters with cut meat or fish with sauces and side dishes. The drinking set on the table complemented the table set. Elaborate table decoration was henceforth an essential component for the duration of the entire meal. Four-part, gilded bronze surtouts as changeable modular systems were arranged depending on the occasion. The altogether 30 meters long Milanese centerpiece was acquired when Emperor Ferdinand was crowned King of Lombardy-Venetia in 1838, and it was used for gala dinners of the Viennese court until the end of the monarchy. Gradually, however, a development took place in the 19th century which turned the table into a stage for the performance of the kitchen. The tableware was primarily selected by its function.

# Artists' Table

Following the reform idea of Art Nouveau, which aimed at artistically designing and renewing all areas of life, new forms were also developed in the field of table culture around 1900. Viennese Modernism of the turn of the century fell back on the fashion of stylized table decoration from the era of Baroque—instead of the surtout, modern sculptures were now found in the center of the table decoration, which were mocked by the contemporary feuilleton. Revealingly titled *Sezessionistische Tafelfreuden. Das Tischleindeckdich der „W.W"* [Secessionist Dinner Pleasures. The Wishing Table of the "WW"], art critic Armin Friedmann rants against "snobby philistines" who need a painter and an architect to set their table. In light of set sample tables by Koloman Moser and Josef Hoffmann, the critic defames Hoffmann as a "napkin folder" and Moser as an "arranger of centerpieces":

Außerordentlich apart finde ich den „Künstlertisch"; da kann überhaupt nicht gespeist werden. Offenbar ein Tisch für Hungerkünstler. Es kniet nämlich der ausgezehrte betende Knabe von Minne, dieses mystische Beindlvieh ... ausführlich und allen Raum für sich allein in Anspruch nehmend, in der Mitte der Tafel. Er ist sicher von Marmor, keinesfalls von Marzipan, nicht einmal überzuckert. Ich habe ihn nämlich gekostet.[15]

I find the "artists' table" especially striking; you can't actually eat from it. It is apparently a table for hunger artists. After all, the haggard praying boy by Minne, this mystic skinny animal ... is kneeling lavishly in the middle of the table and is taking up all the space. He is definitely made of marble and not of marzipan, not even sugar-coated. I actually tried him.

14) Noever, Peter (Ed.), *J. & L. Lobmeyr. Zwischen Tradition und Innovation. Gläser aus der MAK Sammlung*, MAK Studies 6, Vienna 2006.     15) Friedmann, Armin, "Sezessionistische Tafelfreuden. Das Tischleindeckdich der 'W.W'", in: *Neues Wiener Tagblatt*, 16.10.1906, 1 ff.

Christoph Dreischarf (Malerei, zugeschr.    Painting, attributed to)
Mädchen mit Schachbrett, um 1760
Girl with a chess board, ca. 1760
Manufaktur    Manufactory: Kaiserliche Porzellanmanufaktur Wien
Porzellan, glasiert, staffiert    Porcelain, glazed, adorned
MAK, KE 4709

195

Liddy Scheffknecht
*Untitled* (Intervention im Flur), 20..

Anton Peyer (Form, zugeschr.    Form, attributed to)
Maroniverkäuferin, um 1760
Chestnut saleswoman, ca. 1760
Manufaktur    Manufactory: Kaiserliche Porzellanmanufaktur Wien
Porzellan, glasiert, staffiert    Porcelain, glazed, adorned
MAK, KE 4312

Gezeichnet v. C. Brand Prof.                    Gestochen v. Seb. Mansfeld

*Huterinn.*         |         *Vendeuse de Chapeaux.*

**Johann Christian Brand**
*Huterinn*, in: *Zeichnungen nach dem gemeinen Volke besonders der Kaufruf in Wien*, 1775
*Huterinn* [Hat Seller], in: *Zeichnungen nach dem gemeinen Volke besonders der Kaufruf in Wien*, 1775
Stecher      Engraver: Sebastian Mansfeld
Kupferstich, koloriert      Copper engraving, colored
ÖNB, Bildarchiv und Grafiksammlung

Anonym     Anonymous
**Wildschein (Scherzgefäß), Deutschland (?), 17. Jahrhundert**
**Boar (joke vessel), Germany (?), 17th century**
Glas     Glass
MAK, GL 397

Anonym    Anonymous
Flasche, Venetien, 17. Jahrhundert
Bottle, Venetia, 17th century
Glas, formgeblasen, gerillt; Zinn    Glass, mold-blown, grooved; tin
MAK, GL 531

203

Anonym      Anonymous
Blumengefäß, Spanien, 18. Jahrhundert
Flower vase, Spain, 18th century
Glas, gerippt      Glass, corrugated
MAK, GL 1681

Oskar Strnad
Champagnerglas, 1916/17
Champange glass, 1916/17
Manufaktur     Manufactory: Meyr's Neffe
Verleger     Distributor: J. & L. Lobmeyr
Glas     Glass
MAK, GL 3103

Anonym    Anonymous
Champagnerschale, 1958
Champagne coupe, 1958
Manufaktur    Manufactory: Claus Jakob Riedel
Glas    Glass
MAK, GL 3214-4

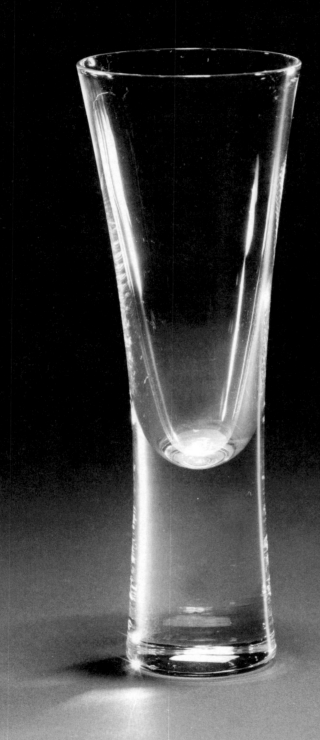

Karl Schwanzer
Sektglas, 1967
Sparkling wine glass, 1967
Manufaktur    Manufactory: Salzburger Kristallglas GesmbH
Verleger    Distributor: J. & L. Lobmeyr
Glas, geblasen, geformt    Glass, blown, formed
MAK, GL 3284-3

**Emil Hoppe**
Champagnerschale, 1906
Champagne coupe, 1906
Verleger      Distributor: E. Bakalowits & Söhne
Glas, Facettenschliff      Glass, faceting
MAK, GL 3444-1

**Koloman Moser**
Champagnerflöte, 1899/1900
Champagne flute, 1899/1900
Manufaktur     Manufactory: Meyr's Neffe
Verleger     Distributor: E. Bakalowits & Söhne
Händler     Retailer: Wiener Werkstätte
Glas, formgeblasen     Glass, mold-blown
MAK, GL 3470-58

Kendell Geers
Champagnerglas *Kocktail*, Italien 2008
Champagne glass *Kocktail*, Italy, 2008
Manufaktur     Manufactory: ColleVilca
Glas     Glass
MAK, GL 3834-1

Anonym    Anonymous
Flasche in Form eines Horns, Deutschland, 16. Jahrhundert
Bottle in the shape of a horn, Germany, 16th century
Glas; Zinn    Glass; tin
MAK, KHM 340

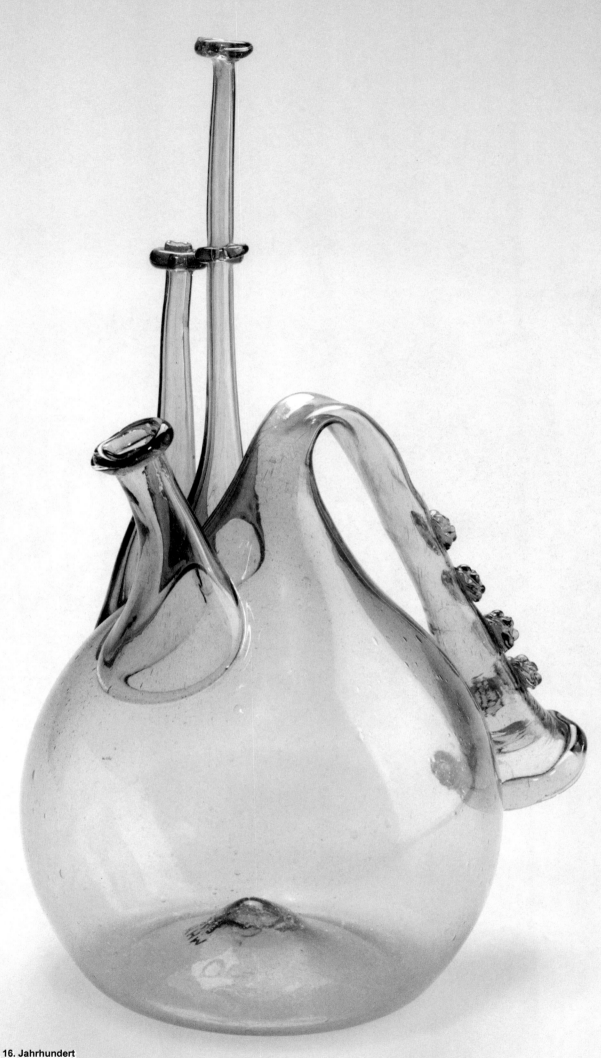

Anonym      Anonymous
Scherzglas, Deutschland, 16. Jahrhundert
"Scherzglas" (joke vessel), Germany, 16th century
Glas      Glass
MAK, KHM 343

213

Gelitin
*Ohne Titel*, 2006
*Ohne Titel* [Untitled], 2006
Plastilin, Foto      Plasticine, photo
Galerie Emmanuel Perrotin, Paris

**Michèle Pagel**
*Luxus für Alle!* [Luxury for All!], 2022
Barhocker, Gullideckel, Beton, glasierte Keramik, glasierte Ziegel, Pflastersteine, Molotow-Cocktails    Barstool, manhole cover, concrete, glazed ceramic, glazed brick, cobblestones, Molotov cocktails
Belvedere, Wien    Vienna

Cerith Wyn Evans
*Astrophotography-Stages of photographic development by Siegfried Marx (1987)*, 2007
Glasluster, Glühbirnen, Computer mit Morsegerät    Glass chandelier, light bulbs, computer with a Morse device
Thyssen-Bornemisza Art Contemporary Collection, Wien        Vienna

# Zwettl und Hörl

# (Bärbel Vischer)

Die Spiegelung eines gleichseitigen Dreiecks lässt die Form der Raute entstehen. Als Bildzeichen ziehen sich Rauten – Chiffren für Bewegungen der Gesellschaft – als ein roter Faden durch die künstlerische Praxis des in Wien lebenden Künstlers Thomas Hörl (*1975). Er greift die Form der Raute kontinuierlich in Zeichnungen, Collagen, Installationen, Videos und Performances auf. Die ästhetische Formensprache lässt Pop und lokale Traditionen ineinander übergehen.[1] Im Rahmen der Ausstellung *THE FEST* konzipierte Hörl eine mehrteilige Arbeit in Bezug auf den „Zwettler Tafelaufsatz", der sich heute im Bestand der MAK Sammlung Glas und Keramik befindet.

Anonym    Anonymous
Figur aus dem Zwettler Tafelaufsatz: Apoll und Thespis, 1767/68
Figure from the Zwettl Centerpiece: Apollo and Thespis, 1767/68
Manufaktur    Manufactory: Kaiserliche Porzellanmanufaktur Wien
Porzellan, gegossen, garniert, glasiert    Porcelain, cast, decorated, glazed
MAK, KE 6823-7

1) Egger, Simone, „Wilde Rauten_on display", in: *Thomas Hörl. Curtain Walls & Rautenballett*, Verlag für moderne Kunst, Wien 2022, 14.

# Zwettl and Hörl

# (Bärbel Vischer)

**Thomas Hörl**
**Skizze zum Zwettler Tafelaufsatz, 2022**
**Sketch of the Zwettl Centerpiece, 2022**
**Bleistift, Buntstift auf Papier**     Pencil, colored pencil on paper
**Thomas Hörl**

The reflection of an equilateral triangle gives rise to the shape of a rhombus. Rhombuses as pictographs—ciphers for changes in society—form a central theme of the artistic practice of Thomas Hörl (*1975), an artist living in Vienna. He continuously revisits the shape of a rhombus in drawings, collages, installations, videos, and performances. This aesthetic idiom lets pop and local traditions merge.[1] In the context of the exhibition *THE FEST*, Hörl created a work in several parts referring to the Zwettl Centerpiece, which today is part of the MAK Glass and Ceramics Collection.

1) Egger, Simone, „Wilde Rauten_on display", in: *Thomas Hörl. Curtain Walls & Rautenballett*, Verlag für moderne Kunst, Vienna 2022, 14.

Die von ihm prozesshaft geplante, eigens für die Ausstellung entwickelte facettenreiche Installation umfasst zitathafte Eingriffe am Original. Dabei analysiert er Codes des Rituals, die sich anhand von Accessoires und Versatzstücken in die Festgeschichte einschreiben. Für einen Teil der Porzellanfiguren des filigranen Tafelaufsatzes entwirft er Kleidungsstücke wie etwa Kostüme, Halskrausen oder Schürzen, deren Assoziationen im Kontext dieses bedeutenden historischen Werks angewandter Kunst zwischen Folklore und Theater changieren.

Verschiedene Vorhänge mit Rautenmuster, bemalt und bedruckt mit Neonfarben, arrangiert Thomas Hörl in der Ausstellung zu einer raumgreifenden Installation. Die geometrischen Raster verweisen auf die Figur des Harlekins, die Figur des Narren in der Commedia dell'Arte – von Hörl durch eine lebensgroße Skulptur dargestellt. In-situ-Arrangements aus Figuren und Objekten, gefertigt aus Papiermaché, Tragant, Gips, Ton und Stanniol, spiegeln die Mehrdeutigkeit des „Zwettler Tafelaufsatzes" wider und bieten eine Übersetzung in die Gegenwart an. Hörls prozesshafte Interpretation des Tafelaufsatzes nimmt Joseph Haydns Komposition, die wie der Aufsatz eigens für dasselbe Fest, das Professjubiläum des Zwettler Abts, entstanden war, als abstrakte, mit einem Musiker entwickelte Soundwolke auf – ein Aspekt, der in der Präsentationsgeschichte des Tafelaufsatzes erstmals aufgegriffen wird. In der permanenten MAK Schausammlung Barock Rokoko Klassizismus wird das barocke Ensemble des Tafelaufsatzes durch das Display von Donald Judd (1928–1994), der eine Vitrine für die Präsentation des Objekts entwarf, minimalistisch zur Schau gestellt. Die von Hörl neu konzipierte Gestaltung holt die barocke Inszenierung erneut auf eine zeitgenössische Bühne.

Anonym      Anonymous
Figur aus dem Zwettler Tafelaufsatz: Amorette auf einem Huhn reitend, 1767/68
Figure from the Zwettl Centerpiece: Amorette riding a chicken, 1767/68
Manufaktur      Manufactory: Kaiserliche Porzellanmanufaktur Wien
Porzellan, gegossen, garniert, glasiert      Porcelain, cast, decorated, glazed
MAK, KE 6823-46

**Thomas Hörl**
**Skizze zum Zwettler Tafelaufsatz, 2022**
**Sketch of the Zwettl Centerpiece, 2022**
**Bleistift, Buntstift auf Papier     Pencil, colored pencil on paper**
**Thomas Hörl**

The multifaceted installation, which he specifically planned for the exhibition as a process, includes allusions to the original. Thereby, he analyzes codes of the ritual which manifest themselves in the history of festivities based on accessories and modular components. For some of the porcelain figures of the delicate centerpiece, he designs items of clothing like, for example, costumes, ruffs, or aprons. In the context of this historically important work of applied art, their associations oscillate between folklore and theatre.

In the exhibition, Thomas Hörl arranges various curtains with a rhombus shape pattern, painted and printed with neon colors, to a spacious installation. The geometric grid refers to the character of the Harlequin, the fool in the "commedia dell'arte"—portrayed by Hörl in the form of a life-sized sculpture. In situ arrangements of figures and objects made of papier mâché, tragacanth, plaster, clay, and tinfoil reflect the ambiguity of the Zwettl Centerpiece and offer a translation into the present. Hörl's interpretation of the centerpiece as a process integrates Joseph Haydn's composition, which was, just like the centerpiece, created specifically for the same event, the anniversary of the perpetual vows of the Abbot of Zwettl, as an abstract sound cloud developed together with a musician—an aspect that is addressed for the first time in the history of displaying the centerpiece. In the MAK Permanent Collection Baroque Rococo Classicism, the baroque ensemble of the centerpiece is exhibited in a minimalist way by the display by Donald Judd (1928–1994), who designed a showcase for the presentation of the object. The new design by Hörl lets the baroque arrangement resurface on a contemporary stage.

Thomas Hörl
*Kostümprobe* (verkleidete Figuren des Zwettler Tafelaufsatzes), 2022
*Kostümprobe* [Dress Rehearsal] (dressed up figures from the Zwettl Centerpiece), 2022
Futterstoff, Acrylfarbe     Lining, acrylic
Thomas Hörl

Victor Theodor Slama
*1. Mai Stadion Fest 1750 – 1850 – 1950 (Entwurf für das Szenenbild 3), 1950*
*1. Mai Stadion Fest 1750 – 1850 – 1950 [May Day stadium fest 1750 – 1850 – 1950] (design for scene 3), 1950*
Aquarell     Watercolor painting
Wienbibliothek im Rathaus, Plakatsammlung     Vienna City Library, Poster Collection

Elisabeth Karlinsky
**Kostümentwurf** *Läufer* **aus Schachspiel, 1923/24**
**Fancy dress design** *Läufer* **[Bishop] from a chess game, 1933**
Kohle auf Papier, Tempera    Coal on transparent paper, tempera
Universität für angewandte Kunst Wien, Kunstsammlung und Archiv    University of Applied Arts Vienna, Collection and Archive

Anonym Anonymous
Faschingsfest der Wiener Secession *Verrücktes Museum*, 1953
Viennese Secession's carnival party *Verrücktes Museum*, 1953
Fotografie Photograph
Archiv Archive Secession

Anonym    Anonymous
Harlekinfamilie, um 1745
Harlequin family, ca. 1745
Manufaktur    Manufactory: Kaiserliche Porzellanmanufaktur Wien
Porzellan, garniert, glasiert, bemalt, Golddekor    Porcelain, decorated, glazed, painted, gold décor
MAK, KE 7967

Bernd Steiner
Plakat für Faschingsdienstag-Redouten in der Neuen Burg und im Wiener Konzerthaus, um 1928
Poster for Masques on Shrove Tuesday at the Neue Burg and at the Wiener Konzerthaus, ca. 1928
Druckerei    Printer: Gesellschaft für Graphische Industrie
Flachdruck    Planographic print
MAK, PI 3207

Anonym      Anonymous
Kostüm eines Harlekin, 18. Jahrhundert
Costume of a Harlequin, 18th century
Wolltuch, Intarsienstickerei, Seide, Baumwolle, Metall, Holz, Bein      Wool cloth, inlaid embroidery, silk, cotton, metal, wood, bone
Germanisches Nationalmuseum, Nürnberg      Nuremberg

**Sidonius Schrom**
**Plakat für Gschnasfeste im Wiener Künstlerhaus, 1953**
Poster for Gschnasfeste at the Wiener Künstlerhaus, 1953
Druckerei    Printer: Josef Eberle
Flachdruck    Plangraphic print
MAK, PI 4910

KÜNSTLERHAUS GSCH
Zirkus – Pallaw

3o.Jan. Öffentl. Generalprobe

6.Feb. Galavorstellung

OFFSETDRUCK JOSEF EBERLE, WIEN VII

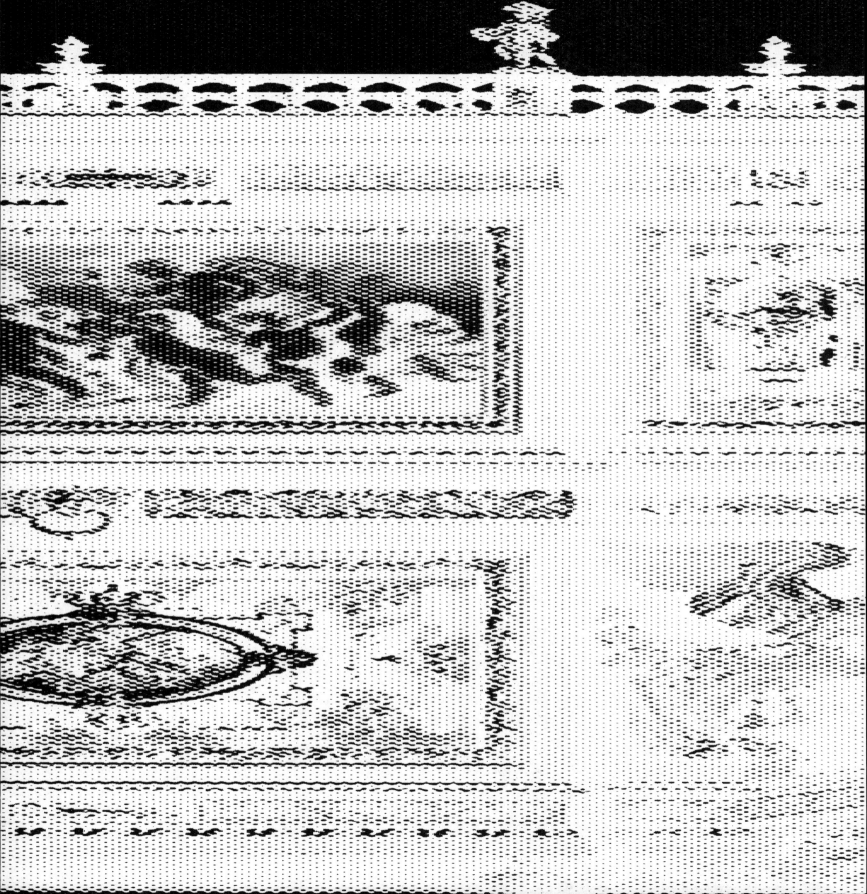

Deutsch    English

Ein „Exzess-Möbel" aus festlichem Anlass    An Excessive Piece
of Furniture for a Festive Occasion    (Sebastian Hackenschmidt)

# Ein „Exzess-Möbel" aus festlichem Anlass

# An Excessive Piece of Furniture for a Festive Occasion

# (Sebastian Hackenschmidt)

Möbel sind Gebrauchsobjekte, die sich über ihre Funktion definieren: Sie dienen meist entweder dem menschlichen Körper – etwa als Sitzgelegenheit oder Schlafstätte – oder der Aufbewahrung und Präsentation von Gegenständen; sie erlauben eine Vielzahl von Handlungen zwischen Arbeit und Entspannung und halten menschliche Besitztümer und Gerätschaften verfügbar.[1] Allerdings erschöpfen sich Möbel keineswegs in ihrer Bedeutung als Gebrauchsgegenstände, sie erfüllen genauso ästhetische und symbolische Aufgaben, repräsentieren Machtansprüche und fordern zu Förmlichkeiten auf. Über jeden konkreten Verwendungszweck hinaus sind Möbel somit Medien, die komplexe Sachverhalte zum Ausdruck bringen und Botschaften an ihre Benutzer*innen wie Betrachter*innen übermitteln.[2]

Der Kunst- und Kulturgeschichte mangelt es nicht an Beispielen dafür, dass die mediale Aufgabe oft den eigentlichen Zweck von Möbeln darstellt. Vor allem in den vielschichtigen Ausformungen höfischer wie kirchlicher Kultur früherer Jahrhunderte boten sich dafür unterschiedliche, zumeist festliche oder feierliche Anlässe: Repräsentation und Prachtentfaltung, Zeremonien, Rituale oder Rechtsakte. Viele dieser Aspekte kamen zusammen, wenn Möbelstücke als Geschenke für feierliche Anlässe – etwa eine Heirat – hergestellt wurden. Die Sammlung des Museums für angewandte Kunst (MAK) in Wien verfügt über einige herausragende Beispiele möbelhafter Festgaben, darunter ein von dem Architekten Josef Storck entworfener Kabinettschrank, der dem österreichischen Kronprinzenpaar Erzherzog Rudolf und Prinzessin Stephanie anlässlich der Vermählung am 10. Mai 1881 von den Wiener Industriellen gemeinsam mit der Kaufmannschaft geschenkt wurde. (Abb. 1, 2) An der Ausführung des überaus opulenten, mit Silberarbeiten und Ölgemälden dekorierten Prunkmöbels aus Eben- und Nussbaumholz waren nicht wenige der renommiertesten Künstler und Kunstgewerbler ihrer Zeit beteiligt. Namentlich zeichneten die Bildhauer Hermann Klotz und Johann Schindler für die Schnitzereien, der Hoftischler Franz Michel für die Tischlerarbeiten, der Bildhauer Rudolf Weyr für die Modelle der Silberfiguren und des Reliefs, der Bildhauer und Medailleur Stefan Schwartz für die Ziselierarbeiten und der Maler Hans Canon für die drei inkorporierten Ölgemälde verantwortlich.

Dieses Möbelstück – das hinsichtlich seiner meisterhaften Ausführung „eine nie mehr erreichte, geschweige denn übertroffene Gipfelleistung Wiener handwerklichen Könnens" darstellt[3] – wurde auch als „Aquarellenschrank" tituliert, da es zugleich als kostbares Behältnis für eine umfangreiche Sammlung von Aquarellen namhafter Künstler diente, die dem Hochzeitspaar darin zum Geschenk dargebracht wurde.[4] Allerdings überschritt das über zweieinhalb Meter hohe und nahezu zwei Meter breite Möbel dabei jegliches seinem Inhalt adäquate Maß: Als Kassette für die 75 Aquarelle erscheint es unpraktisch und überdimensioniert; seine eigentliche Geltung erlangt der Schrank vielmehr als Schmuck- und Prunkschrank im ewigen Andenken an die Hochzeit eines und *des* Kronprinzenpaars. Sowohl Canons vieldeutige Darstellung von *Hymens Festzug* in der Manier eines Rubens-Gemäldes als auch die silbernen Initialen und die von

1) Vgl. Lucie-Smith, Edward, *Furniture. A Concise History*, Oxford (1979), London 1995, S. 8.     2) Vgl. Hackenschmidt, Sebastian/Engelhorn, Klaus (Hg.), *Möbel als Medien. Beiträge zu einer Kulturgeschichte der Dinge*, Bielefeld 2011.     3) Windisch-Graetz, Franz, „Kabinettschrank" (Kat.-Nr. 31), in: *100 Jahre Österreichisches Museum für angewandte Kunst. Kunstgewerbe des Historismus*, Ausst.-Kat. Österreichisches Museum für angewandte Kunst, Wien 1964, 12–13, 13. Vgl. auch ders., „Innendekoration und Mobiliar des Historismus", in: *Alte und moderne Kunst*, (10) 79 1965, 16–20, 19.     4) Vgl. „Verzeichniss der im k. k. Oesterreich. Museum für Kunst und Industrie ausgestellten Huldigungsgeschenke und -Adressen aus Anlass der Vermählung Seiner kaiserl. Hoheit des Durchl. Kronprinzen Erzherzog Rudolf", in: *Mittheilungen des k. k. Österreichischen Museums*, 16 (189), 1.6.1881, 1–8, 6. Seit 1979 befindet sich der Aquarellschrank als Dauerleihgabe des Kunsthistorischen Museums Wien im MAK – allerdings ohne die seinerzeit dem Hochzeitspaar geschenkten Aquarelle und Zeichnungen.

allegorischen Figuren zu beiden Seiten des Mittelfeldes gehaltenen emaillierten Wappen von Kronprinz Rudolf und Stephanie von Belgien, ebenso wie das zentrale, auf einer ovalen Silberplatte als Treibarbeit ausgeführte Allianzwappen des Brautpaars auf dem unteren Teil des Schranks weisen das Möbel als Hochzeitsgeschenk aus, an eine Verbindung, die bis an das Ende der Tage währen sollte.

Zu Ehren dieses Brautpaars – und freilich auch zu jener der ausführenden Künstler – wurde allergrößte Kunstfertigkeit aufgeboten. Die seitlichen Bildtafeln mit den Darstellungen von Handel bzw. Kunstindustrie sind dabei programmatisch zu verstehen: Sie verweisen auf das 1864 als Vorbildersammlung für Künstler, Handwerker, Industrielle und Gewerbetreibende gegründete k. k. Österreichisches Museum für Kunst und Industrie (heute MAK) und die daran angeschlossene Kunstgewerbeschule (die heutige Universität für angewandte Kunst), an welcher die an dem Prunkstück beteiligten Künstler als Lehrende tätig oder selbst ausgebildet worden waren.[5] Die künstlerische Virtuosität der an der Kunstgewerbeschule versammelten Professorenschaft wird nicht zuletzt durch die beiden als Allegorien der bildenden Künste wie des Kunsthandwerks zu verstehenden silbernen Putten auf der bekrönenden Balustrade zelebriert.

Bei dem Entwurf dieses historistischen Prunkschranks, in dem sich barocke Elemente mit solchen der Renaissance stilistisch verbinden, hatte sich Josef Storck an den Kabinettschränken des französischen Manierismus orientiert – an Möbeln also, die in ihrer Zeit als Statussymbole gehandelt wurden. Der Möbeltypus des Kabinettschranks, der zwischen dem 16. und dem 18. Jahrhundert gleichsam das Leitmedium der Möbelgeschichte bildete, erfüllte nur bedingt praktische Zwecke und diente in erster Linie der Zurschaustellung kostbarer und exotischer Materialien, stilistischer Neuerungen und künstlerischer wie technischer Fertigkeiten. Die sich stetig wandelnden Material- und Dekormoden manifestierten sich dabei keineswegs nur am Äußeren der Möbel – auch komplexe Apparaturen und Mechanismen, verborgene Schubladen und Geheimfächer, Spielautomaten und Uhrwerke wurden in die Möbel integriert, um sie als geheimnisvolle Effekte vorführen zu können. Vor allem in höfischen Kreisen gab die Vorführung solcher Kunst- und Kabinettschränke – das schrittweise Enthüllen ihrer Funktionen und Ausstattung sowie das detaillierte Erläutern der darin aufbewahrten Dinge – gute Gelegenheit, um Bildung, Status und Kultiviertheit zu demonstrieren.

Auf vielfältige Weise bildeten solche maßlosen Repräsentationsmöbel folglich Medien, die der herrschaftlichen Selbstdarstellung eine Bühne boten und mit deren Hilfe sich die Aufmerksamkeit einer Gesellschaft fesseln ließ. Entsprechend hatte die Gestaltung der Kunst- und Kabinettschränke den speziellen „performative[n] Kontext"[6] beziehungsweise den „zeremonielle[n] Zweck",[7] für den sie gefertigt wurden oder in dem sie zum Einsatz kamen, kenntlich zu machen. Auch bei den in den Schränken aufbewahrten Gegenständen handelte es sich nicht um einfache Bedarfsgüter, sondern vornehmlich um Raritäten und Kuriositäten, die einen zusätzlichen Anreiz boten, ein solches Möbelstück als Wunderwerk vorzuführen – und die oft ebenso exquisit waren wie das Behältnis selbst.

5) Vgl. *Kunst und Industrie. Die Anfänge des Museums für angewandte Kunst in Wien*, Ausst.-Kat. Museum für angewandte Kunst, Wien, Ostfildern-Ruit 2000 sowie Fliedl, Gottfried, *Kunst und Lehre am Beginn der Moderne. Die Wiener Kunstgewerbeschule 1867–1918*, Salzburg/Wien 1986.   6) Vgl. Uppenkamp, Bettina, „Können Möbel Medien sein? Überlegungen zu den italienischen Hochzeitstruhen der Renaissance", in: Hackenschmidt/Engelhorn 2011 (s. Anm. 2), 47–67.   7) Huth, Hans. „A Venetian Renaissance Casket", in: *Papers on objects in the Collections of the City Art Museum* (= Museum Monographs Bd. I), St. Louis 1968, 42–50, 47..

Zusammen mit dem aufwendigen Dekor und der überbordenden Ornamentik, den exotischen Werkstoffen und den exzentrischen Mechaniken bildeten die aus den Schubladen und Geheimfächern hervorzuholenden Dinge einen inszenatorischen Überschuss, der die ästhetisch-medialen Funktionen der Kabinettschränke in den Vordergrund rückte. Die Vorführenden wurden durch die Bühnenarchitektur der Schränke zugleich feierlich in Szene gesetzt und „erschienen" als Machthabende eines *theatrum mundi*. In diesem Sinne ließe sich auch von einem aus dem Kabinettschrank und seinem Inhalt gebildeten „Medienverbund" sprechen, der es Vorführenden ermöglichte, sich und ein privilegiertes Publikum als bedeutsam zu feiern.[8]

Um einen solchen Medienverbund handelt es sich auch bei dem Aquarellschrank für Erzherzog Rudolf und Prinzessin Stephanie. Wie im März 1881 in einem Bericht in der *Neuen Freien Presse* kolportiert wurde, sollte das eklektische Möbel verschiedene Funktionen erfüllen:

> „Bekanntlich ist der Schrank für die Aufbewahrung von Aquarellen bestimmt; er wird zum Theil mit Blättern von der Hand unserer ersten Künstler auf diesem Gebiet angefüllt werden, aber noch Raum für eine zukünftige Vermehrung der Sammlung behalten und soll außerdem gleich als Pult zum Aufstellen einzelner Bilder dienen. Dieser doppelte Zweck war maßgebend für die Gestaltung des Möbels."[9]

Wie die Kabinettschränke der höfischen Kunstkammern war der Aquarellschrank als ein in jeder Hinsicht prachtvolles Schaumöbel konzipiert, das sich durch die Zurschaustellung der im Inneren aufbewahrten Kunstwerke inszenieren ließ. Doch vergessen wir nicht, dass der Aquarellschrank eine weitere, wenn nicht wichtigere Aufgabe zu erfüllen hatte – nämlich als kostbares Geschenk die Vermählung des Kronprinzenpaars zu feiern und über den flüchtigen Moment hinaus zu verewigen. Die möbelhaften Funktionen des Schranks sind dabei längst in den Hintergrund getreten, um einen Exzess an Repräsentation zu eröffnen. Die ausschweifende Kunstfertigkeit, die überbordende Prachtentfaltung und der außerordentliche Aufwand lassen das Möbel als Festgabe erscheinen; der „Gebrauchswert" des Schranks bestand darin, ein kaum zu überbietendes Medium herrschaftlicher Inszenierung zur Verfügung zu stellen.

Am Tag nach der Übergabe des Schranks im Mai 1881 wusste die *Neue Freie Presse* zu berichten, dass sich der Kronprinz und die Prinzessin bei der Übergabe des Prunkschranks „ungewöhnlich lange" mit der Deputation der Großindustriellen und Kaufleute unterhalten und das Präsent entsprechend gewürdigt hätten:

> „Der Kronprinz sprach wiederholt in seinem Namen wie in jenem seiner Braut den tiefgefühlten Dank aus ‚für das ebenso prächtige und kunstvolle, als mit zarter Aufmerksamkeit zusammengestellte Geschenk' und seine besondere Freude darüber, ‚daß Kunst und Gewerbe mit beigetragen haben zur Erweckung so schöner Erinnerungen aus ihrem Leben'. Der Kronprinz wie die Prinzessin erkundigten sich sehr eingehend über die Entstehung des Schrankes, wie über die Künstler, welche daran mitgearbeitet. Das fürstliche Brautpaar ging sodann an die eingehende Besichtigung des Schrankes […]."[10]

8) Zum Begriff des Medienverbunds vgl. Seitter, Walter, *Physik der Medien. Materialien, Apparate, Präsentierungen*, Weimar 2002, 56.   9) „Ein Geschenk für den Kronprinzen Rudolf", in: *Neue Freie Presse*, 5952, 24.3.1881, 20.   10) „Die Vermählung des Kronprinzen Rudolph", in: *Neue Freie Presse*, 5998, 10.5.1881, 4.

Doch auch wenn das erlesene Geschenk
mit der „Erweckung schöner Erinnerungen"
verbunden werden mochte, dürfte es wohl
kaum ein zweites Mal inspiziert worden
sein – mit seiner festlichen Übergabe hatte
das Möbelstück seinen eigentlichen Zweck
bereits erfüllt.

Abb. 1     Fig. 1
Hans Canon
*Hymens Festzug*, Detail des Aquarellschranks, 1881
*Hymen's Procession*, detail of the aquarelle cabinet, 1881
Öl auf Holz     Oil on wood
MAK, LHG 1459

Pieces of furniture are objects of use defined by their function: they mostly serve either the human body—for example as a place to sit or sleep—or the storage and presentation of objects; they allow for a range of actions between working and relaxing and stow human possessions and tools.[1] However, the purpose of furniture is in no way limited to its items being objects of use. They just as much fulfill aesthetic and symbolic tasks, represent claims to power, and call for formality. Beyond every concrete purpose of use, pieces of furniture are consequently media expressing complex circumstances and conveying messages to their users and observers.[2]

In the history of art and culture there is no lack of examples where the function of a piece of furniture as a medium is its actual purpose. Especially the multifaceted implementations of courtly and ecclesiastical culture of past centuries provided various mostly festive or ceremonial occasions to demonstrate this: representation and display of splendor, ceremonies, rituals, or legal acts. Many of these aspects came together when furniture was produced as gifts for festive occasions—like, for example, a wedding. The collection of the Museum of Applied Arts (MAK) in Vienna has several outstanding examples of gifts in the form of furniture including a cabinet designed by architect Josef Storck given to the Austrian crown prince couple Archduke Rudolf and Princess Stephanie on the occasion of their wedding on 10 May 1881 by Viennese industrialists and merchants. (Fig. 1, 2) A number of the most renowned artists and craftsmen of the time contributed to the execution of the extremely opulent piece of furniture made of ebony and walnut wood and decorated with silverworks and oil paintings. Sculptors Hermann Klotz and Johann Schindler were in charge of the carvings, court cabinetmaker Franz Michel of the woodwork, sculptor Rudolf Weyr of the models of the silver figures and the relief, sculptor and medalist Stefan Schwartz of the chased work, and painter Hans Canon of the three incorporated oil paintings.

This piece of furniture, which displays „a never again achieved, not to mention excelled, peak performance of Viennese craftsmanship,"[3] was also titled "aquarelle cabinet" as it also served as a valuable vessel for an extensive collection of watercolor paintings (aquarelles) by well-known artists presented to the wedding couple as a gift.[4] However, the more than two and a half meters tall and almost two meters wide piece of furniture exceeded every proportion adequate for its content: It seems impractical and over-sized as a case for the 75 watercolor paintings; the cabinet was much more expressive as a decorative display cabinet in lasting memory of the wedding of a and *the* crown prince couple. Canon's ambiguous depiction of *Hymen's Procession* in the style of a Rubens painting, the silver initials and the enameled coats of arms of Crown Prince Rudolf and Stephanie of Belgium held by allegorical figures on both sides of the central area, as well as the wedding couple's combined coat of arms executed on an oval silver platter in repoussé on the central lower part of the cabinet identify the item of furniture as a wedding present for a bond that was to last to the end of their days.

To honor the bridal couple—and of course also the executing artists—utmost crafts-

1) Cf. Lucie-Smith, Edward, *Furniture. A Concise History*, Oxford (1979), London 1995, 8.     2) Cf. Hackenschmidt, Sebastian/Engelhorn, Klaus (ed.), *Möbel als Medien. Beiträge zu einer Kulturgeschichte der Dinge*, Bielefeld 2011.     3) Windisch-Graetz, Franz, „Kabinettschrank" (Kat.-Nr. 31), in: *100 Jahre Österreichisches Museum für angewandte Kunst. Kunstgewerbe des Historismus*, Ausst.-Kat. Österreichisches Museum für angewandte Kunst, Vienna 1964, 12–13, 13. Cf. also ibd., „Innendekoration und Mobiliar des Historismus", in: *Alte und moderne Kunst*, (10) 79 1965, 16–20, 19.     4) Cf. „Verzeichniss der im k. k. Oesterreich. Museum für Kunst und Industrie ausgestellten Huldigungsgeschenke und -Adressen aus Anlass der Vermählung Seiner kaiserl. Hoheit des Durchl. Kronprinzen Erzherzog Rudolf", in: *Mittheilungen des k. k. Österreichischen Museums*, 16 (189), 1.6.1881, 1–8, 6. Since 1979, the aquarelle cabinet has been located at the MAK as a permanent loan by the Kunsthistorisches Museum Vienna—however without the watercolor paintings and drawings given to the wedding couple as a present at the time.

manship was applied. The panels on the sides show images of trade and the art industry and are to be understood programmatically: They refer to the Imperial Royal Austrian Museum of Art and Industry (today's MAK) founded in 1864 as an exemplary collection for artists, craftsmen, industrialists, and businesspeople as well as its associated School of Arts and Crafts (today's University of Applied Arts) where the artists involved in the creation of the showpiece furniture worked as teachers or had been trained themselves.[5] The artistic virtuosity of the professors united at the School of Arts and Crafts is not least celebrated by the silver cherubs on the crowning balustrade which are to be understood as allegories of the fine arts and decorative arts.

For the design of this historic showcase cabinet, in which Baroque and Renaissance elements are stylistically combined, Josef Storck followed the cabinets of French Mannerism, which were items of furniture that at the time were considered status symbols. Cabinets as types of furniture formed the key medium in the history of furniture between the 16th and 18th century and only fulfilled limited practical purpose. First and foremost, they served the presentation of valuable and exotic materials, stylistic novelties, and artistic as well as technical skills. In this context, the constantly changing fashion in material and decoration not only manifested itself on the outside appearance of the furniture—complex devices and mechanisms, hidden and secret drawers, automatons and clockworks were integrated into the piece of furniture to be presented as secret effects. Especially in circles at court, the presentation of such artistic display cabinets—the stepwise revealing of their function and features as

well as detailed explanation of the objects stored inside—provided a good opportunity to demonstrate education, status, and sophistication.

In manifold ways such excessive pieces of representative furniture thus constituted media that provided a stage for the self-presentation of the ruling class and helped capture the attention of a society. Accordingly, the design of the artistic cabinets aimed to mark the special "performative context"[6] or the "ceremonial purpose"[7] they were made for or in which they were used. Equally, the objects stored in the cabinets were not ordinary consumer goods but mostly rarities and curiosities that provided an additional incentive to present such a piece of furniture as a masterpiece. Oftentimes, they were just as exquisite as the container itself. In combination with the elaborate decoration and the excessive ornamentation, the exotic materials and the eccentric mechanics, the things that were to be taken out of the drawers and secret compartments provided an excess in staging that highlighted the aesthetic function of the cabinets as a medium. The stage architecture of the cabinets solemnly drew attention to the presenters who "appeared" as the rulers of a *theatrum mundi*. Thus, one could also refer to the cabinet and its context as a multimedia system allowing presenters to celebrate themselves and a privileged audience as something special.[8]

The aquarelle cabinet for Archduke Rudolf and Princess Stephanie is also such a multi-media system. As claimed by a report in the *Neue Freie Presse* in March 1881, the eclectic piece of furniture was to fulfill various functions:

5) Cf. *Kunst und Industrie. Die Anfänge des Museums für angewandte Kunst in Wien*, Ausst.-Kat. Österreichisches Museum für angewandte Kunst, Vienna, Ostfildern-Ruit 2000 as well as Fliedl, Gottfried, *Kunst und Lehre am Beginn der Moderne. Die Wiener Kunstgewerbeschule 1867–1918*, Salzburg/Vienna 1986.　　6) Cf. Uppenkamp, Bettina, „Können Möbel Medien sein? Überlegungen zu den italienischen Hochzeitstruhen der Renaissance", in: Hackenschmidt/Engelhorn 2011 (see footnote 2), 47–67.　　7) Huth, Hans. „A Venetian Renaissance Casket", in: *Papers on objects in the Collections of the City Art Museum* (= Museum Monographs vol. I), St. Louis 1968, 42–50, 47.　　8) For the concept of the multi-media-system ("Medienverbund") cf. Seitter, Walter, *Physik der Medien. Materialien, Apparate, Präsentierungen*, Weimar 2002, 56.

"As is well known, the cabinet is intended for the storage of watercolor paintings; partly it will be filled with paintings by our most famous artists in this field, but space will remain for a future extension of the collection, and furthermore it is to serve as a desk where individual paintings are displayed. This double purpose was decisive for the design of the piece of furniture." [9]

Just like the cabinets in the courtly "Kunstkammern" (cabinets of curiosities), the aquarelle cabinet was designed as a splendid showpiece in every regard that could be staged by presenting the works of art stored inside. But let's not forget that the aquarelle cabinet had to fulfill a further if not more important task: to celebrate the wedding of the crown prince couple as a valuable present and provide a lasting memory beyond the fleeting moment. In this context, the furniture-like functions of the cabinet quickly faded into the background to open the space for excessive representation. The extravagant craftsmanship, the exuberant display of splendor, and the exceptional effort let the piece of furniture appear like a gift; the "practical value" of the cabinet was to provide a medium that could hardly be surpassed in stately orchestration.

On the day after the handover of the cabinet in May 1881, the *Neue Freie Presse* reported that the Crown Prince and the Princess talked to the deputation of the industrial magnates and merchants for "an unusual amount of time" during the handover and' in doing so valued the present accordingly:

The Crown Prince repeatedly expressed his heartfelt gratitude in his as well as his wife's name "for the both splendid and artistic present compiled with caring attention" as well as his joy "that art and industry contributed to arousing such nice memories from their life." The Crown Prince and the Princess asked very detailed questions concerning the creation of the cabinet as well as the artists that had contributed. The royal couple then started to inspect the cabinet in detail [...]." [10]

But even though the exquisite present may have contributed to "arousing nice memories" it was most likely not inspected a second time—with the ceremonial handover the piece of furniture had already fulfilled its actual purpose.

9) „Ein Geschenk für den Kronprinzen Rudolf", in: *Neue Freie Presse*, 5952, 24.3.1881, 20.    10) „Die Vermählung des Kronprinzen Rudolph", in: *Neue Freie Presse*, 5998, 10.5.1881, 4.

Abb. 2     Fig. 2
Josef von Storck
Aquarellschrank, 1881
Aquarelle cabinet, 1881
Eben- und Nussbaumholz, massiv und furniert, geschnitzt; Silber, getrieben und gegossen; Malerei     Ebony and walnut wood, solid and veneered, carved; silver, embossed
and cast; painting
MAK, LHG 1459

Der Exzess-Charakter tritt auch bei diesem historistischen Kabinettschrank zutage, der 1871 mit finanzieller Unterstützung des Kaiserhauses zur Eröffnung des von Heinrich von Ferstel erbauten k. k. Österreichischen Museums für Kunst und Industrie in Auftrag gegeben worden war. (Abb. 3) Das Möbel im Stil der deutschen und italienischen Renaissance war zwar weniger opulent, nahm den zehn Jahre später angefertigten Aquarellschrank aber in gewisser Weise vorweg. Zum Teil waren auch dieselben Künstler daran beteiligt: Josef Storck zeichnete für den Gesamtentwurf verantwortlich, an der Ausführung hatten neben Franz Michel und Johann Schindler auch Josef Panigl, Friedrich Wilhelm Bader und Johann Schwerdtner Anteil, die inkorporierten Ölgemälde stammen von Ferdinand Laufberger. Wie dem 1872 erschienenen Ausstellungskatalog zu entnehmen war, sollte den Exponaten der Eröffnungsausstellung – unter denen dieser Schrank „eine bevorzugte Stelle" einnahm[11] – die Aufgabe zukommen, die Leistungsfähigkeit des zeitgenössischen Kunstgewerbes von Gnaden des österreichischen Kaiserhauses zu verewigen:

> „Von ganz unberechenbarem Vortheile aber war es gewesen, dass der Kaiser gleich beim Beginne der Ausstellungsvorbereitungen, durch Zuweisen einer Summe von 50.000 fl. die Möglichkeit geboten hat, Werke exceptioneller Art zu schaffen, Aufgaben zur Lösung zu bringen, die über das Mass der gewöhnlichen Anforderungen hinaussteigen, und Gelegenheit bieten, einen Höhepunkt der Leistungsfähigkeit zu erreichen. Diese Kunstobjecte, welche auf diesem Wege geschaffen wurden, bilden, sozusagen, den Gradmesser für die Leistungsfähigkeit unserer Kunstindustrie, und werden gewiss für lange Zeit hinaus als epochemachende Erzeugnisse unserer Künstler und Indus-

Abb. 3    Fig. 3
Josef von Storck
Kabinettschrank für die Wiener Weltausstellung 1873
Cabinet for the Wiener Weltausstellung in 1873
Ebenholz, massiv und furniert; Birnbaumholz, Elfenbein, Malerei    Ebony, solid and
veneered; pear wood, ivory, painting
MAK, H 709

11) Windisch-Graetz, Franz, „Kabinettschrank" (Kat.-Nr. 26), in: *100 Jahre Österreichisches Museum für angewandte Kunst* 1964 (s. Anm. 3), 9–10, 9.

Excess is also displayed in this historical cabinet commissioned with financial support from the Emperor for the opening of the Imperial Royal Austrian Museum of Art and Industry (today's MAK), which was built by Heinrich von Ferstel. (Fig. 3) The piece of furniture in the style of German and Italian Renaissance may have been a bit smaller in size and less opulent but it in some way anticipated the aquarelle cabinet created ten years later. Partly, also the same artists were involved: Josef Storck was responsible for the overall design, the execution was by Franz Michel, Johann Schindler, Josef Panigl, Friedrich Wilhelm Bader, and Johann Schwerdtner, the incorporated oil paintings are by Ferdinand Laufberger. Without ever having been in use, the cabinet entered the collection of the museum as a mere showpiece. As the exhibition catalog released in 1872 stated, the exhibits created especially for the opening exhibition—among these, this cabinet "was displayed in a preferential position"[11]—were to perpetuate the capability of the contemporary decorative arts by grace of the Austrian Emperor:

> "It was an unpredictable advantage that the Emperor, by assigning a sum of 50,000 fl., provided the possibility to create exceptional kinds of works, solve issues that exceeded the usual requirements, and gave rise to the opportunity of achieving peak performance. The art objects created in this way, so to say, serve as an indicator of the capability of our arts industry and will for sure preserve their inherent value for a long time as epoch-making products of our artists and industrialists."[12]

11) Windisch-Graetz, Franz, „Kabinettschrank" (Kat.-Nr. 26), in: *100 Jahre Österreichisches Museum für angewandte Kunst* 1964 (see footnote 3), 9–10, 9.      12) *Die Ausstellung oesterreichischer Kunstgewerbe, 4. November 1871–4. Februar 1872*, Ausst.-Kat. k. k. Österreichisches Museum für Kunst und Industrie, Vienna 1872, 6.

triellen ihren selbstständigen Werth behalten."[12]

Die Leistungsfähigkeit der heimischen Kunstindustrie sollte auch dieser 1878 „im Zeichen der Renaissance"[13] entstandene Kabinettschrank belegen. (Abb. 4) Das nach Entwurf von Oskar Beyer von Franz Michel (Tischlerarbeiten) und Georg Sturm (Malereien) für das k. k. Österreichische Museum für Kunst und Industrie ausgeführte Möbel entsprach den Anforderungen musealer Gegenständlichkeit: Im Unterschied zu architektonischen Festapparaten – den ephemeren Kulissen und Dekorationen von Triumphzügen, Feuerwerken, Gedenkfeiern und anderen Festlichkeiten[14] – insistierte dieses Schaumöbel auf der Verarbeitung kostbarer und dauerhafter Materialien und höchster kunsthandwerklicher Präzision in allen Details. Die „Freiheit der alten Baumeister", sich bei Festbauten einer „Schein-Architektur zu bedienen" und der provisorischen Anlage das „Ansehen von Steinbauten" zu geben – wie dies in einer offiziellen Darstellung über die von Otto Wagner errichteten hölzernen Dekorationen für den sogenannten Makart-Festzug, den Huldigungsfestzug anlässlich der silbernen Hochzeit des Kaiserpaares Franz Joseph I. und Elisabeth am 27. April 1879, berichtet wurde[15] –, kam im Bereich der möbelhaften Schaustücke nicht infrage. Mag der Kabinettschrank in seiner stilistisch überbordenden Ornamentik auch selbst wie ein Möbel gewordener Makart-Festzug anmuten, so ist er doch alles andere als ephemer oder provisorisch. Nur durch höchste Qualität und Authentizität konnte der Repräsentationsanspruch eines Gegenstands legitimiert werden, der keinen Anspruch mehr auf eine praktische Gebrauchsfunktion erhob und als reines Ausstellungsstück für das Museum konzipiert war.

Abb. 4      Fig. 4
Oskar Beyer
Kunstschrank für die Pariser Weltausstellung 1878
Art cabinet for the Paris World's Fair in 1878
Ebenholz, Birnbaumholz, schwarz gebeizt; Goldornamente, Ölmalerei      Ebony, pear
wood, stained black, gold ornaments, oil painting
MAK, H 537

12) *Die Ausstellung oesterreichischer Kunstgewerbe, 4. November 1871–4. Februar 1872*, Ausst.-Kat. k. k. Österreichisches Museum für Kunst und Industrie, Wien 1872, 6.      13) Vgl. Windisch-Graetz, Franz, „Kabinettschrank" (Kat.-Nr. 28), in: *100 Jahre Österreichisches Museum für angewandte Kunst* 1964 (s. Anm. 3), 11.      14) Vgl. Oechslin, Werner/Buschow, Anja, *Festarchitektur. Der Architekt als Inszenierungskünstler*, Stuttgart 1984 sowie McClung, William Alexander, „A Place for a Time: The Architecture of Festivals and Theatres", in: Blau, Eve/Kaufman, Edward (Hg.), *Architecture and its image. Four Centuries of Architectural Representation. Works from the Collection of the Canadian Centre for Architecture*, Montreal 1989, 86–108.      15) *Huldigungs-Festzug der Stadt Wien zur Feier der silbernen Hochzeit Ihrer Majestäten des Kaisers Franz Joseph I. und der Kaiserin Elisabeth (27. April 1879)*, hrsg. von dem Gemeinderathe der k. k. Reichshaupt- und Residenzstadt Wien, Wien 1881, 34.

This cabinet, too, created in 1878 "under the influence of Renaissance" [13] aimed to prove the capability of the local arts industry. (Fig. 4) The piece of furniture, which was executed by Franz Michel (woodwork) and Georg Sturm (paintings) based on a design by Oskar Beyer for the Imperial Royal Austrian Museum of Art and Industry (today's MAK) and financed by funds from the Hoftiteltaxfonds, which was set up in 1877 to promote the local decorative arts, met the standards of objects made for museums: In contrast to the architectural installations for festive events—the ephemeral scenery and decoration of triumphal processions, fireworks, memorials, and other festivities [14]—, this show furniture insisted on the use of valuable and lasting materials as well as utmost craftsmanship in all details. The "freedom of old masters" to "use pseudo-architecture" for festive buildings and give the provisional installation the "appearance of stone buildings"—as reported in an official statement with regard to the wooden decoration by Otto Wagner for the so-called Makart parade, the festive procession on the occasion of the silver wedding of the Imperial Couple Franz Joseph I and Elisabeth on 27 April 1879,—was not an option in the field of furniture-like showpieces. Even though the cabinet with its stylistically excessive ornaments may itself appear like a Makart procession turned to furniture, it is everything but ephemeral or provisional. Only utmost quality and authenticity were able to legitimize the standing of an object that no longer claimed a practical function and was merely designed to be an exhibit for a museum.

13) Cf. Windisch-Graetz, Franz, „Kabinettschrank" (Kat.-Nr. 28), in: *100 Jahre Österreichisches Museum für angewandte Kunst* 1964 (see footnote 3), 11.       14) Cf. Oechslin, Werner/ Buschow, Anja, *Festarchitektur. Der Architekt als Inszenierungskünstler*, Stuttgart 1984 as well as McClung, William Alexander, „A Place for a Time: The Architecture of Festivals and Theatres", in: Blau, Eve/Kaufman, Edward (ed.), *Architecture and its image. Four Centuries of Architectural Representation. Works from the Collection of the Canadian Centre for Architecture*, Montreal 1989, 86–108.

Feſtzug der
den 27.
dargeſtellt du

Verlag von B

fadt Wien
1879,
Ed. Stadlin.

Eduard Stadlin
**Festschrift zum sogenannten Makart-Festzug 1879: Triumphwagen der Fleischselcher, 1880**
Festschrift for the so-called Makart procession in 1879: Chariot of Butchers, 1880
Druckerei     Printer: Johann Haupt
Verlag     Publisher: Moritz Perles
Chromolithografie     Chromolithograph
MAK, KI 16874-22

Eduard Stadlin
**Festschrift zum sogenannten Makart-Festzug 1879: Triumphwagen der Genossenschaft der Künstler, 1880**
**Festschrift for the so-called Makart procession in 1879: Chariot of the Cooperative of Artists, 1880**
Druckerei    Printer: Johann Haupt
Verlag    Publisher: Moritz Perles
Chromolithografie    Chromolithograph
MAK, KI 16874-48

Kris Lemsalu
*Moo-Pa*, 2021
Keramik    Ceramic
Hunt Kastner

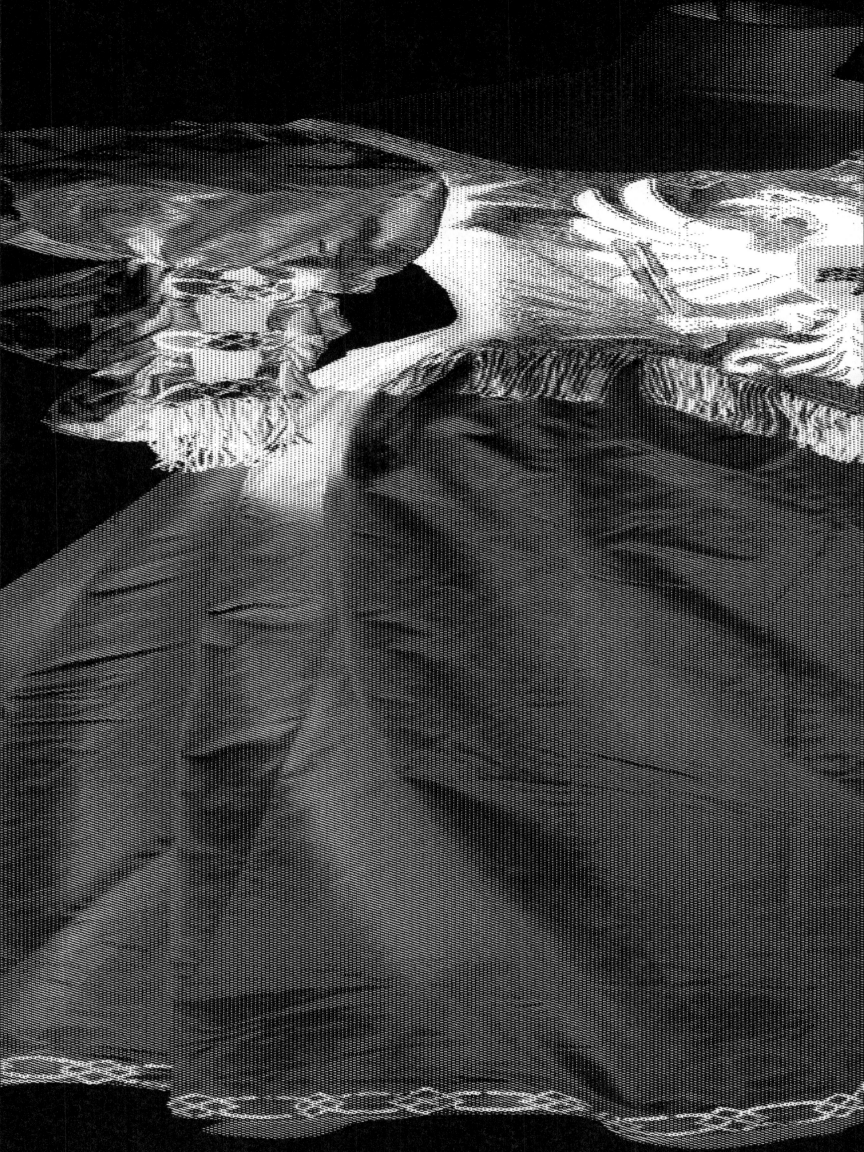

Deutsch    English

Stattlich ge- oder verkleidet?    Stately Dressed or Dressed Up?
(Lara Steinhäußer)

# Stattlich ge- oder verkleidet? Ein „Staatskleid-Kostüm" als vestimentäres Zeugnis der ausklingenden Habsburgermonarchie

# Stately Dressed or Dressed Up? A "State Dress Costume" as a Vestimentary Testimony of the Fading Habsburg Monarchy

# (Lara Steinhäußer)

Teils bis ins frühe 19. Jahrhundert herrschten in Europa rigide Kleidervorschriften, die bis zu ihrer Abschaffung die Einhaltung von Standesgrenzen garantierten und damit der Stabilisierung gesellschaftlicher Hierarchien dienen sollten.[1]

Auch wenn heute in den Demokratien des globalen Nordens „Dresscodes" zumeist nicht mehr ganz so streng sein mögen, wer einem festlichen Anlass entsprechend „stattlich gekleidet" ist – etymologisch verbirgt sich hier auch das Wort „staatlich" –, der trägt im metaphorischen Sinne ein „Staatskleid",[2] sprich die Galaausstattung, die auch einem feierlichen Anlass bei Hof angemessen gewesen wäre.

Obwohl es bis heute bei Festivitäten Usus ist, sich in Schale zu werfen, und es vorkommen kann, dass Träger*innen in ihren wenig alltäglichen Roben regelrecht kostümiert wirken, bieten manche Feierlichkeiten dezidierte Gelegenheiten, sich zu verkleiden und den Zwängen der eigenen Rolle(n) – zumindest scheinbar – zu entfliehen.

Die Grenzen zwischen Gewand und Kostümierung sind nicht zwingend eindeutig und lassen sich auch im historischen Rückblick nicht immer ziehen. Selbstverständlich birgt jedes Sich-Kleiden eine Form des Sich-Verkleidens bzw. das Bekleiden einer Rolle, die der Außenwelt mit Kleidung kommuniziert werden soll. Im historischen Begriff „Kostüm", der bis heute in der „Kostümgeschichte"[3] Anwendung findet und nicht nur Ver-, sondern vorrangig Bekleidung meint – im Sinne regionaler und historischer „Trachten" und „Mode" –, mag diese Vieldeutigkeit erhalten geblieben sein.[4]

Wie in vielen anderen Sammlungen haben sich auch in jener des MAK nur wenige Beispiele für Verkleidungen erhalten.[5] Bezeichnend in unserem Zusammenhang ist, dass etwa Kostüme der „Jagdgruppe" aus dem Makart-Festzug, die von der Firma Carl Giani ausgeführt wurden, zwar bereits im kaiserlichen Silberhochzeits-Jubiläumsjahr 1879 im einstigen k. k. Museum für Kunst und Industrie (heute MAK) ausgestellt, jedoch nicht für die Sammlung erworben wurden.[6]

Fantasiekostüme fanden in Europa spätestens ab dem Mittelalter weite Verbreitung.[7] Das aus Anlass von Mummenschanz, Fasching oder Maskenbällen gängige Phänomen des Sich-Maskierens und Verkleidens erlebte bekanntlich in der höfischen Kultur des Absolutismus als Teil höfischer Divertissements etwa bei Maskenbällen, Carrousels, Jagden oder Schlittenfahrten einen Höhepunkt und fand in Österreich im Lauf der Geschichte bei Redouten, Gschnasfesten und in jüngster

1) Vor der Moderne diente Kleidung primär der sozialen Distinktion. Erst ab dem 18. Jahrhundert entwickelte sich die heteronormative, bürgerliche Gesellschaftsordnung mit binärer Geschlechtertrennung, die einen als irrational charakterisierten, modischen Schmückungstrieb der weiblichen Sphäre attestierte. Klassische Modetheorien des 20. Jahrhunderts wie Georg Simmels *Philosophie der Mode* (1905) oder John Carl Flügels *Die Psychologie der Kleidung* (1930) spiegeln diese Zuschreibungen. Vgl.: Lehnert, Gertrud/ Bünning, Jenny/Maydell, Miriam von (Hg.), *Mode und Gender. Gender. Zeitschrift für Geschlecht, Kultur und Gesellschaft* (10) 3 2018, v. a. 7–8.   2) Dieser Begriff unterschied nicht zwischen Damen- und Herrenkleidung.   3) Für den Begriff vgl. z. B. Jacob von Falkes „Costümgeschichte der Culturvölker" 1881. Falke war ab 1864 am damaligen k. k. Österreichischen Museum für Kunst und Industrie (heute MAK) als Kustos tätig, ab 1885 als dessen Direktor. Er widmete sich unterschiedlichen kulturhistorischen Themengebieten – von Innendekoration bis Bekleidung. 1891 zeichnete er gemeinsam mit Alois Riegl und Karl Masner für die Ausrichtung der ersten großen „Costümausstellung" im MAK verantwortlich. Liturgische Gewänder sowie Fantasiekostüme und Imitationen historischer Bekleidung wurden in dieser Ausstellung nicht gezeigt. Zur Entstehungszeit der Kostümkunde im 19. Jahrhundert wurde Kleidung unter historischen und ethnografischen Gesichtspunkten kategorisiert, die von Wandel gekennzeichnete „Mode" von den als langlebig charakterisierten „(National)Trachten" differenziert. Vgl.: Houze, Rebecca, *Textiles, Fashion and Design Reform in Austria-Hungary before the First World War*, Surrey/ Burlington 2015, v. a. 253–257. Zu dieser Zeit war es unter Künstlerinnen und an Theatern auch üblich, historische Kleidung als Kostüm zu tragen. So fand sich etwa unter den Objekten in Makarts Kostümfundus ein überarbeitetes „Hofstaatskleid" aus der Zeit von Ludwig XIV. Siehe: Weitner, Bettina, *Das Kostüm bei Hans Makart. Seine Auseinandersetzung mit Historie in Malerei, Theater, Festzug und Künstlerfest*, München 2017, 86.   4) „Kostüm" (aus dem Lateinischen „consuetudo": Gewohnheit, Sitte) kann zudem eine Kombination von Rock und Jacke für Damen bezeichnen.   5) In europäischen Kunstgewerbemuseen wie dem MAK wurden v. a. ab der zweiten Hälfte des 19. Jahrhunderts Kostümsammlungen mit dem primären Ziel, textile Techniken zu dokumentieren, initiert. Wenige, häufig überarbeitete, historische Kleidungsstücke, denen z. B. im Zuge der Geschichtsbegeisterung des Historismus ein zweites Leben als Faschings- oder Theaterkostüm zuteilwurde, haben sich in den klassischen Sammlungen erhalten, die zumeist nicht als sammelwürdig erachtet wurden. Auch spezifisch für Kostümbälle des 19. Jahrhunderts – quasi die bürgerliche Neuauflage der höfischen Maskenballkultur der früheren Jahrhunderte – gefertigte Kostüme wurden museal selten gewürdigt. Von der ersten „Costümausstellung" 1891 im MAK wurden neben liturgischen Gewändern Fantasiekostüme und Imitationen historischer Bekleidung ausgeschlossen, gleichzeitig wurde hervorgehoben, dass die ausgestellten Stücke als Faschingsvorbilder dienen könnten. Vgl.: Falke, Jakob von, *Führer durch die Costüm-Ausstellung*, Wien 1891, V.   6) *Wiener Zeitung*, 27.5.1879, 15.   7) Entgegen landläufig anzutreffender Fehleinschätzungen sind auch Kostüme dem jeweiligen Zeitgeschmack unterworfen. Für die Kostümmoden des ausklingenden 19. Jahrhunderts in Europa sind neben zeitgenössischen Modezeitschriften – hier v.a. die Faschings-Spezialausgaben – Vorlagenwerke wie: Sault, Leon, *L'Art du Travestissement*, Paris 1885 oder Holt, Arden, *Fancy Dresses Described or What to Wear at Fancy Balls*, London 1887.

Zeit mit dem Life Ball spezifische lokale Ausprägungen. Höfische Maskeraden boten der Aristokratie jedoch keineswegs die Möglichkeit, hierarchischen Zwängen zu entkommen, sondern waren genauso streng reglementiert und entsprachen dem Zeremoniell – wenn auch in Verkleidung. [8]

Aus dem Hofleben der Habsburger des 17. bis 19. Jahrhunderts sind zahlreiche Exempel für inszenierte und natürlich nur vermeintliche Überschreitungen von Standesbarrieren bekannt, etwa Maria Theresia als Wirtin zum Schwarzen Adler, Marie Antoinettes bukolische Klassentravestie oder auch Beispiele für das Übertreten von Landes- und Zeitgrenzen, wiederum Maria Theresia nun im Turquerie-Kostüm oder später Kaiserin Elisabeth in einer ungarisch inspirierten Krönungsrobe des Pariser Couturiers Charles Frederick Worth 1867 sowie auch zuvor Leopold I. und Margarita Teresa porträtiert „all'antica" 1667, bis hin zu außerordentlichen Beispielen einer Überwindung von Geschlechtergrenzen, als sich Erzherzog Ludwig Viktor alias „Luziwuzi" in Damenkleidern fotografieren ließ – eine Darstellung, die freilich (noch) nicht für ein großes Publikum bestimmt war.

Solche theatralischen Inszenierungen in Rollen- oder Kostümporträts wurden wohl primär für eine bildliche und durchaus politisch gemeinte Repräsentation konzipiert und nicht zwingend als launige Maskerade bei einem Fest ausgeführt. [9]

Ein Kleid aus der Sammlung des MAK – 1983 als „Austria-Kostüm" inventarisiert – mag als Paradebeispiel für das politische Kostüm des 19. Jahrhunderts gelten und repräsentiert auch den zeittypischen Denkmalkult des Historismus. Es ist plausibel, dass es für ein Tableau vivant anlässlich einer kostümierten Veranstaltung oder während eines Festzugs [10] getragen wurde. Das Kostüm aus aristokratischem Vorbesitz fand seinen Weg in die Museumssammlung gemeinsam mit einer Porträtfotografie der darin gekleideten Trägerin, [11] Mathilde Gräfin von Attems, Freiin von Heiligenkreuz, geb. Schürer von Waldheim, geboren in Wien im Jahr 1868 und verstorben 1942 in Graz. Die Fotografie wurde vom Atelier Edmond Jelussich, ansässig im adriatischen Kurort Abbazia, dem heutigen Opatija, angefertigt. Möglicherweise ist die Aufnahme jedoch auch in Pörtschach am Wörthersee entstanden, wo der Hoffotograf Jelussich eine Sommerfiliale unterhielt. [12] Durch die im Etikett genannten Herstellerinnen lässt sich die Entstehungszeit des Kostüms eingrenzen. Das betreffende Unternehmen wurde zwischen 1893 [13] und 1906 [14] von Johanna Grohmann und Leopoldine Nähr am Kärntner Ring Nr. 6 in Wien geführt. Der taillierte Schnitt des Oberteils mit den voluminösen Ärmeln lässt eine Datierung zwischen 1895 und 1900 annehmen. Es ist daher nicht unwahrscheinlich, dass die einstige Besitzerin das Kostüm sogar noch vor oder kurz nach ihrer Hochzeit 1898 mit Viktor Reichsgraf von Attems-Heiligenkreuz, dem Präsidenten der österreichischen Seebehörde in Triest und Komtur des Franz-Joseph-Ordens, getragen hat, was wiederum auf Abbazia als Entstehungsort der Fotografie hindeuten könnte. [15]

8) Schnitzer, Claudia, *Höfische Maskeraden. Funktion und Ausstattung von Verkleidungsdivertissements an deutschen Höfen der frühen Neuzeit*, Tübingen 1999, v. a. 50–52 und 58–59. Vgl. auch: Vogel, Juliane, „,Verwandlung geht im Schwang'. Bemerkungen zur höfischen Maskerade", in: Haag, Sabine/Swoboda, Gudrun (Hg.), *Feste Feiern. 125 Jahre Jubiläumsausstellung*, Ausst.-Kat., Wien 2016, 73–76.     9) Anonym, „Augustus invenit – August der Starke als Festregisseur", in: Schnitzer, Claudia/Hölscher, Petra (Hg.), *Eine gute Figur machen: Kostüm und Fest am Dresdner Hof*, Ausst.-Kat. Kupferstich-Kabinett Dresden 2000, 146–177, hier 177.     10) Krasa-Florian deutet Festzüge als künstlerische Manifestationen und „Folge von Tableaux [Vivants] auf einem [Fest]wagen", siehe Krasa Florian, Selma, *Die Allegorie der Austria, Die Entstehung des Gesamtstaatsgedankens in der österreichisch-ungarischen Monarchie und die bildende Kunst*, Wien/Köln/Weimar 2007, 88.     11) Die am Foto erkennbaren Accessoires Schild, Kopfschmuck und Umhang sind nicht erhalten.     12) Die Attems verbrachten ihre Sommerfrische häufig in Kärnten. Vgl. z. B. *Grazer Tagblatt*, 24.7.1908, 7.     13) *Amtsblatt zur Wiener Zeitung* Nr. 239, 18.10.1904, 424.     14) *Neue Freie Presse*, 11.7.1906, 20.     15) Bis zur Scheidung 1898 war Mathilde Schürer von Waldheim ab 1887 in erster Ehe mit Rudolf Freiherr Marschall von Altengottern (gest. 1903, Ehrenritter des Johanniterordens und k. k. Leutnant) verheiratet. Vgl.: Perthes, Julius, *Gothaisches genealogisches Taschenbuch der freiherrlichen Häuser*, Gotha 1918, 513.

Zahlreiche Anlässe, zu denen vergleichbare Austria-Kostüme getragen wurden, sind in Presseberichten der zweiten Hälfte des 19. Jahrhunderts erwähnt, wie etwa Tableaux, Wohltätigkeitsveranstaltungen[16] und Blumenkorsos.[17] Zeitgenossen kritisierten sogar deren inflationären Einsatz, der bis auf die Theaterbühnen reichte.[18] Beim Makart-Festzug[19] 1879 und auch 1908 beim Kaiser-Huldigungs-Festzug stellten Austria-Kostüme wichtige Elemente der patriotischen Inszenierung dar.

Vor allem in der zweiten Hälfte des 19. Jahrhunderts erfreute sich die weibliche Personifikation von Nationen in Europa wachsender Beliebtheit. Die Darstellungen kamen als Bauplastiken, auf öffentlichen Plätzen sowie auf Gemälden zum Einsatz. Sie bildeten Gegenpole zu den zumeist männlichen Herrscherstatuen, deren heroische Repräsentation den öffentlichen Raum bislang dominiert hatte.[20] Die Ikonografie der Nation war flexibel, so konnte diese Art der weiblichen Personifikation unterschiedliche Bedeutungen und Gewichtungen zum Ausdruck bringen. Frühe Allegorien der Austria waren eng mit dem Kaiserhaus verknüpft. Zu Beginn des 19. Jahrhunderts wurden antikisierende Austria-Figuren beliebt. Im Verlauf des 19. Jahrhunderts wurden Allegorien der Austria auch als problematisch wahrgenommen, da sie vor allem mit dem deutsch-österreichischen Teil des Reichs verknüpft waren. 1848 entstand sogar eine „Austria Constitutionella", dargestellt mit einer Mauerkrone, die als Symbolfigur des Bürgertums galt, anstelle des Erzherzogshuts.

An der Heraldik des Austria-Kostüms der Gräfin Attems, auch im Vergleich mit Austria-Kostümen aus dem Theaterbereich, fällt die Gestaltung des Wappens auf, das unter der Rudolfinischen Hauskrone am Brustschild des Doppeladlers das Wappen Wiens zeigt.

Es ist daher wahrscheinlich, dass dieses im kaisernahen Umfeld getragene patriotische Kostüm das Zentrum des Reichs und damit Österreich und seine Regierung repräsentierte.

Im Zuge einer „Verbürgerlichung der Monarchie", die im Europa des 19. Jahrhunderts um sich griff, wurde der öffentliche Raum zu einem bedeutenden Austragungsort herrschaftlicher Repräsentation. Neben der zeittypischen Denkmalkultur und der architektonischen Gestaltung des urbanen Raums (Ringstraße) zählten auch festliche Inszenierungen zu deren beliebten Instrumenten.[21] So ist auch das hier behandelte Kostüm als Medium öffentlicher Erinnerungspolitik[22] anzusehen. Der volkspädagogische Makart-Festzug mit seinen anlässlich des kaiserlichen Hochzeitsjubiläums auf Festwägen repräsentierten Ständen kann dementsprechend auch als nationalpatriotisches Fest und Ausdruck eines „Bürgerkönigtums" gedeutet werden.[23]

Während es zur Zeit des Absolutismus – gemäß jenem Ludwig XIV. zugeschriebenen Diktum „L'état, c'est moi!" – noch dem Herrscher oblag, den Staat in kostbaren Gewändern und Kostümen zu verkörpern, so verdeutlicht das Austria-Kostüm, dass es im ausklingenden 19. Jahrhundert und somit gegen Ende der Habsburgermonarchie

16) *Linzer Tages-Post*, 20.11.1879, 3.    17) *Neuigkeits-Welt-Blatt*, 22.7.1890, 2. Bogen. Zum Aufkommen der Tableaux vivants im Zusammenhang mit Austria-Personifikationen siehe v. a.: Krasa-Florian 2007 (s. Anm. 10), v. a. 87–92.    18) Siehe Kapitel „Die Austria in der Bildenden Kunst", in: Telesko, Werner, *Geschichtsraum Österreich: Die Habsburger und ihre Geschichte in der Bildenden Kunst des 19. Jahrhunderts*, Band 1, Wien/Köln/Weimar 2006, 64–68, v. a. 66–67.    19) Hartmann, Wolfgang, *Der historische Festzug: seine Entstehung und Entwicklung im 19. und 20. Jahrhundert*, München 1976, 140–141.    20) Weibliche Allegorien, die Tugenden, Elemente, Kontinente, Flüsse oder Städte darstellten, waren natürlich schon zuvor im Stadtbild präsent.    21) Das Monarchiejubiläum wurde in Wien spätestens 1873 als Medium entdeckt. Siehe: Mergen, Simone, *Monarchiejubiläen im 19. Jahrhundert, die Entdeckung des historischen Jubiläums für den monarchischen Kult in Sachsen und Bayern*, Leipzig 2005, 292.    22) Wienfort, Monika, *Monarchie im 19. Jahrhundert*, Berlin/Boston 2019, vgl. v. a. Kap. 8: „Repräsentation: Feste, Jubiläen und Denkmäler", 103–115.    23) Im 19. Jahrhundert vollzog sich eine Trennung von Amt und Person des Herrschers, der damit als Person nicht mehr in den Vordergrund gerückt wurde. Vgl.: Barth, Volker, *Inkognito: Geschichte eines Zeremoniells*, München 2013, 21.

kostümierten Bürgerinnen, wenn auch wie in unserem Fall adeliger Herkunft, möglich wurde, ihren demokratischen Beitrag – in gebotener weiblicher Passivität – zur Repräsentation ihres Staates sichtbar zu machen.

Nicht nur der Absolutismus war stark theatralisch geprägt – auch im 19. Jahrhundert waren festliche Inszenierungen und Kostüme beliebt. Im Anschluss an die Französische Revolution gedieh in der Habsburgermonarchie neben der adeligen vermehrt auch eine bürgerliche und gleichzeitig monarchisch geprägte Verkleidungskultur als Teil der bürgerlichen Kultur des 19. Jahrhunderts.

Eine umgearbeitete „Robe à la Française" des 18. Jahrhunderts im Rijskmuseum, deren familiäre Wiederverwendung auf zwei Kostümbällen 1896 und 1925 belegt ist (Abb. S. 290/91), sowie ein Champagnerkostüm der Edwardianischen Jahrhundertwende im Fashion Museum in Bath (Abb. S. 288/89) – diese Kostümempfehlung findet sich beispielsweise auch in Arden Holts Kostümierungs-Vorlagenwerk *Fancy Dresses Described or What to Wear at Fancy Balls* aus dem Jahr 1887 – repräsentieren zwei anschauliche Beispiele für diese bürgerliche Verkleidungskultur, die sich ab dem 19. Jahrhundert mit der Demokratie in Europa entwickelte. Wie eine Fotografie aus dem Atelier Adèle, die fünf Varietédamen zeigt, belegt, war dieses Kostüm wohl auch in Österreich beliebt. (Abb. S. 281)

Partly until the early 19th century, rigid clothing laws prevailed in Europe. Until their abolishment, they guaranteed compliance with class boundaries and therefore were supposed to stabilize societal hierarchies.[1]

Even though today in the democracies of the Global North dress codes may, in general, no longer be that strict, if you are "stately dressed" on a festive occasion—etymologically stately stems from state—, you are metaphorically wearing a "state dress,"[2] i.e. the gala attire that would also have been appropriate for a festive event at court.

Although, to this day, it is common practice to dress up for festive events, and sometimes the wearers actually appear rather costumed in their somewhat impractical robes, some festivities provide clear opportunities to dress up in fancy dresses and escape—at least seemingly—the constraints of one's own role(s).

The lines between a robe and a costume are not necessarily clear and can also historically not always be drawn in retrospect. Of course, getting dressed is always also a form of dressing up or assuming a role the cloths aim to communicate to the outside world. The historical term "costume," which to this day is applied in "costume history"[3] and not only means fancy dress costumes but primarily clothing—in the sense of regional historical "dresses" and "fashion"—has preserved this ambiguity.[4]

Like in many other collections, only a few examples of fancy dresses have been preserved in the MAK's Collection.[5] In our context, it is significant that although costumes of the "hunting group" of the Makart parade, which were executed by Carl Giani, were already exhibited in 1879 for the Emperor's silver wedding anniversary at the Imperial and Royal Museum of Art and Industry (today's MAK), they were not purchased for the collection.[6]

By the Middle Ages, phantasy costumes were widely popular in Europe.[7] The common phenomenon of disguising oneself and dressing up on the occasion of mummers' plays, carnival, or fancy dress parties climaxed, as is well known, in culture at court during Absolutism as part of courtly divertissement at fancy dress parties, carousels, hunts, or sleigh rides. In Austria, it found its local forms of expression in the course of history in "Redouten," "Gschnasfeste," and most recently the "Life Ball." However, courtly masquerades in no way gave aristocracy the chance of escaping hierarchical constraints but were just as strictly regulated and aligned with the ceremonial—albeit in fancy dress.[8]

1) Before Modernity, clothes primarily served the purpose of social distinction. Only in the 18th century, the heteronormative, bourgeois social order with a binary separation of genders developed. It ascribed the drive for fashionable decoration - characterized as irrational - to the female sphere. Classical fashion theories of the 20th century like Georg Simmel's *Philosophy of Fashion* (1905) or John Carl Flügel's *The Psychology of Clothes* (1930) reflect these attributions. Comp.: Lehnert, Gertrud/Bünning, Jenny/Maydell, Miriam von (ed.), *Mode und Gender. Gender. Zeitschrift für Geschlecht, Kultur und Gesellschaft* (10) 3 2018, above all 7–8.     2) This term did not distinguish between women's and men's clothing.     3) For the German equivalent of this term, "Kostümgeschichte" comp., e.g., Jacob von Falke's "Costümgeschichte der Culturvölker" 1881. As of 1864, Falke worked at the then Imperial Royal Austrian Museum of Art and Industry (today's MAK) as a curator, as of 1885 he was the Director. He focused on different cultural and historic topics—from interior design to clothing. In 1891, he was responsible for the first major "costume exhibition" at the MAK together with Alois Riegl and Karl Masner. Liturgical robes as well as phantasy costumes and imitations of historical clothes were not shown in this exhibition. At the time when the science of costumes rose in the 19th century, clothes were categorized following historical and ethnographic aspects, fashion that underwent changes was differentiated from traditional (national) costume. Comp.: Houze, Rebecca, *Textiles, Fashion and Design Reform in Austria-Hungary before the First World War*, Surrey/Burlington 2015, above all 253–257. In those days it was also common among artists and at theatres to wear historical clothing as costumes. For example, among the objects in the Makart costume inventory there is an adapted "court dress" from the time of Louis XIV. See: Weitner, Bettina, *Das Kostüm bei Hans Makart. Seine Auseinandersetzung mit Historie in Malerei, Theater, Festzug und Künstlerfest*, München 2017, 86.     4) The German word "Kostüm" (from Latin „consuetudo": habit, custom) may also denote a combination of skirt and jacket for ladies. For etymological origins of the term in other European languages as well as general considerations on the history of fancy dresses comp. Wild, Benjamin, *Carnival to Catwalk. Global Reflections on Fancy Dress Costume*, London/New York 2020, esp. 1–32.     5) At European museums of applied art like the MAK, especially in the second half of the 19th century, costume collections were initiated with the primary goal of documenting textile techniques. Few oftentimes adapted historical pieces of clothing that were revived as carnival or theatre costumes due to the enthusiasm for history during Historicism survived in the classical collections as they were mostly not considered worth being collected. Even fancy dresses made specifically for the fancy dress balls of the 19th century—so to say the bourgeois revival of the masquerade balls at court in earlier centuries—were rarely valued by museums. Liturgical robes and phantasy costumes as well as imitations of historical clothing were excluded from the first "costume exhibition" in 1891 at the MAK. At the same time, it was emphasized that the exhibited pieces could serve as examples for carnival. Comp.: Falke, Jakob von, *Führer durch die Costüm-Ausstellung*, Vienna 1891, V.     6) *Wiener Zeitung*, 27.5.1879, 15.     7) Contrary to common misbelief, fancy dresses also change with the fashion of the time. For the fancy dress fashion in the late 19th century in Europe see, in addition to contemporary fashion magazines—here especially the carnival editions—, guideline books like: Sault, Leon, *L'Art du Travestissement*, Paris 1885 or Holt, Ardern, *Fancy Dresses Described or What to Wear at Fancy Balls*, London 1887.

From the courtly lives of the Habsburgs between the 17th and 19th century, numerous examples of staged and naturally only seeming transgressions of class boundaries are known. For example, Maria Theresia as the innkeeper of the Schwarzer Adler, Marie Antoinette's bucolic class travesty, or also examples of the trespassing of country borders or time boundaries like again Maria Theresia now in a Turkery costume or future Empress Elisabeth in 1867 in a Hungary-inspired coronation robe by the Parisian couturier Charles Frederick Worth as well as previously Leopold I and Margarita Teresa portrayed "all'antica" in 1667, all the way to unusual examples of crossing gender boundaries in the case of Archduke Ludwig Viktor alias "Luziwuzi" who had his photo taken in women's clothes—a picture that was of course not (yet) meant for a wide audience.

Such theatric presentations in role or fancy dress portraits were most likely primarily conceived as visual and indeed political representations and not necessarily performed at a party as a witty masquerade. [9]

A dress from the MAK's collection—inventoried in 1983 as "Austria costume"—can serve as a prime example of a political costume in the 19th century, and it also represents the monument culture typical of the time of Historicism. It is likely to have been worn for a tableau vivant at a fancy dress event or during a parade. [10] The costume, which was previously owned by an aristocrat, joined the museum's collection together with a portrait photography of the person wearing it, [11] Mathilde Countess of Attems, Baroness von Heiligenkreuz, née Schürer von Waldheim, born in Vienna in 1868 and died in Graz in 1942. The photograph was taken by the studio of Edmond Jelussich located in the Adriatic seaside resort of Abbazia, today's Opatija. Possibly, however, the photograph was taken in Pörtschach at Lake Wörth where court photographer Jelussich had a summer branch of his studio. [12] The time window the costume was made in can be narrowed down by the producers named in the label. The respective company was run between 1893 [13] and 1906 [14] by Johanna Grohmann and Leopoldine Nähr on Kärntner Ring No 6 in Vienna. The waisted cut of the top with the voluminous sleeves suggests a date between 1895 and 1900. Therefore, it is not unlikely that the costume's former owner wore it before or shortly after her wedding in 1898 with Viktor Reichsgraf von Attems-Heiligenkreuz, the President of the Austrian admiralty in Trieste and Commander of the Franz-Joseph-Order, which in turn speaks for Abbazia as the more likely place of origin. [15]

Numerous events to which comparable Austria costumes were worn are mentioned in newspaper reports in the second half of the 19th century like, for example, tableaux, charity events, [16] and flower parades. [17] People at the time even criticized their inflationary use, which reached all the way to theatre stages. [18] At the Makart parade [19] in 1879 and also in 1908 at the parade worshiping the Emperor, Austria costumes were important elements of patriotic presentation. Especially in the second half of the 19th century, the female personification of nations in Europe became increasingly popular.

8) Schnitzer, Claudia, *Höfische Maskeraden. Funktion und Ausstattung von Verkleidungsdivertissements an deutschen Höfen der frühen Neuzeit*, Tübingen 1999, above all 50–52 and 58–59. Also comp.: Vogel, Juliane, „‚Verwandlung geht im Schwang'. Bemerkungen zur höfischen Maskerade", in: Haag, Sabine/Swoboda, Gudrun (ed.), *Feste Feiern. 125 Jahre Jubiläumsausstellung*, Ausst.-Kat., Vienna 2016, 73–76.    9) Anonymous, „Augustus invenit – August der Starke als Festregisseur", in: Schnitzer, Claudia/Hölscher, Petra (ed.), *Eine gute Figur machen: Kostüm und Fest am Dresdner Hof*, Ausst.-Kat. Kupferstich-Kabinett Dresden 2000, 146–177, here 167.    10) Krasa-Florian interprets parades as artistic manifestations and the consequence of tableaux [vivants] on a float, see Krasa Florian, Selma, *Die Allegorie der Austria, Die Entstehung des Gesamtstaatsgedankens in der österreichisch-ungarischen Monarchie und die bildende Kunst*, Vienna/Cologne/Weimar 2007, 88.    11) The accessories shield, head decoration, and cloak visible in photo have not been preserved.    12) Family Attems often enjoyed the summer breeze in Carinthia. Comp., e.g., *Grazer Tagblatt*, 24.7.1908, 7.    13) *Amtsblatt zur Wiener Zeitung* Nr. 239, 18.10.1904, 424.    14) *Neue Freie Presse*, 11.7.1906, 20.    15) This assumption is also strengthened by the fact that Abbazia is mentioned on the front. Until their divorce in 1898, Mathilde Schürer von Waldheim was married to Rudolf Baron Marshal von Altengottern (died 1903, Honorary Knight of the Johanniter Order and Imperial Royal Lieutenant) since 1887. Comp.: Perthes, Julius, *Gothaisches genealogisches Taschenbuch der freiherrlichen Häuser*, Gotha 1918, 513.    16) *Linzer Tages-Post*, 20.11.1879, 3.    17) *Neuigkeits-Welt-Blatt*, 22.7.1890, 2nd sheet. On the rising of tableaux vivants together with Austria personifications see above all: Krasa-Florian 2007 (see footnote 10), above all 87–92.

The illustrations were applied as architectural sculptures, in public places, as well as on buildings. They formed an antipole to the predominantly male statues of rulers, whose heroic representations had dominated the public space until then.[20] The iconography of the nation was flexible and this kind of female personification was able to express different meanings and emphases. Early allegories of Austria were closely tied to the Emperor and his family. At the beginning of the 19th century, antique-like Austria figures became popular. Over the course of the 19th century, allegories of Austria were also considered problematic as they were mostly linked to the German-Austrian part of the Empire. In 1848, an "Austria Constitutionella" was even created which was depicted with a mural crown, the symbol of the bourgeoisie, instead of the Archducal hat.

Regarding the heraldry of Countess Attems' Austria costume—also in comparison with Austria costumes from the field of theatre— the coat of arms attracts attention as it shows the coat of arms of Vienna under the Imperial Crown of Austria on the shield of the double-headed eagle.

It is therefore likely that this patriotic costume that was worn in the environment of the imperial court represented the center of the Empire and thus Austria and its government.

With the monarchy adapting characteristics of the bourgeoisie, a process that gained ground in Europe in the 19th century, the public space became an important place for the exhibition of representation of power. In addition to monuments typical of the time and the architectural design of the urban space (Ringstraße), festive performances were also a popular means.[21] Thus, the costume discussed here is also to be seen as a medium of public remembrance.[22] The Makart parade—which also aimed at educating the people—with the estates represented on floats on the occasion of the Emperor's wedding anniversary can consequently also be interpreted as a national-patriotic fest and the expression of "citizen kingship."[23]

While during the time of Absolutism—following the dictum "L'état, c'est moi!" attributed to Louis XIV—it still rested upon the ruler to embody the state with valuable robes and fancy dress costumes, the Austria costume illustrates that in the late 19th century and therefore towards the end of the Habsburg monarchy it became possible for costumed citizens, although, like in our case, of noble descent, to display their democratic contribution—in due female passivity—to representing their state.

18) See chapter „Die Austria in der Bildenden Kunst", in: Telesko, Werner, *Geschichtsraum Österreich: Die Habsburger und ihre Geschichte in der Bildenden Kunst des 19. Jahrhunderts*, Volume 1, Vienna/Cologne/Weimar 2006, 64–68, above all 66–67.    19) Hartmann, Wolfgang, *Der historische Festzug: seine Entstehung und Entwicklung im 19. und 20. Jahrhundert*, Munich 1976, 140–141.    20) Female allegories like virtue, elements, continents, rivers, or cities had already previously been present in the cityscapes.    21) At the latest by 1873, the anniversary of the monarchy as a medium was discovered in Vienna. See: Mergen, Simone, *Monarchiejubiläen im 19. Jahrhundert, die Entdeckung des historischen Jubiläums für den monarchischen Kult in Sachsen und Bayern*, Leipzig 2005, 292.    22) Wienfort, Monika, *Monarchie im 19. Jahrhundert*, Berlin/Boston 2019, comp. above all chapter 8: „Repräsentation: Feste, Jubiläen und Denkmäler", 103–115.    23) In the 19th century, the separation of office and person of the ruler took place. Therefore, the ruler as a person no longer took center stage. Comp.: Barth, Volker, *Inkognito: Geschichte eines Zeremoniells*, München 2013, 21.

Not only Absolutism had strong theatrical influences—in the 19th century, festive performances and costumes were also popular. Following the French Revolution, in addition to the noble one a bourgeois and at the same time monarchic fancy dress culture flourished in the Habsburg monarchy as part of the bourgeois culture of the 19th century.

Two vivid examples show this bourgeois fancy dress costume culture, which began to develop in the 19th century with democracy in Europe. An adapted "Robe à la Française" from the 18th century in the collection of the Rijksmuseum, which was re-worn within the family on two fancy dress balls in 1896 and 1925 (fig. pp. 290/91) as well as an Edwardian champagne dress from the turn of the century from the Fashion Museum in Bath (fig. pp. 288/89)—this fancy dress recommendation can, for example, also be found in Ardern Holt's Fancy Dress Guide *Fancy Dresses Described or What to Wear at Fancy Balls* from 1887. As a photograph from Studio

Adèle that shows five Variety showgirls proves, this fancy dress also seems to have been quite popular in Austria. (Fig. p. 281)

Atelier Adèle
Fotografie *Fünf Varietégirls*, 1890
Photograph *Fünf Varietégirls* [Five Variety Girls],1890
Silbergelatineabzug       Gelatin silver print
ÖNB, Bildarchiv

Deutsch    English

Stattlich ge- oder verkleidet?    Stately Dressed or Dressed Up?
(Lara Steinhäußer)

**Hofschauspielerin Hedwig Bleibtreu-Römpler als „Austria" beim Kaiser-Huldigungs-Festzug**
Court actress Hedwig Bleibtreu-Römpler as "Austria" at the Kaiser-Huldigungs-Festzug (parade worshiping the Emperor)
In: *Das interessante Blatt*, 28.5.1908, 8
ANNO/ÖNB

Atelier Adèle
**Fotografie der Hofschauspielerin Hedwig von Haentjens als „Austria" im Stück** *Rund um Wien*, **1894**
Photograph of court actress Hedwig von Haentjens as "Austria" in the play *Rund um Wien*, 1894
KHM-Museumsverband

Fritz Luckhardt
**Fotografie** *Fr. Fermon als „Austria"*, **undatiert (2. Hälfte 19. Jahrhundert)**
Photograph *Fr. Fermon als „Austria"* [Ms. Fermon as "Austria"], undated (2nd half 19th century)
KHM-Museumsverband

Deutsch    English

Stattlich ge- oder verkleidet?    Stately Dressed or Dressed Up?
(Lara Steinhäußer)

Austria-Kostüm aus dem Besitz der (späteren) Gräfin Mathilde von Attems, um 1898
Zweiteilig; Seide, Lamé, Perlen
Hersteller laut Etikett: Grohmann und Nähr, Kärntner Ring 6
Austria costume from the belongings of the (future) Countess Mathilde von Attems, ca. 1898
Two parts; silk, lamé, pearls
According to the label manufactured by Grohmann und Nähr, Kärntner Ring 6
MAK, T 11283-1

Deutsch    English

Stattlich ge- oder verkleidet?    Stately Dressed or Dressed Up?
(Lara Steinhäußer)

Atelier E. Jelussich
**Porträtfotografie der (späteren) Gräfin Mathilde von Attems im Austria-Kostüm, Abbazia/Opatija, um 1898**
**Portrait photograph of the (future) Countess Mathilde von Attems in an Austria costume, Abbazia/Opatija, ca. 1898**
**Silbergelatineabzug    Gelatin silver print**
MAK, T 11283-3

Hans Canon
Wilhelm Wartenegg in einem Kostüm des 17. Jahrhunderts, 1871
Wilhelm Wartenegg in a costume of the 17th century, 1871
Öl auf Leinwand      Oil on canvas
Belvedere, Wien      Vienna

Anonym    Anonymous
Champagnerflaschen-Kleid, getragen von Ada Power, 1904
Champagne bottle dress, worn by Ada Power, 1904
Fotografie    Photograph
Fashion Museum, Bath

**Anonym      Anonymous**
**Champagnerflaschen-Kleid mit Hut, 1904**
**Champagne bottle dress and hat, 1904**
**Grüner Baumwollsamt, Goldmetallic-Garn, Tüll      Green cotton velvet, gold metallic thread and net**
**Fashion Museum, Bath**

Anonym Anonymous
Robe à la française, Frankreich France, 1760/1896/1925
Seidenstickerei, Baumwolle Silk embroidery, cotton
Rijksmuseum, Amsterdam

Gastone Zemel
**Kostüm für einen Maskenball, 1928**
**Fancy dress for a masked ball, 1928**
Textil, Pailletten      Textile, sequins
TIRELLI TRAPPETTI Collection, Rom      Rome

294

Marianne (My) Ullmann
Kostümentwurf *Handschuh*, 1933
Fancy dress design *Handschuh* [Glove], 1933
Kohle auf Transparentpapier, Tempera        Coal on transparent paper, tempera
Universität für angewandte Kunst Wien, Kunstsammlung und Archiv        University of Applied Arts Vienna, Collection and Archive

Marianne (My) Ullmann
**Kostümentwurf** *Hutschachtel*, 1933
**Fancy dress design** *Hutschachtel* [Hat Box], 1933
**Kohle auf Transparentpapier, Tempera**     **Coal on transparent paper, tempera**
**Universität für angewandte Kunst Wien, Kunstsammlung und Archiv**     **University of Applied Arts Vienna, Collection and Archive**

Sports Banger
*NRG!* Kleid aus der *The People Deserve Beauty* Kollektion, 2022
*NRG!* dress from *The People Deserve Beauty* collection, 2022
Poly-Satin, digital bedruckt    Digitally printed poly-satin
Sports Banger, London

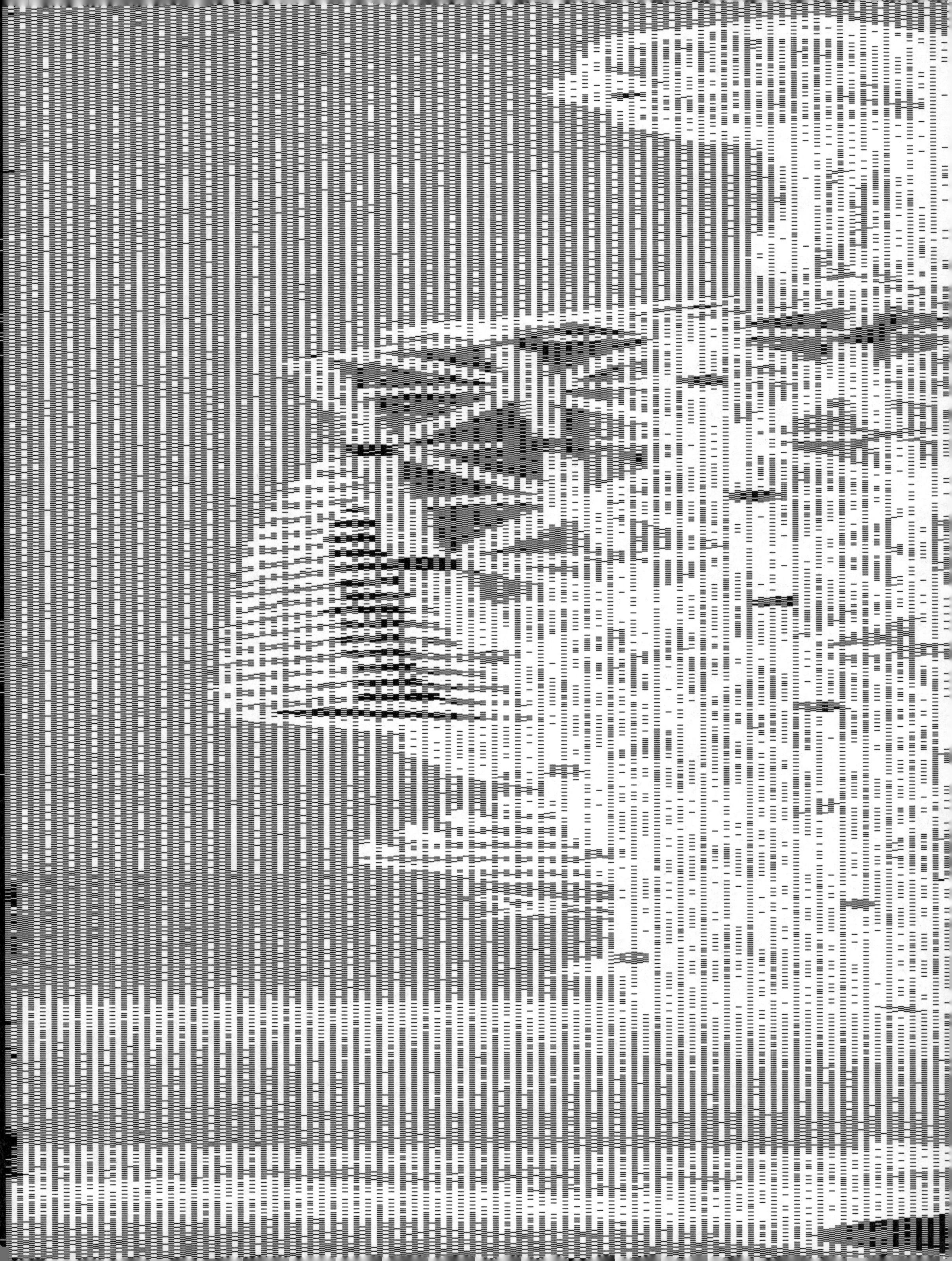

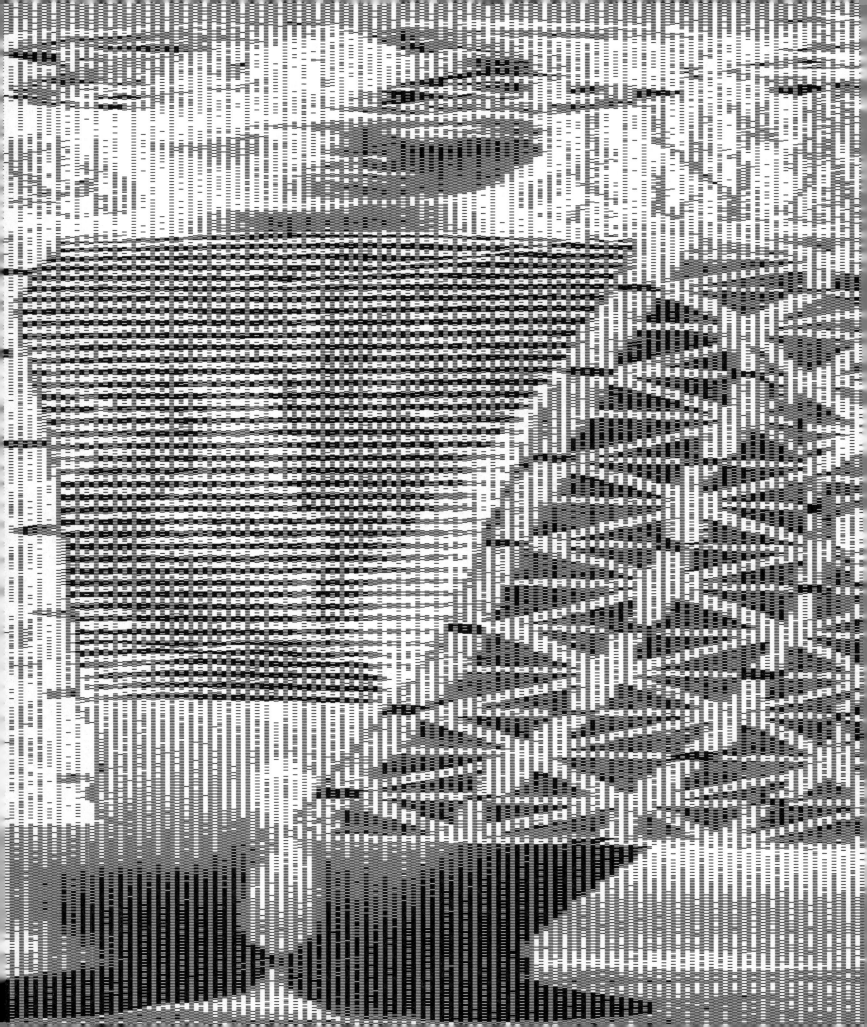

# FESTKUNST.
## Feiern mit Wiener Werkstätte, Künstlerhaus und Secession

# FEST ART:
## Celebrating with the Wiener Werkstätte, Künstlerhaus, and Secession

## (Anne-Katrin Rossberg)

Es wurde viel gearbeitet und viel gefeiert. Und es wurde intensiv daran gearbeitet, diese Feiern legendär werden zu lassen. Vally Wieselthier, wohl die bekannteste Künstlerin der Wiener Werkstätte (WW), beschreibt in ihren Erinnerungen aus der Wahlheimat New York die aufwendigen Vorbereitungen zu den Festen der sogenannten Künstlerwerkstätte. Einladungen wurden entworfen, Kostüme genäht und die Räume in einen Urwald verwandelt, um eine „Nacht auf Tahiti" verbringen zu können. (Abb. 1, 2) Das größte Fest sei 1928 die Gartenparty anlässlich des 25-Jahr-Jubiläums der WW im Augarten gewesen, deren Dekorationen am Ende als heiß begehrte Andenken einfach mitgenommen wurden. (Abb. 3)

> We all worked for four or six weeks with the help of all the pupils from the Kunstgewerbeschule [...]. I remember having made an „Alley" of twelve life-sized figures of cardboard with heads and hands of papiermaché [sic], dressed in all sorts of gold, silver, and crepe papers. They were posed in the garden, beneath the trees, lit with [lampions], also all made by us. At seven o'clock in the morning, there was no one left. Everyone that had a car, had tried and succeeded in stealing one. [1]

Die Tagespresse bezeichnete das Fest als Höhepunkt der Jubiläumsveranstaltungen, beschrieb ausführlich die illustren Gäste und unterhaltsamen Einlagen, darunter die Wiederbelebung des sagenhaften Cabaret Fledermaus: Egon Friedell als Conférencier präsentierte etwa Lina Loos, die aus Werken Peter Altenbergs vortrug, oder die WW-Künstlerin Mathilde Flögl mit einer „Grotesk-pantomime". [2] (Abb. 4)

Vally Wieselthier war offenbar die treibende Kraft hinter diversen Künstlerfesten, davon zeugt neben ihren Aufzeichnungen auch eine Reihe von Einladungskarten, die sie gestaltete. (Abb. 5) Nachdem die Künstlerin im Herbst 1928 zu einer Ausstellungseröffnung nach New York gereist war und bald darauf entschieden hatte zu bleiben, richtete sie dort das Kostümfest der Künstlervereinigung Contempora aus, worauf in einem Artikel der Zeitschrift *Deutsche Kunst und Dekoration* eigens hingewiesen wurde. [3] (Abb. 6) Wieselthier hatte dafür die Verkleidungen entworfen sowie Wände und Lampenschirme bemalt. Kongenial dazu gepasst hätten die extravaganten Kostümentwürfe ihrer Wiener Kolleginnen Mathilde Flögl und Maria Likarz ebenso wie ein „Hochhaus"-Kostüm aus der Modewerkstatt der WW. (Abb. 7–9)

Feste boten in der Wiener Werkstätte immer Anlass zu – nicht nur ephemerer – künstlerischer Gestaltung. Als Josef Hoffmann 1920 seinen 50. Geburtstag feierte, überreichten ihm seine Mitarbeiter*innen eine von Dagobert Peche entworfene Ehrengabe. Die opulente Silberarbeit besteht aus einem Zweig mit Früchten, die sich öffnen lassen und weitere Preziosen bereithalten; eine separate Grußadresse versammelt die Unterschriften der Gratulant*innen. Fünf Jahre später schenkte Hoffmann das Objekt dem heutigen MAK als beispielhaftes Erzeugnis seiner „Productivgenossenschaft für Kunsthandwerker", als die die WW 1903 gegründet worden war. (Abb. 10)

1) Wieselthier, Vally, *Biography of Miss Vally Wieselthier* [o. J.], unveröff. Typoskript, Galerie St. Etienne, New York, 4.    2) „Die Wiener Werkstätte jubiliert", in: *Neues Wiener Journal*, 1.6.1928, WWAN 85-1604.    3) O. L., „Vally Wieselthier's Ausstellung in New York", in: *Deutsche Kunst und Dekoration* (64) 1929, 41.

# Weihnachten mit der Wiener Werkstätte

Von Beginn an wurde inszenierten Feiern im Sinne des Gesamtkunstwerks viel Aufmerksamkeit geschenkt. Für das Weihnachtsfest im Haus von Editha Mautner v. Markhof 1905 entwarf Hoffmann ein Arrangement aus fünf Weihnachtsbäumen, die durch Girlanden und ein Gespinst aus weißen Spalieren verbunden waren. Ein weiteres Beispiel ist die Ausstellung *Der gedeckte Tisch*, die 1906 in den Räumlichkeiten der WW stattfand. Sie präsentierte neben einer Geburtstags-, Jubiläums- und Hochzeitstafel auch einen Künstlertisch. (Abb. 11, 12) Mit den Blumengirlanden und einer Plastik von George Minne in der Mitte glich er der Tafel eines Abendessens, das der Unternehmer und Finanzier der WW, Fritz Waerndorfer, für seine Freunde Josef Hoffmann, Gustav Klimt und Carl Otto Czeschka im selben Jahr ausgerichtet hatte. „Und vor so einem Gedicht soll man jetzt essen?", habe Klimt angesichts des Dekors gefragt, so Waerndorfer in einem Brief. Doch der Vorbehalt währte nicht lange und schlug nach der Mehlspeise in Übermut um, als „Klimt in meinem armen Garten [ein Foot-Ball-Match] arrangierte, bis der Ballen in die Fensterscheiben meines Nachbarn um 12 Uhr Nacht hineinflog".[4] Es ist wohl ein Phänomen der Festkultur und muss auch so sein, dass sich all die Pracht und Perfektion am Ende auflöst für einen Neubeginn.

Auf Waerndorfer als Mäzen der Wiener Werkstätte folgte der Bankier Otto Primavesi, für den Hoffmann 1913/14 ein Landhaus im mährischen Winkelsdorf/Kouty nad Desnou errichtet hatte. Hier fanden legendäre Feste statt, die unter verschiedenen Mottos standen.

Den Jahreswechsel 1917/18 feierte man mit einem „Ägyptischen Fest" und hielt die in WW-Stoffe gehüllten Gäste, darunter auch Gustav Klimt und Anton Hanak, auf diversen Fotos fest. Die Ausdruckslosigkeit der Abgebildeten hat immer befremdlich gewirkt, doch gab eine kaum beachtete Quelle nun Aufschluss über das Motto, das die mumienartige Starre der Festgesellschaft mit ihren geschlossenen Augen und gekreuzten Armen erklärt.[5] (Abb. 13)

Geburtstag, Ostern, Weihnachten und Neujahr – all diese Gelegenheiten gaben Anlass zu den vielfältigen Gestaltungen von WW-Postkarten vor und während des Ersten Weltkriegs. (Abb. 14) Beim Künstler-Gartenfest in Weigls Dreherpark Anfang Juni 1907 wurden die ersten Serien präsentiert und an einem eigenen Stand verkauft – unter tatkräftiger Mitwirkung der WW-Unterstützerinnen Lilly Waerndorfer, Sonja Knips und Berta Zuckerkandl. (Abb. 15) Oftmals waren solche Feste Wohltätigkeitsveranstaltungen, hier zugunsten der Vereine Ottakringer Settlement und Mittagstisch des Frauenclubs. Präsidium und Komitee setzten sich aus adeligen Frauen und Professorengattinnen zusammen:

Den originellen Einschlag erhält aber das Gartenfest dadurch, daß sich diese Damen von einer jungen Künstlergarde umgeben haben, welche alle aus den Schulen der Professoren J. Hoffmann, Moser, Czeschka und Böhm stammend, zu den talentiertesten und feinsinnigsten Vertretern des Architektur- und Kunstgewerbefaches gehören. Es soll „mal was anderes" werden, dieses Fest. Die Verkaufsbuden (Arrangement Fritz Zeymer), die Kasperltheater, die Rollbahnen, die Glückshafen [...] und Champagner-

---

4) Brief von Fritz Waerndorfer an Adolphe Stoclet, 31.5.1906, Privatarchiv Christian Witt-Dörring. 5) Steiner, Hedwig, „Gustav Klimts Bindung an die Familie Primavesi in Olmütz", Sonderdruck aus der Vierteljahresschrift *Mährisch-Schlesische Heimat*, Steinheim/Main 1968, 10. Eine Nichte der Primavesis schreibt hier über das „Ägyptische Fest" und die dabei entstandenen Fotos. Den Hinweis auf diese Quelle verdanke ich Markus Fellinger. 6) *Neue Freie Presse*, 26.5.1907, 13.

zelte werden einmal die Banalität des „déjà vu" abweisen. [6]

Glanzvoller Höhepunkt der Veranstaltung war die Pantomime *Die Tänzerin und die Marionette* mit Grete Wiesenthal in der Hauptrolle. Regie führte der spätere Leiter der WW-Modeabteilung Eduard J. Wimmer-Wisgrill, der auch die Ausstattung entwarf. Jutta Sika und Therese Trethan, ehemalige Schülerinnen von Koloman Moser und Mitarbeiterinnen der WW, waren für die Ausführung der Kostüme verantwortlich. (Abb. 16) Bereits 1906 hatte es ein erstes Fest dieser Art in Döbling gegeben, dessen künstlerische Ambition auch das Plakat verriet: Es stammte von Fanny Harlfinger-Zakucka, Gestalterin außergewöhnlicher Spielzeugfiguren, die von der WW vertrieben wurden, und spätere Gründerin der so wichtigen Vereinigung „Wiener Frauenkunst". (Abb. 17, 18)

Die wohltätigen Feste der Wiener Gesellschaft hatten seit dem späten 19. Jahrhundert Tradition und wurden auch in der Zwischenkriegszeit weitergeführt. 1925 richtete Gräfin van der Straaten ein Blumenfest im Schwarzenberggarten aus und ließ sich vor dem WW-Stand, der geschmückt mit Peche-Stoffen und fantastischen Papierblumen heiße Schokolade versprach, für die Presse ablichten.[7] (Abb. 19, 20) Van der Straaten leitete auch das Festkomitee des WW-Jubiläums 1928 und erfüllte damit eine der ehrenamtlichen Aufgaben, die Frauen ihres Standes zukamen.[8]

# Gschnas im Künstlerhaus

Im Gegensatz zu den Festaktivitäten der Wiener Werkstätte, die vorwiegend sich selbst feierte, richtete das Künstlerhaus jedes Jahr zur Faschingszeit Schützen-Kränzchen, Redouten, Gschnas- und Kinderfeste aus. In der zweiten Hälfte des 19. Jahrhunderts spiegelten die Künstlerfeste hauptsächlich das durch die Bilder Hans Makarts befeuerte Interesse an historischen Kostümen wider. Unter dessen Führung sei im Künstlerhaus eines der schönsten Kostümfeste abgehalten worden, erinnerte sich 1929 der Maler Alexander Demetrius Goltz, „unter der Devise ‚Niederländisches Fest', wo die Aristokratie und beste bürgerliche Gesellschaft Wiens in prachtvollen, sogar vielfach echten alten Kostümen erschien".[9] Vor allem aber habe sich das Künstlerhaus mit seinen Gschnasfesten Weltruf erobert, deren Besonderheit es sei, Werte vorzutäuschen, die sich bald als minderwertig entpuppten.

So wurden z.B. bei einem Fest, welches die Devise „Ausflug auf den Kahlenberg" trug, die Besucher bei ihrem Eintritt genötigt, einen Waggon der Drahtseilbahn zu besteigen. Als die Tür des Eisenbahncoupés geschlossen war, und der Wagen sich in Bewegung setzte, mußten die Insassen die Stiege hinauf in den ersten Stock zu Fuß laufen, weil das Vehikel keinen Boden hatte.[10]

Durch einen Ankauf gelangten 1985 über 100 Einladungen zu Künstlerfesten, hauptsächlich solcher der Genossenschaft bildender Künstler Wiens, in die MAK-

7) Herzlichen Dank an Lara Steinhäußer für diesen Hinweis.   8) Lillie, Sophie, „Fürstin Paulines Frühlingsfeste. Weibliche Wohltätigkeit auf dem Weg zur Wiener Moderne", in: Shapira, Elana/Rossberg, Anne-Katrin, *Gestalterinnen. Frauen, Design und Gesellschaft im Wien der Zwischenkriegszeit* (Publikation in Vorbereitung).   9) Goltz, Alexander Demetrius, „Künstlerfeste", in: *Österreichische Kunst* 1 1929, 24.

Sammlung. Sie umspannen einen Zeitraum von 1885 bis 1939 und wurden von bekannten Grafikern gestaltet, darunter Franz Wacik, Adolf Karpellus und Bertold Löffler. Aus ihnen wird ersichtlich, dass die Themen der Feste oft so ausgegeben wurden, dass sie Erwachsenen und Kindern gleichermaßen dienten, auch im Sinne einer Verkehrung der Verhältnisse. Erstere durften sich im „Märchenwald" oder in einer „Spielzeugschachtel" ebenso vergnügen, wie Letzteren eine rasante Weltreise vergönnt war. (Abb. 21, 22) Eher an ein erwachsenes Publikum richteten sich hingegen Mottos wie: „Allotria in Monte Carlo" (1905), „Decadenz" (1907), „Rendezvous der Exzentrischen" (1910) oder „Die entfesselten Museumswände" (1931).

Einen weiteren Fundus an Einladungskarten stellt der Nachlass von Hans Ankwicz-Kleehoven dar, einst Kustos im heutigen MAK und engagierter Sammler österreichischer Gebrauchsgrafik. Neben dem Künstlerhaus als Veranstalter finden sich hier auch die Kunstgewerbeschule, die Kunstschule für Frauen und Mädchen, die Secession und die Vereinigung Wiener Frauenkunst als gastgebende Einrichtungen wieder. Von Letzterer ist eine besondere Faltkarte erhalten geblieben, die den gereimten Inhalt erst in mehreren Schritten freigibt. (Abb. 23)

# Spektakel in der Secession

Noch nicht als Austragungsort, aber mit einer Paraphrase des ersten Secessionsplakates von Gustav Klimt tauchte die Secession um 1903 im Festkontext auf. Anton Kling gestaltete eine entsprechende Einladung für das „Costümfest der Kunstgewerbeschüler", die ihre Feiern im Musik-

verein oder in den Sophiensälen stattfinden ließen. (Abb. 24) Ab 1911 veranstaltete die Secession schließlich jährliche Faschingsredouten und erhöhte die Frequenz während der Zwischenkriegszeit auf zwei Feste pro Saison. Hinsichtlich der künstlerischen Gestaltung durch die Mitglieder und der ausgegebenen Themen stand man dem Künstlerhaus in nichts nach. Da hieß es 1928 „Okkulter Abend" oder 1935 „Hände hoch – Vamps und Gangsters in der Secession" bzw. „Maskerade", möglicherweise in Anspielung auf den im Jahr zuvor herausgebrachten Film von Willi Forst und Walter Reisch.

Eine völlig neue und eigene Ausrichtung schuf die Secession mit ihren sogenannten Spektakelfesten zwischen 1951 und 1961. Hier wurde weitaus konzeptueller gedacht und in den Gestaltungen auf diverse Kunstströmungen Bezug genommen – bei der „Schwarz-Weiß-Redoute" etwa auf die Wiener Moderne, dem „Spektakel 55" auf die abstrakte Kunst oder der „Explo 60" auf den Surrealismus, und bei „Off Limits" erfuhr der Hauptraum als Hommage an Piet Mondrian tatsächlich eine spektakuläre Entgrenzung. (Abb. 25, 26) Die Gestaltungen verantworteten etwa der Designer Eduard J. Wimmer-Wisgrill, der Architekt Karl Schwanzer, die ehemalige WW-Künstlerin Erna Kopriva, die Maler Hans Staudacher, Josef Mikl und Wolfgang Hollegha oder der Architekt Bruno Buzek.

Geschickt wurden Devisen gewählt, die eine Dynamisierung und Entgrenzung des Raumes begünstigten. So wurde zum Beispiel beim „Spiralen Spektakel 56" die Form der Spiralenwindung unzählige Male variiert und durch gezielte Beleuchtungseffekte das Bewegungspotential dieses Motivs noch gesteigert. […] Die Motti

10) Ebd., 25

„Alles elektrisch" (1959) und „Verkehrsspektakel" (1961) wiederum setzten die Räumlichkeiten der Secession durch eine fulminante Lichtregie in Szene. [11]

2001 suchte man an die legendären Spektakel anzuknüpfen und engagierte Werner Würtinger und Heimo Zobernig als Gestalter des Künstlerfestes „2001: Odyssey in Sonic Fiction". Das sehr reduzierte Setting prägte vor allem der Einsatz von Videoprojektionen, die Stanley Kubricks titelinspirierenden Filmklassiker sowie *Dark Star* von John Carpenter und *Solaris* von Andrej Tarkowskij wiedergaben. [12] Der „aufgelegte" Donauwalzer erklang hier nicht, man bevorzugte die angesagten DJs und gab eigens eine Komposition bei Franz Pomassl in Auftrag. So zeugte auch diese Veranstaltung vom Aufwand, den man betrieb, um ein Künstlerfest zu einer Kunstgeschichte werden zu lassen.

11) Szeless, Margarethe, *Das Secessionsfest 2001*, Archiv Secession.     12) Badura-Triska, Eva, „Heimo Zobernig – Künstlerische Biografie und Werkübersicht", in: Museum Moderner Kunst Stiftung Ludwig (Hg.), *Heimo Zobernig: Museum Moderner Kunst Stiftung Ludwig Wien, 7.12.2002–2.3.2003; Kunsthalle Basel, 5.4–23.6.2003; K21 Kunstsammlung Nordrhein-Westfalen, Düsseldorf, 12.7–2.11.2003*, Ausst.-Kat., Köln 2003.

They worked a lot and celebrated a lot. And huge effort was put into making these celebrations legendary. From her adopted home in New York, Vally Wieselthier, probably the most famous woman artist of the Wiener Werkstätte (WW), describes in her memoires the elaborate preparations for the fests of the so-called "Künstlerwerkstätte" (artists' workshop). Invitations were designed, costumes sewn, and the venue turned into a jungle in order to spend a "Night on Tahiti." (Fig. 1, 2) The largest fest was the garden party in Augarten in 1928 on the occasion of the 25th anniversary of the WW. Here, the decoration was simply taken home after the party as a much sought-after souvenir. (Fig. 3)

> We all worked for four or six weeks with the help of all the pupils from the Kunstgewerbeschule [...]. I remember having made an "Alley" of twelve life sized figures of cardboard with heads and hands of papiermaché [sic], dressed in all sorts of gold, silver, and crepe papers. They were posed in the garden, beneath the trees, lit with [lampions], also all made by us. At seven o'clock in the morning, there was no one left. Everyone that had a car, had tried and succeeded in stealing one. [1]

The daily press referred to the fest as the highlight of the anniversary celebrations, extensively wrote about the illustrious guests and entertaining intermezzos including the revival of the legendary Cabaret Fledermaus: Egon Friedell as master of ceremonies, for example, presented Lina Loos, who recited from Peter Altenberg's works, or WW artist Mathilde Flögl with a "grotesque pantomime." [2] (Fig. 4)

Vally Wieselthier seems to have been the driving force behind various "Künstlerfeste" (artists' parties). In addition to her notes, a number of invitation cards she designed bear witness to this fact. (Fig. 5) After the artist had travelled to New York in autumn of 1928 for the opening of an exhibition and shortly after decided to stay, she there organized the costume party of the artists' association Contempora. An article in the magazine *Deutsche Kunst und Dekoration* specifically pointed this out. [3] (Fig. 6) For this event, Wieselthier designed the costumes and she also painted the walls and lamp shades. The extravagant costume designs by her Viennese colleagues Mathilde Flögel and Maria Likarz as well as a "skyscraper" costume from the fashion department of the WW would have matched congenially. (Fig. 7–9)

At the Wiener Werkstätte, festive events always provided an opportunity for—not only ephemeral—artistic design. When Josef Hoffmann celebrated his 50th birthday in 1920, his colleagues presented him with an honorary gift designed by Dagobert Peche. The opulent silver piece consists of a branch with fruits that can be opened and bare further valuables; a separate greeting card collects the well-wishers' signatures. Five years later, Hoffmann donated the object to today's MAK as an exemplary produce of his "Productivgenossenschaft für Kunsthandwerker" (Productive Cooperative of Craftspeople), as which the WW was founded in 1903. (Fig. 10)

1) Wieselthier, Vally, *Biography of Miss Vally Wieselthier* [o. J.], unpublished typescript, Gallery St. Etienne, New York, 4.    2) "Die Wiener Werkstätte jubiliert", in: *Neues Wiener Journal*, 1.6.1928, WWAN 85-1604.    3) O. L., "Vally Wieselthier's Ausstellung in New York", in: *Deutsche Kunst und Dekoration* (64) 1929, 41.

# Christmas with the Wiener Werkstätte

From the beginning, festive events arranged in the sense of a Gesamtkunstwerk (total work of art) were given a lot of attention. For the Christmas celebrations in the house of Editha Mautner v. Markhof in 1905, Hoffmann designed an arrangement of five Christmas trees connected by garlands and a web of white trellis. A further example is the exhibition *Der gedeckte Tisch* [The Set Table], which took place in the premises of the WW in 1906. In addition to a birthday, anniversary, and wedding table it also presented an artists' table. (Fig. 11, 12) With flower garlands and a sculpture by George Minne in the center, it resembled the table for a dinner Fritz Waerndorfer, entrepreneur and financier of the WW, had hosted for his friends Josef Hoffmann, Gustav Klimt, and Carl Otto Czeschka the same year. "And facing such poetry, we are now supposed to eat?" Klimt is said to have asked upon seeing the decoration, Waerndorfer states in a letter. However, his reservations didn't last long and turned into exuberance when "Klimt arranged [a Foot-Ball-Match] in my poor garden until the ball flew into my neighbor's glass window at 12 o'clock at night."[4] It is arguably a phenomenon of the festival culture and also has to be that way that all splendor and perfection dissolve at the end for a new beginning.

Waerndorfer was followed as patron of the Wiener Werkstätte by banker Otto Primavesi for whom Hoffmann had built a country house in 1913/14 in the Moravian village of Winkelsdorf/Kouty nad Desnou. Here, legendary parties took place under different mottos. The turn of the year 1917/18 was celebrated with an "Egyptian Party" and various photos were taken of the guests, including Gustav Klimt and Anton Hanak, who were wrapped in WW fabrics. The lack of expression of the people portrayed always appeared somewhat strange but a neglected source now provided insight into the motto which explains the mummy-like stiffness of the guests with their closed eyes and crossed arms.[5] (Fig. 13) Birthdays, Easter, Christmas, and New Year—all of these occasions provided an opportunity for the manifold designs of WW postcards before and during WWI. (fig. 14)

At the artists' garden party in Weigls Dreherpark early June 1907, the first series were presented and sold at a separate stand—with proactive involvement of the WW supporters Lilly Waerndorfer, Sonja Knips, and Berta Zuckerkandl. (Fig. 15) Often such parties were charity events, in this case in support of the associations Ottakringer Settlement and Mittagstisch des Frauenclubs. The presidium and committee were composed of aristocratic women and the wives of professors:

> The garden party's unique touch however originates from the fact that these ladies have surrounded themselves with a young group of artists who all stem from the schools of the professors J. Hoffmann, Moser, Czeschka, and Böhm and are some of the most talented and sophisticated representatives of the fields of architecture and arts and crafts. It is supposed to "be something different," this party. The sales stands (arrangement Fritz Zeymer), the puppet theater, the slides, the raffle ticket booth [...], and Champagne tents will, for once, reject the banality of "déjà vu."[6]

4) Letter by Fritz Waerndorfer to Adolphe Stoclet, 31.5.1906, private archives Christian Witt-Dörring.     5) Steiner, Hedwig, "Gustav Klimts Bindung an die Familie Primavesi in Olmütz", reprint of the quarterly *Mährisch-Schlesische Heimat*, Steinheim/Main 1968, 10. Here, a niece of the Primavesi family writes about the "Egyptian Party" and the photos taken there. I owe Markus Fellinger for pointing out this source to me.

The glamorous highlight of the event was the pantomime *Die Tänzerin und die Mario-nette* [The Dancer and the Puppet] starring Grete Wiesenthal. It was directed by Eduard J. Wimmer-Wisgrill, who also designed the decoration and would later become the head of the WW's fashion department. Jutta Sika and Therese Trethan, former students of Koloman Moser and employees of the WW, were responsible for the execution of the costumes. (Fig. 16) Already in 1906, a first party of this kind took place in Döbling. Its artistic ambitions were also reflected in the poster: It was made by Fanny Harlfin-ger-Zakucka, a designer of exceptional toy figures sold by the WW as well as the future founder of the so important association "Wiener Frauenkunst" (Viennese Women's Art). (Fig. 17, 18)

The charity parties of the Viennese society had been a tradition since the late 19th century and were also continued in the years between the wars. In 1925, Countess van der Straaten hosted a flower festival in the Schwarzenberggarten and had her photo taken by the press in front of the WW stand which was decorated with fabrics by Peche as well as fantastic paper flowers and promised hot chocolate.[7] (Fig. 19, 20) Van der Straaten also headed the festive committee of the WW anniversary in 1928 and in doing so fulfilled one of the charitable duties of women of her class.[8]

# Gschnas at the Künstlerhaus

In contrast to the festive activities of the Wiener Werkstätte which mostly celebrated itself, the Künstlerhaus hosted "Schüt-zen-Kränzchen" (marksmen's festivals), "Redouten" (masquerade balls), "Gschnas" parties (costume parties), and children's parties every year for carnival. In the second half of the 19th century, the "Künstlerfeste" mostly reflected the interest in historical costumes stirred by Hans Makart's pictures. Painter Alexander Demetrius Goltz remem-bers in 1929 that, organized by Makart, one of the nicest costume parties took place at the Künstlerhaus "with the motto 'Dutch Party,' where aristocrats and Vienna's bour-geois society celebrated in splendid and oftentimes even real old costumes."[9] Most of all, the Künstlerhaus however gained a worldwide reputation with its "Gschnas" parties which had the special feature of affecting values that would soon turn out as inferior.

For example, at a party with the motto "Trip to Kahlenberg," visitors were obliged to enter a wagon of the ca-bleway upon entering. When the door of the compartment was closed and it started moving, the passengers had to walk up the stairs to the first floor because the vehicle had no floor.[10]

Through a purchase in 1985, more than 100 invitations to "Künstlerfeste", mostly by the Genossenschaft bildender Künstler Wiens (Association of Vienna's Fine Artists), entered the MAK's collection. They span a time from 1885 to 1939 and were designed by famous graphic artists, including Franz

6) *Neue Freie Presse*, 26.5.1907, 13.     7) Many thanks to Lara Steinhäußer for this tip.     8) Lillie, Sophie, "Fürstin Paulines Frühlingsfeste. Weibliche Wohltätigkeit auf dem Weg zur Wiener Moderne", in: Shapira, Elana/Rossberg, Anne-Katrin, *Gestalterinnen. Frauen, Design und Gesellschaft im Wien der Zwischenkriegszeit* (publication in preparation).     9) Goltz, Alexander Demetrius, "Künstlerfeste", in: *Österreichische Kunst* 1 1929, 24.     10) Ibid., 25.

Wacik, Adolf Karpellus, and Bertold Löffler. They show that the themes of the parties were often chosen to serve both adults and children, and also sometimes reversed the relationship. The former were equally allowed to enjoy the "fairyland" or a "toy box" as the latter were granted an exciting trip around the world. (Fig. 21, 22) However, mottos like "Allotria in Monte Carlo" (1905), "Decadence" (1907), "Rendezvous of the Eccentric" (1910), or "The Unleashed Museum Wall" (1931) rather addressed a grown-up audience.

A further source of invitation cards is the estate of Hans Ankwicz-Kleehoven, who used to be a curator at today's MAK and an active collector of Austrian applied art. In addition to the Künstlerhaus, here also the Kunstgewerbeschule (School of Arts and Crafts), the Kunstschule für Frauen und Mädchen (School of Arts for Women and Girls), the Secession, and the Vereinigung Wiener Frauenkunst (Association of Viennese Women's Art) can be found as hosting institutions. From the latter, a special folding card has survived which gradually unfolds its rhymed content in several steps. (Fig. 23)

and increased the frequency during the interwar years to two parties per season. They were the Künstlerhaus' match in artistic decoration by its members and the themes chosen. These were, for example, in 1928 an "Occult Evening" or in 1935 "Hands up—Vamps and Gangsters in the Secession" or "Masquerade," possibly alluding to the film by Willi Forst and Walter Reisch released the year before.

With its so-called "Spektakelfeste" (Spectacle Parties) between 1951 and 1961, the Secession moved in a totally new and individual direction. Here, the ideas were a lot more conceptual and the design referred to various art trends—for example, the "Black-and-White-Redoute" referred to Viennese Modernism, "Spectacle 55" to abstract art, "Explo 60" to Surrealism, and for "Off Limits" the main area actually experienced a spectacular loss of limits as a homage to Piet Mondrian. (Fig. 25, 26) Responsible for the designs were, among others, designer Eduard J. Wimmer-Wisgrill, architect Karl Schwanzer, former WW artist Erna Kopriva, painter Hans Staudacher, Josef Mikl, Wolfgang Hollegha, or architect Bruno Buzek.

# Spectacles at the Secession

Not yet as the venue but with a paraphrase of the first Secession poster by Gustav Klimt, the Secession appeared in the festive context around 1903. Anton Kling designed an invitation for the "Costume Party of the Students of Arts and Crafts," who held their parties at the premises of the music society or at the Sophiensäle. (Fig. 24) As of 1911, the Secession finally hosted an annual "Faschingsredoute" (carnival masquerade ball)

They cleverly chose mottos that made it easier to make the space dynamic and limitless. For the "Spiral Spectacle 56," for example, the shape of the spirals was varied innumerable times and the dynamic potential of the motif was further increased by specific light effects. [...] The mottos "Everything Electric" (1959) and "Traffic Spectacle" (1961), in turn, staged the premises of the Secession though spectacular lighting. [11]

In 2001, the attempt was made to live up to the legendary spectacles and Werner

11) Szeless, Margarethe, *Das Secessionsfest 2001*, archive Secession.

Würtinger and Heimo Zobernig were taken on as organizers for the "Künstlerfest" "2001: Odyssey in Sonic Fiction." The highly reduced setting was mostly characterized by video projections displaying Stanley Kubrick's title-inspiring film classic as well as *Dark Star* by John Carpenter and *Solaris* by Andrej Tarkowskij.[12] *The Blue Danube*, the soundtrack of Kubrick's film, was not played here, instead hip DJs were preferred and a composition by Franz Pimassl was specifically commissioned. This event, too, bore witness of the effort made to turn a "Künstlerfest" into a part of art history.

12) Badura-Triska, Eva, "Heimo Zobernig – Künstlerische Biografie und Werkübersicht", in: Museum Moderner Kunst Stiftung Ludwig (ed.), *Heimo Zobernig: Museum Moderner Kunst Stiftung Ludwig Wien, 7.12.2002–2.3.2003; Kunsthalle Basel, 5.4–23.6.2003; K21 Kunstsammlung Nordrhein-Westfalen, Düsseldorf, 12.7–2.11.2003*, exhib. cat., Cologne 2003.

Deutsch    English

FESTKUNST. Feiern mit Wiener Werkstätte, Künstlerhaus und
Secession    FEST ART: Celebrating with the Wiener Werkstätte, Künstlerhaus, and Secession    (Anne-Katrin Rossberg)

**Abb. 1    Fig. 1**

Mathilde Flögl gestaltete diese farbenprächtige Einladung zum Kostümfest „Nacht auf Tahiti", das 1925 in der Künstlerwerkstätte der WW stattfand. Im Jahr zuvor hatte das Motto „Apachenfest" gelautet, wobei sich der Name auf den in Paris entwickelten Tanz bezog, der einen imaginären Kampf zwischen Zuhälter und Prostituierten abbildete. Apachenfeste erfreuten sich damals vor allem in der schwul-lesbischen Szene Berlins oder Hamburgs großer Beliebtheit.

Mathilde Flögl designed these colorful invitations for the costume party "Night on Tahiti," which took place in the "Künstlerwerkstätte" (artists' workshop) of the WW in 1925. The motto the year before had been "Apache Party" referring to the dance developed in Paris which displayed an imaginary fight between a pimp and a prostitute. At the time, Apache parties were very popular especially in the gay and lesbian scene in Berlin and Hamburg.

MAK, KI 13744-1

Deutsch    English

FESTKUNST. Feiern mit Wiener Werkstätte, Künstlerhaus und
Secession    FEST ART: Celebrating with the Wiener Werkstätte, Künstlerhaus, and Secession    (Anne-Katrin Rossberg)

**Abb. 2    Fig. 2**
Einblick in die Räumlichkeiten der Künstlerwerkstätte, geschmückt für die „Nacht auf Tahiti" am 2. März 1925. Vally Wieselthier erinnerte sich an einen weiteren Raum „with palm trees, the [stems] plastered on the walls, the leaves made of paper hanging all over the rooms with papiermaché [sic] monkeys and birds swinging on the trees". Dass die Dekorationen der WW-Atelierfeste fotografisch dokumentiert wurden, war bisher nicht bekannt.
A glimpse into the rooms of the "Künstlerwerkstätte" (artists' workshop) decorated for the "Night on Tahiti" on 2 March 1925. Vally Wieselthier remembered a further room "with palm trees, the [stems] plastered on the walls, the leaves made of paper hanging all over the rooms with papiermaché [sic] monkeys and birds swinging on the trees." So far, it was not known that the decorations of the WW studio parties were documented photographically.
MAK, WWGP 2035

Deutsch    English

FESTKUNST. Feiern mit Wiener Werkstätte, Künstlerhaus und
Secession    FEST ART: Celebrating with the Wiener Werkstätte, Künstlerhaus, and Secession    (Anne-Katrin Rossberg)

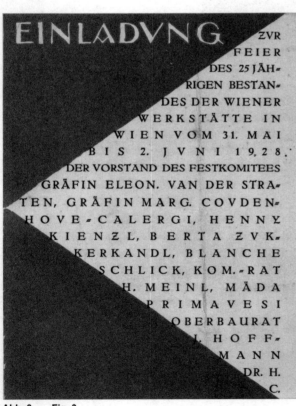

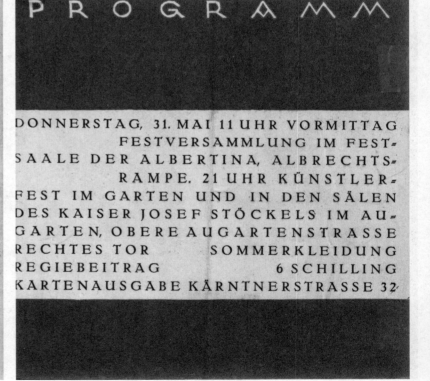

**Abb. 3    Fig. 3**
Auch die Einladung zu den Feierlichkeiten anlässlich des 25-Jahr-Jubiläums der WW stammt vermutlich von Mathilde Flögl. Zum Festkomitee, geleitet von Gräfin Eleonore van
der Straaten, gehörten auch Berta Zuckerkandl, WW-Anhängerin der ersten Stunde, und Mäda Primavesi, die wichtigste Gesellschafterin der Firma. Die im Programm verlangte
„Sommerkleidung" für den 31. Mai 1928 erwies sich als zu optimistisch, das Wetter war kühl.
The invitation for the celebrations on the occasion of the 25th anniversary of the WW is probably also by Mathilde Flögl. Members of the festive committee, headed by Countess
Eleonore van der Straaten, were, among others, Berta Zuckerkandl, WW follower from the beginning, and Mäda Primavesi, the most important shareholder of the company. The
program required "summer attire" for 31 May 1928 which turned out to have been too optimistic as the weather was cool.
MAK, WWGG 803

Deutsch    English

FESTKUNST. Feiern mit Wiener Werkstätte, Künstlerhaus und
Secession    FEST ART: Celebrating with the Wiener Werkstätte, Künstlerhaus, and Secession    (Anne-Katrin Rossberg)

1. Ein Rout bei der Wiener Werkstätte,
veranstaltet durch die Gräfin van der Straaten
im Augartenpalais. Von links: Gräfin van der
Straaten, Frau Dr. Kienzl, Frau Primavesi,
Dr. Wilhelm Kienzl, Frau Lore Grohmann,
Frau Schenker-Angerer-Küppelwieser, Dr. Kuno
Grohmann, Prof. Josef Hoffmann (Willinger)

**Abb. 4    Fig. 4**

„Ein Rout bei der Wiener Werkstätte" betitelte *Die Stunde* ein Foto vom Jubiläumsgartenfest (als „Rout" bezeichnete man damals einen Abendempfang). An diesem Tisch hatten
sich u. a. Gräfin van der Straaten (ganz links), Mäda Primavesi (Mitte), Josef Hoffmann (rechts stehend) und Lore Grohmann (mit weißer Kappe) zusammengefunden. Letztere,
Gattin des WW-Teilhabers Kuno Grohmann (links stehend), scheint eine der viel besprochenen Masken in der Hand zu halten, die von den Künstler*innen ausgegeben wurden.
"Ein Rout bei der Wiener Werkstätte" [An Evening Reception at the Wiener Werkstätte] was the title *Die Stunde* gave this photo from the anniversary garden party. Among others,
Countess van der Straaten (far left), Mäda Primavesi (center), Josef Hoffmann (standing on the right), and Lore Grohmann (with a white cap) gathered at this table. The latter, the
wife of WW partner Kuno Grohmann (standing on the left), seems to be holding one of the much discussed masks handed out by the artists.
MAK, WWAN 85-1631

Deutsch    English

FESTKUNST. Feiern mit Wiener Werkstätte, Künstlerhaus und
Secession    FEST ART: Celebrating with the Wiener Werkstätte, Künstlerhaus, and Secession    (Anne-Katrin Rossberg)

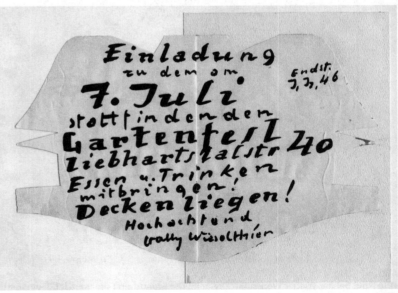

Abb. 5    Fig. 5

Eine von Vally Wieselthiers getuschten Einladungen – ein aufklappbares Gesicht mit lechzender Zunge – zu den Gartenfesten am Weinberg in der Ottakringer Liebhartstalstraße
aus den späten 1920er Jahren. Außer Essen und Trinken waren auch Decken zum Sitzen und Liegen mitzubringen. Offenbar war Wieselthier hier selbst Veranstalterin.

One of the invitations—a folded face with a tongue hanging out—painted by Vally Wieselthier for the garden party at the Weinberg in Liebhartstalstraße in Ottakring from the late
1920s. In addition to food and drinks, guests were also to bring blankets for sitting and lying. Apparently here Wieselthier herself organized the event.

MAK, WWGG 485-1

Deutsch    English

FESTKUNST. Feiern mit Wiener Werkstätte, Künstlerhaus und
Secession    FEST ART: Celebrating with the Wiener Werkstätte, Künstlerhaus, and Secession    (Anne-Katrin Rossberg)

„Vom Kostümfest der ‚Contempora' in New York": Vally Wieselthier zwischen dem französischen Modeschöpfer Paul Poiret und dem deutsch-amerikanischen Architekten Paul
Lester Wiener, beide ausgestattet mit ihren Masken; vor ihr sitzend der deutsche Grafiker Lucian Bernhard, der amerikanische Maler Rockwell Kent und eine unbekannte Frau.

**Abb. 6    Fig. 6**
„Vom Kostümfest der ‚Contempora' in New York": Vally Wieselthier zwischen dem französischen Modeschöpfer Paul Poiret und dem deutsch-amerikanischen Architekten Paul
Lester Wiener, beide ausgestattet mit ihren Masken; vor ihr sitzend der deutsche Grafiker Lucian Bernhard, der amerikanische Maler Rockwell Kent und eine unbekannte Frau.
"Vom Kostümfest der ‘Contempora' in New York" [From the Costume Party of ‘Contempora' in New York]: Vally Wieselthier in between the French designer Paul Poiret and the
German-American architect Paul Lester Wiener, both equipped with their masks; sitting in front of her is the German graphic artist Lucian Bernhard, the American painter Rockwell
Kent, and an unknown woman.
In: *Deutsche Kunst und Dekoration* (64) 1929

Deutsch    English

FESTKUNST. Feiern mit Wiener Werkstätte, Künstlerhaus und
Secession    FEST ART: Celebrating with the Wiener Werkstätte, Künstlerhaus, and Secession    (Anne-Katrin Rossberg)

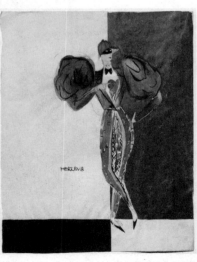

**Abb. 7–9    Fig. 7–9**
Eine *Revuedame aus Silberlamé u.* Glasstoff mit einem Haarteil aus Spiegelprismen, entworfen von Mathilde Flögl, das Foto eines WW-Kostüms mit Hochhaus-Motiven und ein
*Herzbub*, entworfen von Maria Likarz, zeigen das Spektrum nicht nur der Kostümideen, sondern auch ihrer (foto-)grafischen Inszenierung.
A *Revuedame aus Silberlamé u. Glasstoff* [Revue Lady Made of Silver Lamé and Glass Fabric] with a hair piece made of mirror prisms, designed by Mathilde Flögl, the photo of a
WW costume with skyscraper motifs, and a *Herzbub* [Jack of Hearts], designed by Maria Likarz, not only show the range of costume ideas but also their (photo-)graphic staging.
MAK KI 11764-10, WWF 174-398, NLML 153

Deutsch     English

FESTKUNST. Feiern mit Wiener Werkstätte, Künstlerhaus und
Secession     FEST ART: Celebrating with the Wiener Werkstätte, Künstlerhaus, and Secession     (Anne-Katrin Rossberg)

**Abb. 10     Fig. 10**

Mit der Ehrengabe zu Josef Hoffmanns 50. Geburtstag huldigte man nicht nur dem Jubilar, sondern feierte gleichsam die Kunst an sich. Drei Silberfrüchte offenbaren einen
Elfenbein-Tempel von Dagobert Peche, eine Speckstein-Statuette von Anton Hanak und eine Kette bemalter Elfenbeinplättchen von Lotte Calm, Hilda Jesser, Fritzi Löw, Franz v.
Zülow u. a. als Symbole für Architektur, Bildhauerei und Malerei.

With the honorary gift for Josef Hoffmann's 50th birthday, homage was not only paid to Hoffmann but also art itself. Three silver fruits reveal an ivory temple by Dagobert Peche,
a soapstone statuette by Anton Hanak, and a necklace of small painted ivory disks by Lotte Calm, Hilda Jesser, Fritzi Löw, Franz v. Zülow, and others, symbolizing architecture,
sculpture, and painting.

MAK, GO 1788

Deutsch    English

FESTKUNST. Feiern mit Wiener Werkstätte, Künstlerhaus und
Secession    FEST ART: Celebrating with the Wiener Werkstätte, Künstlerhaus, and Secession    (Anne-Katrin Rossberg)

WEIHNACHTSFEIER BEI BARONIN ED. VON MAUTNER — MARKHOF, WIEN.    NACH ANGABEN VON PROF. JOS. HOFFMANN.

**Abb. 11/12    Fig. 11/12**
Festliche Gesamtkunstwerke: Das Weihnachtsarrangement von Josef Hoffmann für die Familie Mautner v. Markhof trägt fast imperiale Züge, wurde doch auch im Kaiserhaus mit
Christbäumen nicht gespart; die hochmoderne Gestaltung spricht jedoch die Sprache der aufgeschlossenen jüdischen WW-Klientel, ebenso wie die Tafelarrangements in der
Ausstellung *Der gedeckte Tisch* in der WW-Zentrale Neustiftgasse 32–34.
Festive Gesamtkunstwerke (total works of art): The Christmas arrangement by Josef Hoffmann for the Mautner v. Markhof family almost bares imperial traces as the decoration
at the imperial court was also rich in Christmas trees; the highly modern design however speaks the language of the liberal Jewish WW clientele just as the table arrangement in
the exhibition *Der gedeckte Tisch* [The Set Table] in the WW headquarters in Neustiftgasse 32–34.
In: Kunst und Kind (2) 4 1905/06, MAK WWF 94-66-2

Deutsch    English

FESTKUNST. Feiern mit Wiener Werkstätte, Künstlerhaus und Secession    FEST ART: Celebrating with the Wiener Werkstätte, Künstlerhaus, and Secession    (Anne-Katrin Rossberg)

**Abb. 13    Fig. 13**

Ein „Ägyptisches Fest" in der Kellerstube des Landhauses Primavesi 1917/18: Gustav Klimt in der Mitte trägt ein Gewand aus dem WW-Stoff *Waldidyll* von Carl Otto Czeschka; Otto Primavesi ganz links ist in den Stoff *Limanova* von Fritzi Löw gehüllt und der davor knieende Josef Hoffmann in *Montezuma* nach seinem eigenen Entwurf; neben ihm mit Stirnband hockt der Bildhauer Anton Hanak.

An "Egyptian Party" in the basement of the Primavesi country house in 1917/18: Gustav Klimt in the center is wearing a dress made of the WW fabric *Waldidyll* by Carl Otto Czeschka; Otto Primavesi on the far left is swathed in the fabric *Limanova* by Fritzi Löw, and Josef Hoffmann kneeling in front of him is wrapped in *Montezuma* based on his own design; sitting next to him with a headband is sculptor Anton Hanak.

MAK, WWF 137-1-6

323

Deutsch     English

FESTKUNST. Feiern mit Wiener Werkstätte, Künstlerhaus und
Secession     FEST ART: Celebrating with the Wiener Werkstätte, Künstlerhaus, and Secession     (Anne-Katrin Rossberg)

Abb. 14     Fig. 14
Der Entwurf zu einer Neujahrskarte von Maria Likarz zeigt zwei Pierrots, die Glücksschweinchen durch Blumenkränze springen lassen. Das Motiv einer der progressivsten
WW-Künstler*innen wurde unter der Postkarten-Nr. 744 im Jahr 1912 herausgegeben.
The design for a New Year card by Maria Likarz shows two Pierrots letting piggies (a lucky charm for New Year) jump through floral wreaths. The motif by one of the most progressive
WW artists was published as postcard no. 744 in 1912.
MAK, WWPKE 378-3

Deutsch    English

FESTKUNST. Feiern mit Wiener Werkstätte, Künstlerhaus und
Secession    FEST ART: Celebrating with the Wiener Werkstätte, Künstlerhaus, and Secession    (Anne-Katrin Rossberg)

325

Abb. 15/16    Fig. 15/16
Koloman Moser entwarf die Verkaufsbuden der WW für das Künstler-Gartenfest, das am 6. und 7. Juni 1907 in Weigls Dreherpark stattfand. Hier gab es Postkarten, Bilderbogen
und Tunkpapiere zu kaufen, ein zweiter Stand bot Lebkuchen und Gebäck an. An den Abenden des Festes tanzte Grete Wiesenthal zur Musik von Rudolf Braun in Max Mells
Pantomime *Die Tänzerin und die Marionette*. Die übrigen Darsteller*innen waren Dilettant*innen, darunter die Künstler Hans Strohofer und Moriz Jung als König bzw. Hanswurst.
Koloman Moser designed the sales stands of the WW for the artists' garden party in Weigls Dreherpark on 6 and 7 June 1907. Here, postcards, illustrated broadsheets, and
marbled paper were sold, a second stand offered gingerbread and pastry. On the evenings of the festive event, Grete Wiesenthal danced to music by Rudolf Braun in Max Mell's
pantomime *Die Tänzerin und die Marionette* [The Dancer and the Puppet]. The other performers were amateurs, including the artists Hans Strohofer and Moriz Jung as King and
Hanswurst, respectively.
MAK, KI 13744-12; Universität für angewandte Kunst Wien, Kunstsammlung und Archiv    University of Applied Arts Vienna, Collection and Archive, 11.001/Q/9

**Abb. 17/18    Fig. 17/18**

Auch beim Hohe-Warte-Gartenfest 1906 gab es eine Pantomime: *Das Veilchenspiel* von Joseph August Lux wurde vom Bildhauer Richard Luksch inszeniert. Fanny Harlfinger-Zakucka, die das Plakat sowie die Einladung entworfen hatte, stellte gemeinsam mit Jutta Sika und Therese Trethan auch die Kostüme her.

The garden party at the Hohe Warte in 1906 also included pantomime: *Das Veilchenspiel* by Joseph August Lux was stage managed by sculptor Richard Luksch. Fanny Harlfinger-Zakucka, who designed the poster as well as the invitation, also produced the costumes together with Jutta Sika and Therese Trethan.

MAK, PI 2043, KI 15028-5

Deutsch    English

FESTKUNST. Feiern mit Wiener Werkstätte, Künstlerhaus und
Secession    FEST ART: Celebrating with the Wiener Werkstätte, Künstlerhaus, and Secession    (Anne-Katrin Rossberg)

Das Blumenfest im Schwarzenberggarten

Das Zelt der Wiener Werkstätte mit der Veranstalterin des Festes
Gräfin van der Straaten. Neben ihr die Kinder Dr. Lothars, Agathe
und Hanni (Photo Willinger)

**Abb. 19/20    Fig. 19/20**
Das Blumenfest im Schwarzenberggarten fand am 6. Juni 1925 zugunsten der Wohlfahrtsaktionen des Mittelstandsklubs statt und war als Kinderfest konzipiert. Man hatte einen
kleinen Wurstelprater aufgestellt, über und über mit Stoff- und Kreppblumen geschmückt. Die Blumen am Stand der Wiener Werkstätte mögen einem erhaltenen Bouquet aus der
MAK-Sammlung sehr ähnlich gewesen sein.
The flower festival at Schwarzenberggarten took place on 6 June 1925 in support of the charity events of the Mittelstandsklub and was designed as a children's festival. A small
Wurstelprater was set up decorated over and over with textile and crepe flowers. The flowers at the stand of the Wiener Werkstätte might have been very similar to a bouquet
that survived as part of the MAK Collection.
In: Die Stunde, 11.6.1925 (ANNO/ÖNB); MAK, WWPA 824

Deutsch    English

FESTKUNST. Feiern mit Wiener Werkstätte, Künstlerhaus und
Secession    FEST ART: Celebrating with the Wiener Werkstätte, Künstlerhaus, and Secession    (Anne-Katrin Rossberg)

**Abb. 21/22    Fig. 21/22**

Die Faschingsfeste im Künstlerhaus standen 1929 unter dem Motto „Märchenwald". Bertold Löffler deutete es als Paradies und setzte den Sündenfall in die Einladung zum Erwachsenen-Gschnas (die Kinderversion zeigt Schneewittchens sieben Zwerge). 1932 lautete das Motto *Weltreise*, und Eduard Stella schickte auf der Kinder-Einladung einen Buben „mit dem Siebenmeilenstiefel um die Welt".

In 1929, the motto of the carnival parties at the Künstlerhaus was "Fairyland." Bertold Löffler interpreted it as paradise and had the Fall of Man placed in the invitations for the "Gschnas" party (costume party) for adults (the children's version showed Snow White's seven dwarfs). In 1932, the motto was *Weltreise* and Eduard Stella sent a boy „with seven-league boots around the world" on the children's invitation.

MAK, KI 14393-58, KI 14393-71

Deutsch    English

FESTKUNST. Feiern mit Wiener Werkstätte, Künstlerhaus und
Secession    FEST ART: Celebrating with the Wiener Werkstätte, Künstlerhaus, and Secession    (Anne-Katrin Rossberg)

Deutsch    English

FESTKUNST. Feiern mit Wiener Werkstätte, Künstlerhaus und
Secession    FEST ART: Celebrating with the Wiener Werkstätte, Künstlerhaus, and Secession    (Anne-Katrin Rossberg)

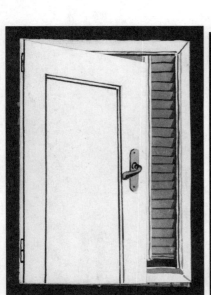 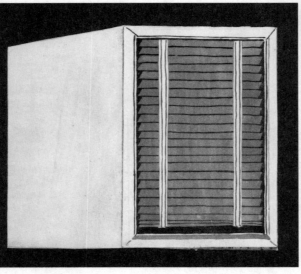 

**Abb. 23    Fig. 23**

„Wollen Euer Gnaden nicht geruh'n / Mit uns einen Blick in die Zukunft zu tun? / Sie wird gewiß sehr rosig sein / Drum laden wir Sie freundlich ein" – heißt es im Inneren dieser Faltkarte, entworfen von einer unbekannten Künstlerin für ein Faschingsfest der Wiener Frauenkunst in den späten 1920er Jahren.

"Wollen Euer Gnaden nicht geruh'n / Mit uns einen Blick in die Zukunft zu tun? / Sie wird gewiß sehr rosig sein / Drum laden wir Sie freundlich ein" (Would Your Grace consider / Daring a look into the future with us? / It will for sure be very rosy / therefore we warmly invite you)—says the inside of this folding card. It was designed by an unknown artist for a carnival party of the Wiener Frauenkunst (Viennese Women's Art) in the late 1920s.

MAK, WWGG 478

Deutsch    English

FESTKUNST. Feiern mit Wiener Werkstätte, Künstlerhaus und
Secession    FEST ART: Celebrating with the Wiener Werkstätte, Künstlerhaus, and Secession    (Anne-Katrin Rossberg)

Deutsch English

FESTKUNST. Feiern mit Wiener Werkstätte, Künstlerhaus und
Secession      FEST ART: Celebrating with the Wiener Werkstätte, Künstlerhaus, and Secession      (Anne-Katrin Rossberg)

**Abb. 24      Fig. 24**
Das skandalumwobene Klimt-Plakat für die 1. Secessionsausstellung 1897 diente Anton Kling ein paar Jahre später als Vorlage für seine Einladung zu einem „Costümfest der
Kunstgewerbeschüler". Es ist nur mehr Pallas Athene übrig geblieben. Statt des halb nackten Theseus ist ein Student ins Bild gesetzt, um der Göttin der Kunst einen neuen
Anstrich zu verleihen.
The scandalous Klimt poster for the 1st Secession Exhibition in 1897 served Anton Kling as a model for his invitation to a "Costume Party of the Students of Arts and Crafts" a
few years later. Only Pallas Athene has remained. Instead of half-naked Theseus, a student has been placed into the image to give the goddess of art a fresh coat of paint.
MAK, WWGG 554-1

Deutsch    English

FESTKUNST. Feiern mit Wiener Werkstätte, Künstlerhaus und
Secession    FEST ART: Celebrating with the Wiener Werkstätte, Künstlerhaus, and Secession    (Anne-Katrin Rossberg)

**Abb. 25/26    Fig. 25/26**
Zwei Blicke in den Hauptraum der Secession: Elfriede Mejchar ließ durch ihre Fotografien von der „Schwarz-Weiß-Redoute" 1954 den Kontrast noch einmal dramatischer werden.
„Off Limits" 1957 übersetzte nicht nur Piet Mondrians Kompositionen ins Dreidimensionale, sondern in weiteren Räumen auch Bilder von Emilio Vedova bzw. Ernst Wilhelm Nay.
Two perspectives of the main room of the Secession: In her photographs of the "Black-and-White-Redoute," Elfriede Mejchar made the contrast even more dramatic. "Off Limits"
in 1957 not only translated Piet Mondrian's compositions into a three-dimensional space but in other rooms also images by Emilio Vedova and Ernst Wilhelm Nay.
**Archiv Secession**

Elfriede Mejchar
**Vorbereitungen zum Faschingsfest der Wiener Secession** *Spiralenspektakel 56*, 1956
**Preparations for the Viennese Secession's carnival party** *Spiralenspektakel 56*, 1956
Fotografie    Photograph
Archiv    Archive Secession

AM 3. UND 10. FEBRUAR

# SPIRALENSPEKTAKEL
## 56
## IN DER SECESSION

## Musik: Fatty George – Austrian Allstars

### DIXIELAND – MODERN JAZZ

Kurt Libesny
Plakat für ein Gschnasfest, um 1920
Poster for a Gschnasfest, ca. 1920
Druckerei    Printer: Emanuel Kafunek
Flachdruck    Planographic print
MAK, PI 2228

337

Bernd Steiner
Plakat für den *Caligari-Kirtag* in den Sofiensälen, um 1925
Poster for the *Caligari-Kirtag* at the Sofiensäle, ca. 1925
Druckerei     Printer: K. Liebel
Flachdruck     Planographic print
MAK, PI 3206

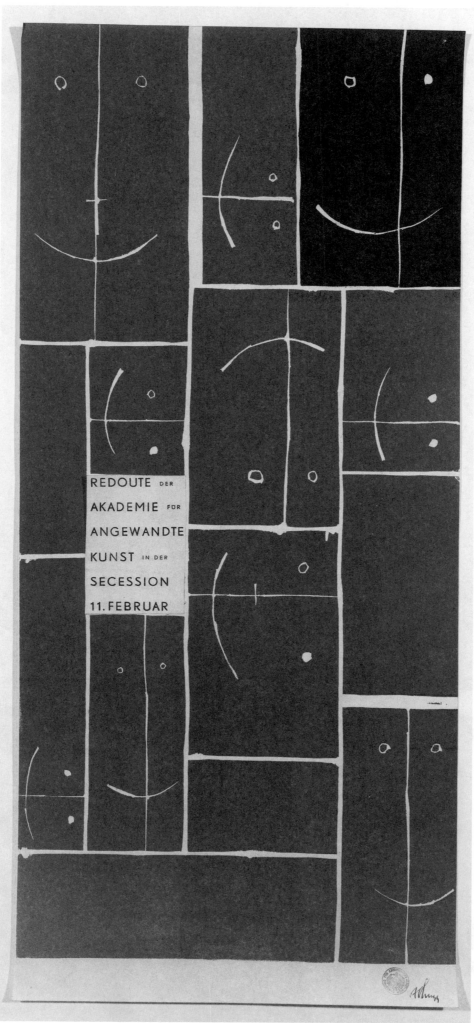

**Anonym   Anonymous**
**Plakat für eine Redoute der Akademie für angewandte Kunst in der Wiener Secession, 1950er Jahre**
**Poster for a Masque by the Academy of Applied Arts at the Viennese Secession, 1950s**
**Flachdruck   Planographic print**
**Universität für angewandte Kunst Wien, Kunstsammlung und Archiv   University of Applied Arts Vienna, Collection and Archive**

Mathilde Flögl
Einladungskarte zum *Apachenfest* in der Wiener Werkstätte, 1924
Invitation to the *Apachenfest* at the Wiener Werkstätte, 1924
Produktion    Production: Wiener Werkstätte
Lithografie    Lithograph
MAK, KI 13744-3

AM 9. FEB. 1924 IN
DER KÜNST=
LERWERKSTÄT=
TE DER WIE Λ
NER WERKSTÄTTE
VII. DÖBLERGASSE 4 III
BITTE ESSBARES
ODERTRINKBARES
MITBRINGEN
APACHENKOSTÜM.

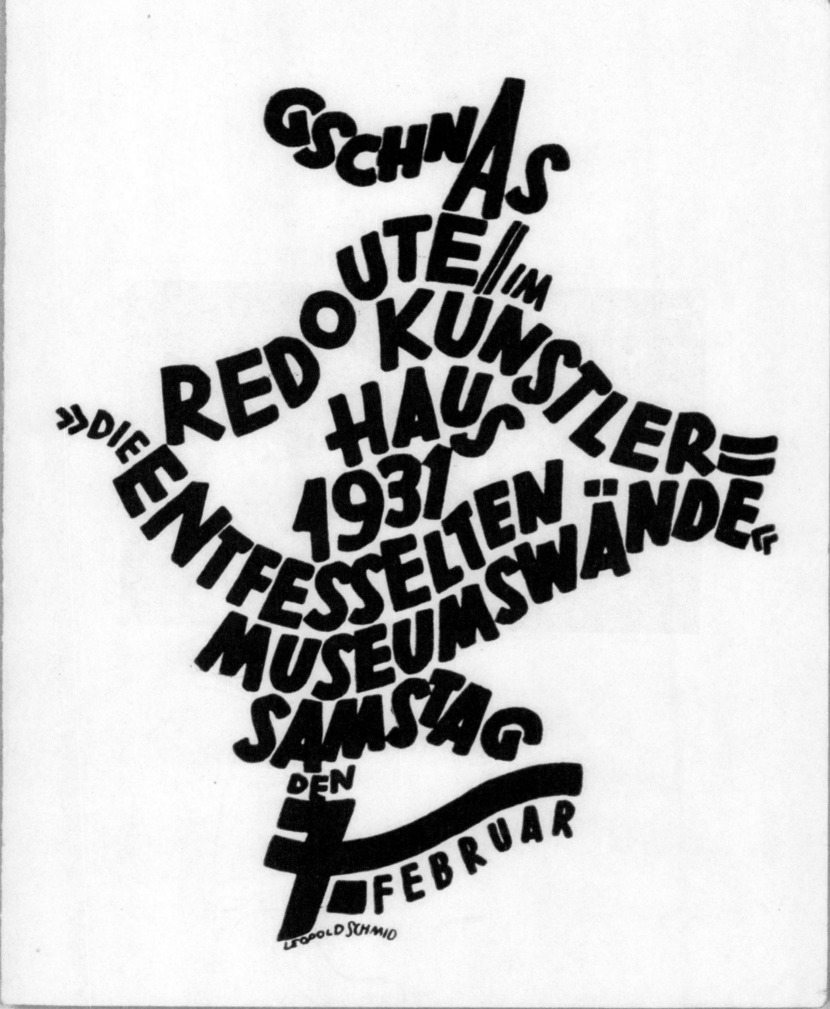

GSCHNAS-REDOUTE IM KÜNSTLERHAUS 1931 "DIE ENTFESSELTEN MUSEUMSWÄNDE" SAMSTAG DEN 7. FEBRUAR

LEOPOLD SCHMID

Leopold Schmid
Einladung zur Gschnas-Redoute *Die entfesselten Museumswände* im Wiener Künstlerhaus, 1931
Invitation to the Gschnas-Redoute *Die entfesselten Museumswände* at the Wiener Künstlerhaus, 1931
Klischee      Cliché
MAK, KI 14393-65

343

Emma Reif
**Album mit Gruppenfoto bei einer Feier, 1938/39**
**Album with a group photo at a party, 1938/39**
Fotografie; Tempera auf Papier    Photograph; tempera on paper
Universität für angewandte Kunst Wien, Kunstsammlung und Archiv    University of Applied Arts Vienna, Collection and Archive

Anonym     Anonymous
Ernie Kniepert auf dem Faschingsfest der Wiener Secession *Verrücktes Museum*, 1953
Ernie Kniepert at the Viennese Secession's carnival party *Verrücktes Museum*, 1953
Fotografie     Photograph
Archiv     Archive Secession

KÜNSTLERHAUS G.SCHNASFESTE
WIEN I. KARLSPLATZ 5

alles
nur
halb

27. JÄNNER 1951 – 1. HÄLFTE:
HALB GEWAGT, IST FRISCH GEWONNEN!

3. FEBER 1951 – 2. HÄLF
HALB UND HALB GESELLT SICH G

10. FEBER 1951 — 3. HÄLFTE:
DIE BESSERE HÄLFTE!

Druck: Josef Eberle, Wien VII.

Herbert Kofler
Tanzende auf dem Faschingsfest der Wiener Secession *Spiralenspektakel 56*, 1956
People dancing at the Viennese Secession's carnival party *Spiralenspektakel 56*, 1956
Fotografie    Photograph
Archiv    Archive Secession

348

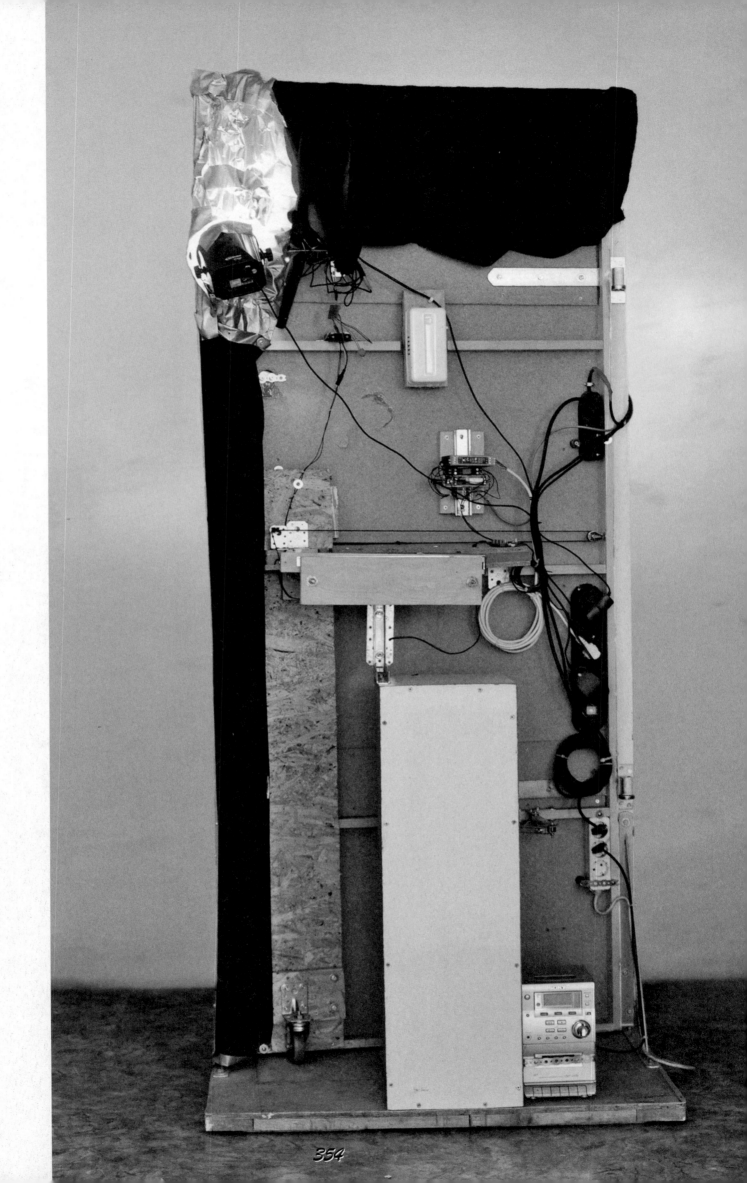

George Rei
*Door*, 2010
Mixed Media

**Deutsch   English**

„How I Danced the Dance of Urgency"    (Bogomir Doringer im
Gespräch mit Marlies Wirth)    (Bogomir Doringer in a Conversation with Marlies Wirth)

# „How I Danced the Dance of Urgency"

# (Der Künstler, Kurator und Forscher Bogomir Doringer im Gespräch mit MAK Kuratorin Marlies Wirth)

# (The Artist, Curator, and Researcher Bogomir Doringer in a Conversation with MAK Curator Marlies Wirth)

Tanzen ist eine uralte Form des Selbstaus-drucks durch Bewegung, die von Klängen und Musik getragen wird. Tanzen ist seinem Wesen nach auch eine Form der Kommuni-kation, eine Kunstpraxis sowie ein Medium kollektiver Selbstermächtigung. In repressiven Staaten schaffen Clubs für Frauen und Randgruppen wie die 2SLGBTQ+-Com-munity einen temporären und geschützten Raum, in dem sie ihre Werte mit anderen teilen, zum Ausdruck bringen und feiern können. Als Clubbing und Rave wurden historisch nicht zugelassene, von der Basis aus organisierte, gegen das Establishment gerichtete Tanzveranstaltungen bis in die frühen Morgenstunden bezeichnet – weshalb Clubs als Räume soziopolitischer Ver-änderungen betrachtet werden können.

Beim Clubbing während der Bombardierung Belgrads (Serbien) durch die NATO im Jahr 1999 lernte der Künstler und Kurator Bogomir Doringer Tanz als Bewältigungs-mechanismus und politisches Phänomen kennen. Für sein Projekt *I DANCE ALONE* (seit 2014) begann er die Dancefloors ver-schiedener Clubs aus der Vogelperspektive zu filmen und dokumentierte unter-schiedliche Choreografien kollektiver und individueller Tanzpraktiken auf der ganzen Welt. Das gesammelte Filmmaterial war Ausgangspunkt für sein interdisziplinäres künstlerisches Forschungsprojekt und Doktorat im Bereich Künstlerische Forschung an der Universität für angewandte Kunst Wien, in dem das gesellschaftliche Phänomen des Clubbings einer eingehenden Betrachtung unterzogen wird. Choreografie im weiteren Sinne kann zeigen, wie die Beziehungen zwischen Körperbewegungen spezifische Verhaltensmuster schaffen. Können diese Tanzfiguren tatsächlich Geschichten über die umfassenden kulturellen und sozialpolitischen Systeme der Gegenwart, im Rahmen derer sie erfahren werden, erzählen?

Clubs können als Refugium für eine rituelle Praxis des Zusammenkommens betrachtet werden, als experimentelle Räume, in denen verschiedene audiovisuelle Kunst-formen präsentiert und praktiziert werden. Manche Clubs vermitteln aktivistische Ideen und einen gemeinschaftlichen „Spirit" und bilden auf diese Weise eine einflussreiche Gegenkultur, die, falls nötig, als politische Opposition fungieren kann. Das Bassiani, ein Technoclub im Keller des Fußballstadions von Tiflis, Georgien, wurde im Oktober 2015 von Tato Getia, Zviad Gelbakhiani und Naja Orashvili eröffnet und steht für eine Be-wegung, die sich klar gegen das repressive und autoritäre politische System in Georgien positioniert hat. „We dance together, we fight together" (Wir tanzen gemeinsam, wir kämpfen gemeinsam) wurde zum Motto der *Rave-O-Lution*, die am 12. März 2018 vor dem georgischen Parlament in Tiflis stattfand.

Mit dem laufenden Forschungsprojekt und der gleichnamigen Ausstellung *DANCE OF URGENCY* (2018) thematisiert Bogomir Doringer die Rückkehr zoom-politischer Macht auf den Dancefloor. Diese Energie manifestiert sich in einem Tanz, der zu-nehmend an Bedeutung gewinnt, da er gerade in Zeiten persönlicher oder kollektiver Krisen aufkommt und sich die Selbster-mächtigung von Individuen und Gruppen zum Ziel setzt.

Mit den Arbeiten *Crowds and Gestures* (2014–2022) aus dem Projekt *I DANCE ALONE* und dem Videovortrag *How I Danced the Dance of Urgency* (2022) leistet Bogomir Doringer einen auf langfristiger Forschung basierenden Beitrag zur Aus-stellung *THE FEST*. Zentrale Themen des Gesprächs sind in diesem Kontext der Club als gesellschaftspolitisches Biotop und Tanz als tief verwurzelter menschlicher Überlebensmechanismus.

**Marlies Wirth** Beginnen wir mit den Basics: Was geschieht in einem Club und warum ist Clubbing – insbesondere Tanzen – eine so wichtige kulturelle Praxis?

**Bogomir Doringer** In einem Club geschieht all das, wofür tagsüber kein Platz ist. Untertags nehmen wir bestimmte Rollen ein, etwa in der Arbeit, in einer Familie oder in einem extrem überwachten öffentlichen Raum. Die Nacht wird zur Möglichkeit, sich zu verwandeln. Es geht aber auch darum, die dunkleren Seiten des Selbst anzunehmen: Ruhelosigkeit, Unsicherheiten und Anspannungen loszulassen – mittels nonverbaler Kommunikation wie Tanz oder dieser Hingabe an audiovisuelle Reize, die Clubs ermöglichen –, zu überwinden und zu verwandeln. Denkt man über Clubs und wie sie zu beschreiben wären nach, würde ich sagen, sie sind Rauch, Farben, Temperaturen, unterschiedliche Geschmäcker, Schweiß … Die Zeit ist verändert oder verlangsamt sich, sie wird nicht linear, hält sich nicht an die Uhr. Clubbing ist auch eine Form ritueller Praxis. Es ist ein Ritual des Sich-Maskierens und Tanzens, wie wir es von alters her kennen. Es findet heute mit Unterstützung neuester audiovisueller Technologien statt und ist von Selbstmedikation, dem Konsum von Drogen und Alkohol geprägt. Es ist ein Ort, um Anschluss oder eine*n Partner*in zu finden. In der Vergangenheit, etwa nach dem Zweiten Weltkrieg in Großbritannien, wurde Paartanz stark beworben, um die Geburtenrate anzuheben. Heutzutage ist das Nachtleben mit Drogen wie Ketamin auch in hohem Maße eine individuelle Erfahrung – eine Selbsterfahrung, während man gleichzeitig Teil einer größeren Gruppe ist.

**Marlies Wirth** Wenn wir Clubbing und Clubkultur heute betrachten, fällt einem sofort auf, dass diese Phänomene als Subkultur innerhalb gewisser Communitys begannen und dann vom Mainstream aufgegriffen wurden. Tragen Clubs also auch zu einer Narration über die aktuellen kulturellen und gesellschaftspolitischen Systeme bei, im Rahmen derer sie erfahren werden?

**Bogomir Doringer** Clubs sind häufig der Ort, an dem neue gesellschaftliche Bewegungen, Kunstrichtungen und kreative Ausdrucksformen entstehen. Im Zuge des Erstarkens rechter Politik werden Clubs als geschützte Räume für Frauen und für die 2SLGBTQ+-Community angesehen, als ein Raum für jene, die tagsüber über keinen solchen verfügen. Es ist eine Form der Flucht, ein geschützter Raum, um zu erproben, was man werden möchte oder wie man Dinge verändern will. Für mich ist es interessant, Clubs als Räume zu betrachten, in denen etwas kommuniziert wird oder in denen wir bewusst oder unbewusst etwas über unser Leben als Gruppe, Kollektiv oder Individuum erzählen. Wir bezahlen, um Tanz auf der Bühne zu sehen, und trauen uns zu, diesen zu analysieren, darüber zu sprechen. Aber wir beobachten Tanzflächen kaum je, um zu verstehen, was die Jugend oder die Akteur*innen in diesen Räumen uns über die Zeiten, in denen wir leben, mitteilen. Es sind auch Räume, die uns lehren, wie wir uns, wenn wir das Elternhaus verlassen haben, auf andere Menschen einlassen können, auf sehr intime Weise, und dies nicht unbedingt durch Berührung, sondern durch Tanz.

**Marlies Wirth** Du bist in Belgrad aufgewachsen und hast die NATO-Bombardements erlebt; später hast du begonnen, Clubs und Dancefloors auf der ganzen Welt zu erforschen – welche Rolle spielen die Community und das gemeinsame Tanzen in Krisenzeiten?

**Bogomir Doringer** Ich lebe jetzt in den Niederlanden, wo es unzählige Partys und Feste gibt. Und ja, die Musik ist gut, das Soundsystem ist gut, die Lichtshow ist gut, das Bühnenbild ist großartig, die Drogen sind gut …, doch oft denke ich: Fühle ich mich in dieser Menschenmenge wirklich wohl? Und wenn nicht, warum? So habe ich Georgien oder die Ukraine und Brasilien für mich entdeckt. Ich habe nach Menschen gesucht, die ähnliche Geschichten wie ich erlebt haben. Zugehörigkeit ist ein seltsames Gefühl. Wie Canetti sagte, wir suchen die Masse und fürchten sie zugleich, sobald wir ein Teil von ihr sind.

Tanzen im Club lernte ich 1999 während der NATO-Bombardements in Belgrad kennen. Aus diesem Tanzen entstand eine gesellschaftspolitische Opposition gegen Slobodan Milošević' Regime und gegen das NATO-Bombardement, das ohnehin rechtswidrig war. Das EXIT-Festival begann als Studentenprotest und ist heute eines der bedeutendsten europäischen Musikfestivals. Es war schwer zu akzeptieren, dass Clubs nur Orte sein sollen, die man aufsucht, um sich zu vergnügen. Tanzen war ein ernsthafter Akt. Klar, es macht Spaß, braucht aber ein Ziel, eine Richtung, Struktur, Choreografie und Dramaturgie … es braucht die Katharsis.

Jahre später sah ich zufällig in Brasilien ein Plakat, auf dem zu lesen war: „Wenn du Schmerz empfindest, tanz weiter." So fühle ich mich, wenn ich tanze; als queerer Mann, als Immigrant, als jemand, der gesellschaftlich, vielleicht auch ökonomisch, während seiner Jugend und in den Zwanzigern nicht am richtigen Ort war. Ich hatte wirklich oft das Gefühl, dass ich auf die Tanzfläche ging, um diese Art von Belastung oder Frust oder Traurigkeit oder Unsicherheit oder was auch immer auszugleichen, und schon ging es wieder weiter. Man bewegt sich, um sich zu entwickeln, zu verwandeln, sich zu lösen und wieder zu verbinden. Auf solche Orte mit lautstarker Energie traf ich vor allem in Berlin, Georgien

und der Ukraine. Es war interessant zu beobachten, wie manche dieser Orte, die gefühlsmäßig zwar weit weg und so gar nicht als Teil Europas erscheinen, einen Einfluss auf Räume und Orte hatten, die weltweit geschaffen werden.

**Marlies Wirth**    Kannst du einige kulturelle Unterschiede nennen, die du, je nach geografischem Kontext, in Clubs erkennst?

**Bogomir Doringer**    Tanz kann performativ und partizipatorisch sein, er kann kriegerisch, kompetitiv, erotisch oder liturgisch sein. Wir betrachten ihn jedoch nie als politisch, wobei all die gesellschaftspolitischen Bewegungen Tanz oft einsetzen, um Freiheit zu vermitteln, Normen infrage zu stellen und gegen das Patriarchat oder den Krieg zu rebellieren. Kelina Gotman erklärt in ihrem Buch *Choreomania: Dance and Disorder* ausführlich, dass Tänze schon immer als gefährlich betrachtet wurden. Tanz war immer Körperpolitik. Durch Regulation und Kontrolle von Tänzen wird eine Unterscheidung von Körpern nach den Kriterien Hautfarbe, gesellschaftliche Stellung und Geschlecht vorgenommen.

Weit verbreitet sind solche performativen und partizipatorischen Tänze beispielsweise in den Vereinigten Staaten, in denen es das STUDIO 54 gab, das zuvor ein Theater war, über Bühnenbeleuchtung verfügte und von vielen Prominenten besucht wurde. Es ging darum, gesehen zu werden. Es war eine Show. Du tanzt, um verehrt, geliebt und gefeiert zu werden – und das in den für New York schwierigsten Zeiten. Und dann gibt es andere Beispiele, wo man – wie in Berlin – im Dunkeln tanzt. Kameras und Fotos sind verboten.

In den USA wird Tanzen als etwas betrachtet, das auf der Bühne und für andere stattfindet. Wenn man an Stars wie Marilyn

Monroe oder all diese Filme denkt, ist immer diese Vorstellung präsent, dass Tanzen extrem sexuell oder vulgär ist oder etwas, was sich gewisse Gesellschaftsschichten ansehen, während sie bei Tisch sitzen. Doch jene, die performen, kommen von den Rändern der Gesellschaft. Es gibt ein sehr religiös geprägtes Gedankengebäude, das sämtliche Formen freier Bewegung oder des Tanzens an den Pranger stellen oder gesellschaftliche Gruppen trennen will – eine ideale Möglichkeit, um Rassismus zu nähren, schwarze von weißen Körpern zu unterscheiden. Wir lieben und genießen die Musikgenres und Tänze afroamerikanischer Communitys. Jazz, Soul, Rock 'n' Roll, Hip-Hop, House, Techno, Voguing als Tanz, Krumping, Clowning, die Liste ließe sich endlos fortsetzen. Für People of Color gehören Musik und Widerstand seit jeher zusammen. Elvis' Tanzstil war verpönt, weil seine Bewegungen von der Black Culture beeinflusst waren. Twerking wird als vulgär angesehen, Ballett hingegen als vornehm.

**Marlies Wirth**      In deiner Arbeit betrachtest du die Tanzfläche von oben und nicht von innen und analysierst die verschiedenen Bewegungen und Ausdrucksformen, die während des Tanzens Raum schaffen. Wonach suchst du, wenn du diese Ausdrucksbewegungen auf der Tanzfläche untersuchst?

**Bogomir Doringer**      Die bewusste Wahrnehmung des eigenen Körpers im Raum ist wesentlich für das, was man mit dem Tanz und der Kleidung, die man trägt, zum Ausdruck bringt. Tanzt man in einem Kleid, zeichnet man gleichsam in den Raum, der einen umgibt, anders als in Shorts oder nackt oder in SM-Kleidung. Wie territorial agiert man mit einer bestimmten Bewegungs- und Ausdrucksform? Ist man einladend? Oder in einem losgelösten Schwebezustand? Ist man verletzlich? Aggressiv? Oder bewegt man sich vielleicht gar nicht? Was wiederum zur Folge hätte, dass viele der Menschen um einen herum sich nähern würden. Ich bin besonders daran interessiert, jene Bewegungen zu filmen, die Raum schaffen, den eigenen Raum schützen oder andere einladen. Es ist faszinierend, Tanzende aus der Vogelperspektive zu beobachten.

**Marlies Wirth**      In vielen Clubs sind Kameras, Foto- oder Filmaufnahmen derzeit streng verboten. Die „Keine Kamera"- und manchmal auch „Kein Spiegel"-Politik der Clubs trägt zu der einzigartigen Erfahrung des Tanzens an einem solchen Ort bei. Was steckt dahinter und warum ist es so wichtig?

**Bogomir Doringer**      Kameras und Technologie stören das Ritual, weil sie uns unser Gesicht nehmen und unsere Daten sammeln. Das Berghain in Berlin begann mit der „Keine Kamera"-Politik, die in der Folge von vielen anderen übernommen wurde. Die Erfahrung kann so nur mündlich weitergegeben werden und wird fast zu einer Urban Legend; Geschichten werden bedeutender, als sie wirklich sind, oder Momente auch persönlicher und gehören daher eher einer bestimmten Generation.

**Marlies Wirth**      Die Social-Media-Plattform TikTok begann mit Lippensynchronisation und Tanzen und der Vernetzung von Menschen durch diese „Trends" mit verschiedenen Tanzbewegungen, wie bewegten Memes, sie wird aber auch verwendet, um wichtige Themen und Botschaften zu vermitteln, sogar politische …

**Bogomir Doringer**      Daher ist TikTok so populär; es lebt von den Tänzen Einzelner oder Gruppentänzen. Während der Covid-19-Lockdowns gab es uns ein Gefühl der Lebendigkeit. Aber tanzende Massen sind nicht immer Schönwetterboten. Die Zunahme tanzender Menschenmengen verweist auch auf Krisen und gesellschaftspolitische

Spannungen. Tanz und Bewegung haben Hochkonjunktur in den sozialen Medien und verbreiten sich explosionsartig; die Menschen wollen ihre Moves zeigen. Dieses ständige Tanzen überall beunruhigt mich ein wenig. Ich verstehe es als Post-Lockdown-Reaktion, halte es aber auch für ein unbewusstes Indiz, das auf spezifische Kämpfe, Ängste und Unsicherheiten hinweist.

**Marlies Wirth**   Wir alle erinnern uns an die nicht allzu ferne Vergangenheit, in der wir die Lockdowns und Schließungen aller Gesellschaftsräume, einschließlich natürlich des Nachtlebens, erlebten, es gab keinen Raum mehr, um zu tanzen.

**Bogomir Doringer**   Tanzen wird manchmal als etwas Selbstverständliches betrachtet, aber auch als Hindernis oder als gefährlich angesehen. Selbst Menschen, die nie tanzten, verstanden plötzlich, was es bedeutete, Bewegungsfreiheit zu haben oder eben nicht. Und man konnte auch beobachten, wie einige Regierungen die Gelegenheit ergriffen, um diese Begegnungen zu unterbinden, Räume zu schließen, finanzielle Unterstützungen einzustellen; große Konzerne kauften noch mehr Immobilien und die Gentrifizierung dringt zunehmend in diese ökonomisch vulnerablen Räume vor.

Und daher glaube ich, dass ein Club wie das Bassiani in Tiflis in Georgien ein Beispiel für die Veränderungskraft eines Clubs ist. Dieser Ort spielt derzeit auch deshalb eine wesentliche Rolle, weil es in Georgien große Spannungen mit Russland gibt. Die Ukraine ist sehr nah, und ich glaube, dass der Club eine ganz besondere Rolle dabei spielt, die Sicherheit Georgiens zu gewährleisten, aber auch die Verbindung zu Europa aufrechtzuerhalten. Solche Dinge unterschätzen die Menschen, wenn sie sich über das Nachtleben Gedanken machen. Die Revolution in Georgien war so wichtig, sie wurde als ein Event betrachtet, bei dem die Menschen nach einer Polizeirazzia vor dem Parlament tanzten, woraufhin sich eine rechtsradikale Gegendemonstration formierte. Dieses Event hätte ohne Presseberichterstattung keine globale Resonanz gehabt. Zu dieser Berichterstattung kam es, weil das Bassiani gute Beziehungen zur internationalen Musikpresse hat.

Georgien wäre völlig anders, wenn dieser Ort geschlossen würde, weil der Großteil der gesellschaftspolitischen Opposition mit dem Nachtleben in Verbindung steht. Ich wage sogar zu behaupten, dass diese Menschen gewisse Zugänge sichern oder schützen, die ansonsten geschlossen würden. Daher bin ich der Meinung, dass Georgien und das Bassiani zu diesem besonderen Zeitpunkt wirklich eine wichtige Rolle spielen – für die ganze Welt.

Bogomir Doringer ist Künstler, Forscher und Kurator. Er lebt in Amsterdam und ist als Head of Education and Research am Nxt Museum tätig.

Dancing is an ancient human form of self-expression through movement that is inspired by sound and music. Dancing is inherently also a form of communication, an art practice, and a medium of collective empowerment. Clubs create an ephemeral space for women and marginalized communities such as the 2SLGBTQ+ community in oppressive states to gather, express, and celebrate their values. Clubbing and raving have historically been referred to as grassroots-organized, anti-establishment, and unlicensed all-night dance parties, and clubs can therefore be seen as spaces of sociopolitical change.

Clubbing during the NATO bombing of Belgrade (Serbia) in 1999 introduced the artist and curator Bogomir Doringer to dancing as a coping mechanism and as a political phenomenon. For his project *I DANCE ALONE* (since 2014) he started filming the dance floors of different clubs from a bird's-eye view and documented variations of collective and individual dancing choreographies all over the world. The collected footage initiated an interdisciplinary artistic research project and an artistic research PhD at the University of Applied Arts Vienna that takes an in-depth look at the social phenomenon of clubbing. Choreography in its broader sense can show how relations among body movements create specific patterns of behavior. Can these dance moves actually tell stories about the wider contemporary cultural and socio-political systems they are experienced in?

Clubs are seen as a ground for ritualistic practice and as experimental spaces that employ different audiovisual art forms. Some clubs are able to transmit activist and spiritualist ideas and thus form an influential counterculture and function as political opposition when needed. Bassiani, an industrial club located below the football stadium in Tbilisi, Georgia, which was opened in October 2015 by Tato Getia, Zviad Gelbakhiani, and Naja Orashvili, stands for a movement and it is also a nightclub that took a strong stance against the repressive, authoritarian political system in Georgia. "We dance together, we fight together," became the slogan of the *Rave-O-Lution* that ensued on 12 March 2018 in front of the Georgian Parliament in Tbilisi.

With the research project and exhibition *DANCE OF URGENCY* in 2018, Bogomir Doringer addressed the return of zoom-political power on the dance floor. This kind of dance is becoming ever-more prevalent as it rises in times of personal or collective crises and aims to empower individuals and groups.

With his works *Crowds and Gestures* (2014–2022, from the project *I DANCE ALONE*) and the video lecture *How I Danced the Dance of Urgency* (2022), Bogomir Doringer contributes with his long-term research to the exhibition *THE FEST*. The conversation revolves around the club as a sociopolitical biotope and dancing as a deep-rooted human survival mechanism.

**Marlies Wirth**     Let's start with the basics: What happens in a club and why is clubbing, and specifically dancing, such an important cultural practice?

**Bogomir Doringer**     I guess in a club everything happens that cannot occur during the daytime. During the day, we perform specific roles, for example, at work, in a family, or in a highly surveilled contemporary public space. The night becomes a possibility to transform yourself into something else. But I think it's also about embracing your darker self, letting go of restlessness, insecurities, and struggles and transforming that or dealing with that through nonverbal communication like dance or through this kind of audio-visual exposure that happens in clubs. If we think about clubs and how we describe them, they are smoke, colors, temperatures, different tastes, sweat ... Time is altered or slowed down. It becomes non-linear; it goes against the clock. Clubbing is a form of ritualistic practice. It is a ritual of masking and dancing as we have known it since ancient times. It happens with the assistance of the latest audio-visual technologies and is infused by self-medication, the consumption of drugs and alcohol. It is a place for hooking up or meeting your partner. In the past, for example, after WWII in the UK, couple dances were highly promoted to increase the birth rate. In contemporary times with drugs like ketamine, the nightlife is also very much an individual experience—an experience on your own while you're part of a bigger group.

**Marlies Wirth**     When we look at clubbing and club culture today, one thing that comes to mind immediately is that it started as a subculture within certain communities and was then emulated by the mainstream. Do clubs actually tell a story about the contemporary cultural and socio-political systems they are experienced in?

**Bogomir Doringer**     Clubs are often the birthplace of new social movements, art movements, and creative expression. In the wave of right-wing politics, clubs are seen as safe spaces for women, for the 2SLGBTQ+. A space for those who don't have a space during the day. It is a form of escape and a safe space to practice what you want to become or how you will change things. For me, it's interesting to look at clubs as places where something is being communicated or where we are consciously or unconsciously telling something about our lives as a group, as a collective, and as an individual. We pay to watch dance on stage and dare to analyze

it, to speak about it. But we hardly look at dance floors to understand what youth or participants in those spaces are telling us about the times we are living in. They are also places that teach us, once we have left our parents, how to engage with others in a very intimate way, not necessarily by touching, but by dancing.

**Marlies Wirth**     You grew up in Belgrade and experienced the NATO bombings and later started to explore clubs and dance floors all over the world—what is the role of the community and dancing together during times of crisis?

**Bogomir Doringer**     I am now based in the Netherlands where there are so many parties and festivals. Yes, the music is good, the sound system is good, the light show is good, the stage design is excellent, drugs are good ... But I often think: Am I actually in a crowd that I really feel comfortable with? And if I don't, then why do I feel that way? That's how I discovered Georgia or Ukraine and Brazil. I was looking for people who share stories similar to mine. Belonging is a strange sensation. As Canetti says, we tend to go to crowds, and we fear the same crowd once we are in.

I learned to dance in 1999 during the NATO bombings in Belgrade. That dance formed a social-political opposition against Slobodan Milosevic's regime and against NATO bombing, which was illegal anyway. The EXIT festival started then as a student protest, and today it is one of Europe's most significant music festivals. It was tough to accept that clubs are just places you go to have fun. Dancing was a serious act. I mean, it's fun, but it needs to have an aim, a direction, structure, choreography, and dramaturgy … It needs catharsis.

Years later, I came across a poster in Brazil

that said, "when you feel pain, keep on dancing." This is how I feel when I dance; I, as a queer man, as an immigrant, as somebody who was socially, maybe economically, not in the right place during his youth and 20s, I really felt that I often would go to the dance floor and trade that sort of burden or frustration or sadness or insecurity or whatever, and I would move on. You move to evolve, develop, transform, disconnect, and reconnect. I encountered those places with loud powers, mainly in Berlin, Georgia, and Ukraine. It was interesting to see how those places that feel far away and so not part of Europe impacted actual spaces and places that are created worldwide.

**Marlies Wirth**     What are some cultural differences you see in clubs depending on their geographical context?

**Bogomir Doringer**     Dance can be performative and participatory; it can be martial, competitive, erotic, or liturgical. We never really think about it as political, but all the socio-political movements often use dance to translate freedom, challenge norms, and rebel against the patriarchy or war. Kelina Gotman, in her book *Choreomania: Dance and Disorder*, explains in detail how dances were seen as "dangerous" throughout time. Dance has always been body politics. By controlling dances, you would separate bodies based on skin color, social status, and gender.

For example, those performative and participatory dances are widespread in the United States where you had STUDIO 54, which was inside an old theatre with theatrical lights, where many famous people came. It was all about being watched. It was a show. You do the dance to be worshipped, loved, and celebrated during the most challenging times for New York. And then you have other examples, where you would—like in Berlin—dance in the dark. There are no cameras and no photos allowed.

Dancing in the US is considered something that happens on the stage and for others. Even if you think of stars like Marilyn Monroe or all the movies, there is always this idea that dancing is extremely sexual or vulgar, or it's something that certain social classes watch while sitting at the table. Still, those who perform come from the margins of society. A very religious construct exists to shame any kind of free movement or dancing or to separate social classes, a perfect way to feed racism, to separate black from white bodies. We love and enjoy most music genres and dances from African American communities. Jazz, soul, rock 'n' roll, hip hop, house, techno… Voguing as a dance, krumping, clowning, I could go on forever. For people of color, music and resistance have always belonged together. Elvis was not allowed to dance because his moves were influenced by black culture. Twerking is vulgar, and ballet is classy.

**Marlies Wirth**     In your work you look at the dance floor from above instead of from within and you analyze the different movements and gestures that create space during dancing. What do you look for when you examine these gestures on the dance floor?

**Bogomir Doringer**     The awareness of your own body in the space is crucial to what you express with the dance and the outfit you're wearing. If you dance in a dress, you draw in the space around you, and it becomes yours, unlike when you're in shorts, naked, or in some SM gear. Are you territorial with your gesture expression? Are you inviting people? Are you floaty? Are you vulnerable? Are you aggressive, or maybe you don't move at all? Which means that a lot of people around will come closer. So, I'm particularly interested in filming those gestures that create the space, protect your space, or invite others. It is fascinating to watch dancers from a bird's view.

**Marlies Wirth** In a lot of clubs, cameras, taking photos, or filming are actually strongly prohibited and prevented. The "no camera" and sometimes "no mirror" policy of clubs contributes to the unique experience of dancing there. Why do you think that is and why is it important?

**Bogomir Doringer** Cameras and technology interrupt the ritual because they take our face and collect our data. Berghain in Berlin started with the no-camera policy that was then applied in many other places. The experience becomes something that we only share orally. It's almost like an urban legend; it allows the stories to become more prominent than they are, or maybe moments to become more personal, more belonging to that particular generation as well.

**Marlies Wirth** The social media platform TikTok started off with lip syncing and dancing and connecting people through these "trends" of different dance moves, like memes in motion, but it is also used to convey important topics and messages, even political …

**Bogomir Doringer** This is why Tik Tok is so popular; it thrives on dances from individuals and groups. During COVID-19 lockdowns, it gave us a feeling of liveliness. But dancing crowds are not always a sign of nice, happy weather. The rise of dancing crowds also signifies crisis and socio-political tension. There's this explosion of constant dancing and motion in social media; people want to show their moves. So, I'm slightly worried about all the dancing happening everywhere. I understand it is a post-lockdown reaction, but I think it's also a subconscious sign of specific struggles, fears, and insecurities.

**Marlies Wirth** We all remember the not too distant past when we experienced the lockdowns and closures of all social spaces, including of course the nightlife, and there was no space to dance.

**Bogomir Doringer** Dancing is sometimes taken for granted, but also viewed as an obstacle or seen as dangerous. Even people who never danced suddenly understood what it meant—to have freedom of movement or not. And you could also see how certain governments used the opportunity to interrupt that, to close spaces, to stop funding, big corporations bought more property, and gentrification is attacking those economically vulnerable spaces.

And this is why I think a club like Bassiani in Tbilisi, Georgia, is an example of the transformative power of a club. That place at the moment also plays a crucial role because Georgia is having a lot of tension with Russia. Ukraine is very close, and I think the club has a very particular role in keeping Georgia safe but also keeping Georgia in touch with Europe. And that's something that people underestimate when they think about nightlife. The revolution in Georgia was so important, it was seen as an event where people danced in front of the parliament after a police raid, followed by right-wing attacks. So, that event would not have resonated globally if there had been no press. That press came because Bassiani has a good relationship with the international music press.

Georgia would be very different if that place were closed because most socio-political opposition is connected to the nightlife. I would actually dare to say that these people are keeping certain boundaries safe or protected that would otherwise be crossed. So, I think Georgia and Bassiani really play a distinctive important role in this particular moment—globally.

Bogomir Doringer is an artist, researcher, and curator. He is based in Amsterdam, where he is the Head of Education and Research at Nxt Museum.

Michèle Pagel
Aschenbecher *Schönbrunn*, 2016
Ashtray *Schönbrunn*, 2016
Keramik      Ceramic
Galerie Meyer Kainer, Wien      Vienna

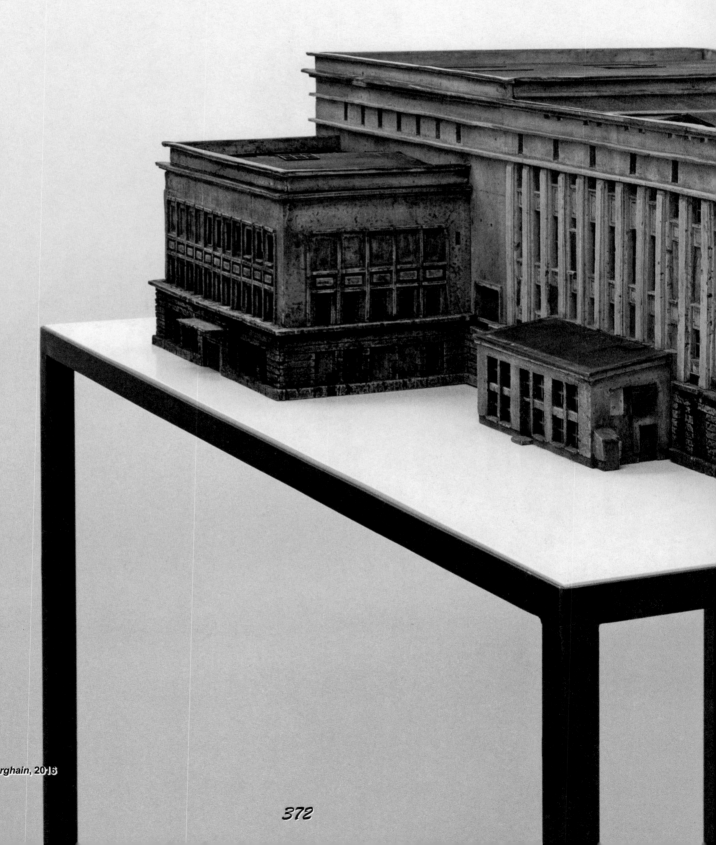

Philip Topolovac
*I have never been to Berghain, 2016*
Kork     Cork
Philip Topolovac

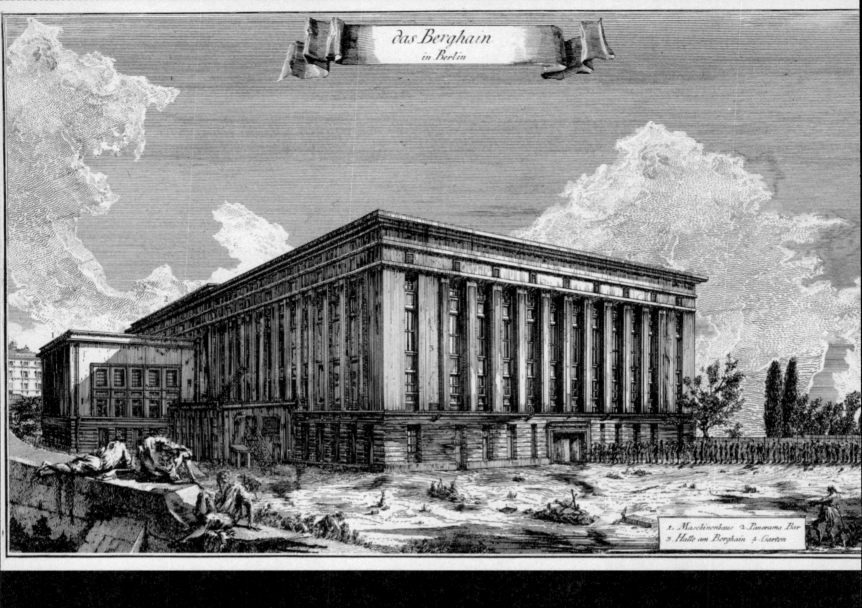

das Berghain
in Berlin

1. Maschinenhaus 2. Panorama Bar
3. Halle am Berghain 4. Garten

Philip Topolovac
Vedute, 2020
Tiefdruck auf Büttenpapier   Intaglio print on laid paper
Philip Topolovac

# [o] BERGHAIN | EMPIRIC STUDY

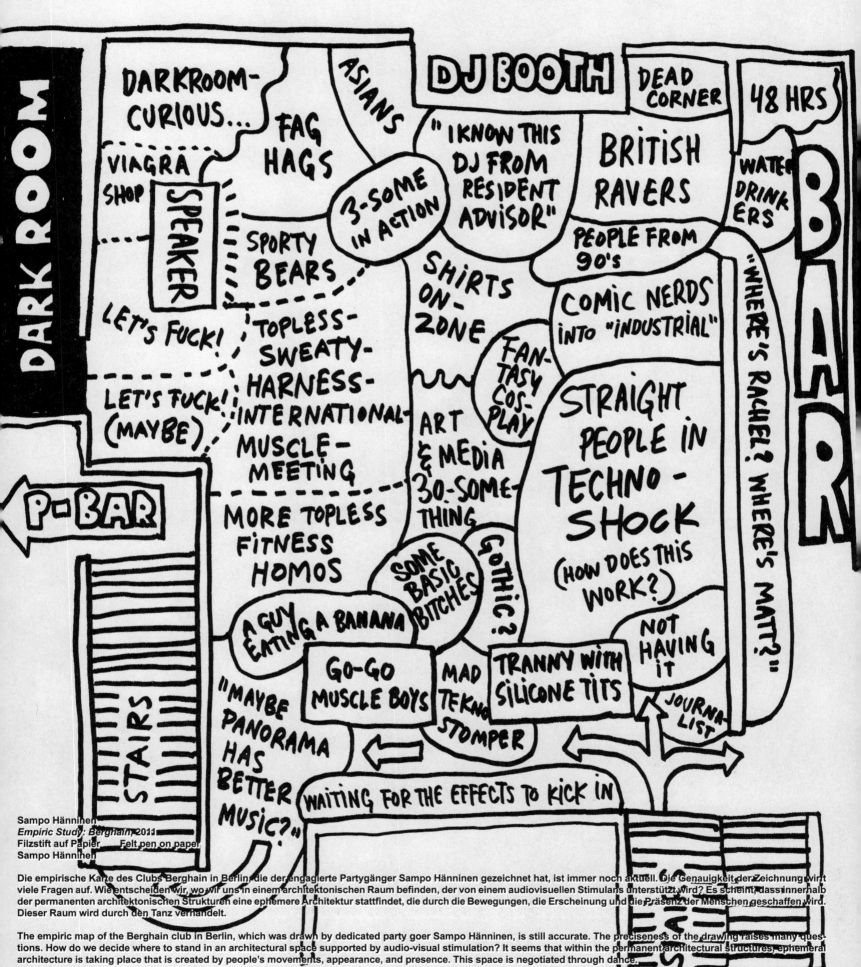

Sampo Hänninen
*Empiric Study: Berghain*, 2011
Filzstift auf Papier    Felt pen on paper
Sampo Hänninen

Die empirische Karte des Clubs Berghain in Berlin, die der engagierte Partygänger Sampo Hänninen gezeichnet hat, ist immer noch aktuell. Die Genauigkeit der Zeichnung wirft viele Fragen auf. Wie entscheiden wir, wo wir uns in einem architektonischen Raum befinden, der von einem audiovisuellen Stimulans unterstützt wird? Es scheint, dass innerhalb der permanenten architektonischen Strukturen eine ephemere Architektur stattfindet, die durch die Bewegungen, die Erscheinung und die Präsenz der Menschen geschaffen wird. Dieser Raum wird durch den Tanz verhandelt.

The empiric map of the Berghain club in Berlin, which was drawn by dedicated party goer Sampo Hänninen, is still accurate. The preciseness of the drawing raises many questions. How do we decide where to stand in an architectural space supported by audio-visual stimulation? It seems that within the permanent architectural structures, ephemeral architecture is taking place that is created by people's movements, appearance, and presence. This space is negotiated through dance.

Bogomir Doringer
*Awakenings party in Amsterdam, 2016*
Fotografie     Photograph
Bogomir Doringer

Im Jahr 2014 begann Bogomir Doringer, Clubs und Festivals aus der Vogelperspektive zu filmen. Er dokumentierte verschiedene kollektive und individuelle Dynamiken, indem er die Kamera über der Tanzfläche anbrachte. In seiner in der Ausstellung gezeigten Arbeit zoomt Doringer auf die Tänzer*innen und untersucht die Gesten und die nonverbale Kommunikation, die dabei stattfindet.

In 2014, Bogomir Doringer started to film clubs and festivals from a bird's eye view. He documented different collective and individual dynamics by attaching the camera over the dance floor. In his work presented in the exhibition, Doringer, by zooming in on dancers, looks into gestures and non-verbal communication that is taking place.

Bogomir Doringer
*Streets of Sao Paulo: When you feel pain keep on dancing*
Fotografie    Photograph
Bogomir Doringer

Während einer Forschungsreise nach Brasilien stieß Doringer auf den Straßen von São Paulo auf ein Plakat „When you feel pain, keep on dancing". Angesichts der harten sozioökonomischen Unterschiede wird Tanz als Form des Protests, aber auch als Bewältigungsmechanismus verstanden.

While traveling to Brazil for research purposes, Doringer in the streets of Sao Paulo came across a poster stating "When you feel pain, keep on dancing." In light of hard socio-economic differences, dance is understood as a form of protest but also as a coping mechanism.

Bogomir Doringer, Naja Orashvili
*Rave-O-Lution in Tbilisi*, 2018
Fotografie    Photograph
Bogomir Doringer

Dies ist eine flächige Aufnahme, die mit einer Drohne vor dem georgischen Parlament in Tiflis im Mai 2018 gefilmt wurde. Wir sehen eine Menschenmenge, die sich versammelt und mit dem Protest beginnt, der heute als *Rave-O-lution* bekannt ist. An diesem Tag blieben die Menschen zwei Tage lang draußen und protestierten gegen Polizeirazzien im progressiven Club Bassiani. Am zweiten Tag kamen DJs mit einem Soundsystem hinzu und die Leute begannen zu tanzen. Der Slogan „Wir tanzen zusammen, wir kämpfen zusammen" wurde geboren.

This is an areal shot filmed with a drone in front of the Georgian Parliament in Tbilisi in May 2018. We see a crowd gathering and starting to protest. Today, this is known as the *Rave-O-lution*. People stayed outside for two days and protested against police raids at the progressive Bassiani club. On the second day, a sound system arrived with DJs, and people started dancing. The slogan "We dance together, we fight together" was born.

Chris Groner
*Reclaim the Streets, July 13, 1996, M41 Motorway, Shepherd's Bush, London*

Chris Groner
*Reclaim the Streets*, July 13, 1996, M41 Motorway, Shepherd's Bush, London
Fotografie    Photograph
MayDay Rooms, London

Chris Groner
*Reclaim the Streets*, July 23, 1995, Upper Street, Islington, London
Fotografie       Photograph
MayDay Rooms, London

Chris Groner
*Reclaim the Streets, July 13, 1996, M41 Motorway, Shepherd's Bush, London*
Fotografie     Photograph
MayDay Rooms, London

Sports Banger, *The People Deserve Beauty Show*, 2022

Deutsch     English

Politik der Ekstase. Der Bacchanalienskandal im alten Rom
Ecstatic Politics: The Case of the Bacchanalia Affair in Ancient
Rome     (Chiara Baldini)

# Politik der Ekstase. Der Bacchanalienskandal im alten Rom*

„Dass es so etwas wie Frevel nicht gebe,
sei das oberste Motto des Kultes."
Titus Livius

# Ecstatic Politics: The Case of the Bacchanalia Affair in Ancient Rome*

"To regard nothing as forbidden
was among these people
the peak of religious achievement."
Titus Livy

# (Chiara Baldini)

*)  Es handelt sich um die überarbeitete und aktualisierte Fassung eines Textes, der im Original 2015 in folgender Publikation erschienen ist: Baldini, Chiara, „The Politics of Ecstasy: The Case of the Bacchanalia Affair in Ancient Rome", in: Luke, David/King, Dave (Hg.): *Neurotransmissions: Essays on Psychedelics from Breaking Convention*, London 2015, 173–182.
This is a revised and updated version of a text that originally appeared in 2015 in the following publication: Baldini, Chiara, „The Politics of Ecstasy: The Case of the Bacchanalia Affair in Ancient Rome", in: Luke, David/King, Dave (ed.): *Neurotransmissions: Essays on Psychedelics from Breaking Convention*, London 2015, 173–182.

Deutsch

Politik der Ekstase. Der Bacchanalienskandal im alten Rom
(Chiara Baldini)

Es ist spätnachts im alten Rom. Im Schein von Fackeln bewegen sich kleine Menschengruppen schweigend durch die Straßen der Hauptstadt. Unter ihnen erblühende junge Frauen und erfahrene Matronen, freie Männer und Sklaven, Bürger*innen Roms und Einwander*innen. Großteils einfache Leute aus den Unterschichten, aber auch einige couragierte Mitglieder der Elite. Sie verschwinden hinter den Toren von Privathäusern. Sobald alle versammelt sind, beginnt die Hohepriesterin mit einer kraftvollen Anrufung des Gottes der Ekstase und lädt ihn ein, mit seinen Anhänger*innen in Verbindung zu treten. Reinigungen werden vollzogen und der heilige Trank wird unter neu eingeweihten und erfahrenen Anhänger*innen des Kults weitergereicht. Dann setzt die Musik ein. Die Lautstärke schwillt an, die Menschen beginnen zu tanzen, werden von der Musik bewegt, schneller und schneller, unwillkürlich dringen Laute aus ihren Körpern. Jemand beginnt lange und laut zu schreien, andere folgen seinem Beispiel. Die Schreie sind so wild, dass sie kaum noch menschlich sind, fast animalisch anmuten. In zunehmender Tiefe und Dunkelheit der Nacht weichen die Laute der Entrückung jenen der Lust: Entfesselung, tiefe Befreiung, Ekstase. Die Natur ergreift Besitz von den Körpern, reißt die Schranken von Konventionen und Gesellschaftsregeln nieder. Die Heilkraft der Lust webt ihre Magie in die Körper und Seelen der Vielen ein, die eins werden.

In der Morgendämmerung verklingt die Musik, Stille macht sich breit und die Götter ziehen sich, Schatten gleich, zurück, um den Raum den Menschen zu überlassen. Die Körper finden ihre Grenzen wieder und taumeln zurück auf die Straße, schützen sich, die Augen beschattend, vor der Sonne, geben einander Halt – erschöpft, glücklich, neugeboren.

# Ein verbotener und lärmender Gott

Im zweiten Jahrhundert v. Chr. erstreckte sich das Römische Reich von den östlichen bis zu den westlichen Küsten des Mittelmeers, seine Hauptstadt war eine multikulturelle Metropole mit fast einer Million Einwohner*innen. Latein und Griechisch waren die „internationalen" Sprachen und unterschiedliche Religionen durften frei ausgeübt werden, sofern sie vom römischen Senat genehmigt waren. „Pax deorum, pax hominum" lautete das Motto: Das Einvernehmen mit den Göttern ist die Voraussetzung für den Frieden unter den Menschen. Doch alsbald sollte dieser umsichtig überwachte Frieden von einem plötzlich auftauchenden umstrittenen Kult ins Wanken gebracht werden.

Im Zuge der großen Migrationen nach den Punischen Kriegen strömten aus den ländlichen Gebieten Latiums, aus Etrurien (Toskana) und der Magna Graecia (Süditalien) zahlreiche Menschen in die Stadt, die auch ihre traditionellen religiösen Praktiken mitbrachten. Bevor der Senat dessen gewahr wurde, hatten sich in den Unterschichten – mit unglaublicher Geschwindigkeit, spontan und ohne offizielle Genehmigung – ein dem Anschein nach neuer Gott, Bacchus, und mit ihm seine Rituale, die Bacchanalien, etabliert. Der Gott des Weines und der Ekstase war unerlaubt auf laute und lärmende Weise in das Zentrum des Imperiums vorgedrungen. Aber wer war eigentlich Bacchus?

Deutsch

Politik der Ekstase. Der Bacchanalienskandal im alten Rom
(Chiara Baldini)

# Die Reise nach Rom

Die Bacchanalien waren die römische Adaption einer sehr alten spirituellen Praxis, die bis in die neolithische oder sogar paläolithische Kultur zurückreicht. Diese Rituale beinhalteten im Allgemeinen verschiedene „Ekstasetechniken" wie stundenlanges Tanzen zu repetitiven rhythmischen Klängen, psychotrope Gebräue aus unterschiedlichen Pflanzen und Pilzen sowie rituelle sexuelle Praktiken.

Solche Techniken, die über viele Jahrtausende verfeinert wurden, konnten tiefgehende Veränderungen der Wahrnehmung, Zustände von göttlicher Besessenheit, Reisen in die Welt der Geister, der Ahnen und Urkräfte der Natur, Erfahrungen einer mystischen Einheit mit Mutter Natur sowie Abstiege in das Reich zügelloser animalischer Triebe auslösen bzw. hervorrufen. Sie waren rau und wild, belebend, aber auch gefährlich zerstörerisch, trieben Menschen in den Wahnsinn, um eine Katharsis zu bewirken.

Praktiken dieser Art waren in schamanischen Kulturen auf der ganzen Welt verbreitet, Europa bildete dabei keine Ausnahme. Gemeinsam war ihnen eine tiefe Verbundenheit mit der Natur, die oft als „Große Mutter" oder „Bergmutter" bezeichnet wurde. Man feierte sie mit orgiastischen Riten und wilden Tänzen zum hypnotischen Klang der schamanischen Trommel. Diesen Praktiken war gemein, dass sie Spannungen in einer Gruppe auflösen und Zusammenhalt und Toleranz fördern konnten. Aus diesen Gründen wurden sie über Jahrtausende, während unterschiedlicher Phasen gesellschaftspolitischer Umbrüche, beibehalten.

Im Griechenland der Antike überdauerten diese Traditionen im Kult des Dionysos – ursprünglich ein Gott der Vegetation und der Fruchtbarkeit –, der mit der Bergmutter in Verbindung stand, später wurde er als Gott des Weines, des Tanzes, der Ekstase und des rituellen Wahnsinns bekannt. Als Beleg für dessen alte Verbindung mit dem Kult der Bergmutter gilt, dass eine frühe Form der dionysischen Rituale ausschließlich Frauen, den „Mänaden" oder „Bacchantinnen", vorbehalten war, die wilde Tänze auf Berggipfeln vollführten. Eine urbanere Variante, die auch Männern offenstand und Tanz, Alkoholgenuss und Sex beinhaltete, erfreute sich in der hellenistischen Zeit als „Mysterienkult" großer Beliebtheit.

In dieser Zeit wurde der Kult auch in der Magna Graecia populär, von wo aus er später nach Rom gelangte. In der Hauptstadt traf Dionysos überraschenderweise auf seinen etruskischen Gegenspieler Fufluns, den Gott des Weines und der Vegetation, Mitglied des Pantheons einer hoch entwickelten einflussreichen Kultur im prärömischen Italien. Dionysos und Fufluns verschmolzen zu Bacchus, abgeleitet vom griechischen „Bakchos": „der Rasende"; heute könnte man diesen wiedererstandenen, rebellischen und äußerst anziehenden Gott als „Raver" bezeichnen.

# Bacchant*innen vs. Bürger*innen

Im zweiten Jahrhundert v. Chr. waren bereits Tausende Menschen in Rom in die Bacchusriten eingeweiht und bildeten quasi eine Parallelstadt, die sich aus vielen mächtigen, finanziell autonomen Privatorganisationen mit eigenem Justizwesen zusammensetzte.

Die Mitgliedschaft in diesen Vereinen stand jedem offen, auch Frauen, Fremden und

Deutsch

Politik der Ekstase. Der Bacchanalienskandal im alten Rom
(Chiara Baldini)

Sklav*innen. Darüber hinaus waren die von Griechenland inspirierten Rituale sehr „queer-freundlich" – um ein Trendwort zu verwenden – und Dionysos selbst wurde – um einen weiteren aktuellen Begriff zu verwenden – oft als „nichtbinär" dargestellt. In einer hierarchischen, homophoben und frauenfeindlichen Gesellschaft wie jener Roms durchbrachen die Bacchanalien die strengen Konventionen hinsichtlich Geschlechtsidentität, sexueller Orientierung, sozialem Status und ethnischer Herkunft, wodurch die Bacchant*innen zu Vertreter*innen einer Art gegenkultureller Bewegung wurden. Ihre Rituale fungierten als „temporäre autonome Zonen" oder „geschützte Räume" für die Entwicklung einer anderen Weltsicht und die Verankerung eines Wertesystems, das sich von dem gesellschaftlich akzeptierten unterschied.

Durch die gemeinschaftlichen radikalen Riten und revolutionären Werte entstand zwischen den Bacchant*innen eine stärkere Verbindung als jene, die sie der Regierung gegenüber empfanden. In anderen Worten, die Eingeweihten waren in erster Linie Bacchant*innen und erst in zweiter Hinsicht Bürger*innen Roms.

Die für die Organisation der Bacchanalien zuständigen Vereinigungen waren daher ein Nährboden egalitärer Prinzipien, die ihren Ursprung in den griechischen Entsprechungen dieser Vereinigungen, den Thiasoi, hatten. Etwa 300 Jahre davor hatten diese privaten Vereine eine wesentliche Rolle bei der Beendigung der oligarchischen Herrschaft und der Entfaltung der Demokratie in Athen gespielt. Tatsächlich ermöglichten die egalitären Praktiken und die Freiheit der Meinungsäußerung bei ihren Treffen und Ritualen vielen Athener*innen, sich einen anderen, offeneren Umgang miteinander vorzustellen, bei dem Standesunterschiede unerheblich waren oder abgeschafft wurden

und die freie Rede ein zentraler Wert war. Besonders interessant ist, dass die dionysische Praxis im Athen des fünften Jahrhunderts v. Chr. nicht nur die Vorstellung einer anderen gesellschaftlichen Realität als der bestehenden ermöglichte, sondern auch einen Beitrag zu deren Realisierung leistete.

In einer militarisierten und hochgradig hierarchischen Gesellschaft wie jener Roms im zweiten Jahrhundert v. Chr., die auf dem Vertrauen der Bürger*innen in die vom Senat etablierte gesellschaftliche Ordnung und deren Werte beruhte, wurde die Ausbreitung der Bacchanalien rasch zu einer gesellschaftlichen und politischen Gefahr. Die Senatoren zögerten demnach nicht lange, die Ordnung in der Stadt wiederherzustellen.

# Die Rede

Die wichtigste Informationsquelle zum Bacchanalienskandal, wie die Verfolgung der Anhänger*innen Bacchus' im Jahr 186 v. Chr. genannt wurde, ist der römische Geschichtsschreiber Titus Livius. In seinem Werk *Ab urbe condita* [Von der Gründung der Stadt an], das etwa 200 Jahre nach den Ereignissen verfasst wurde, präsentiert uns Livius seine Version der Geschehnisse. Er war bestrebt, die Geschichte Roms als eine Reihe moralischer Lehren zu präsentieren, die auf stoischer Ethik basierten und ein Loblied auf die rationale Kontrolle der Lust und die Unterdrückung des Begehrens sangen. Unter diesen Voraussetzungen bot ihm der Bacchanalienskandal die ideale Gelegenheit, eine perverse Praktik zu verdammen, die den Verlust jeglicher rationalen Kontrolle als Krönung religiöser Andacht zelebrierte.

Deutsch

Politik der Ekstase. Der Bacchanalienskandal im alten Rom
(Chiara Baldini)

Livius gab in seinem Buch den Wortlaut der Rede wieder (vermutlich nach der Urschrift aus den Archiven der Adelsfamilie der Postumier), die Konsul Lucius Postumius vor der öffentlichen Versammlung hielt, die infolge jener Ereignisse einberufen wurde, welche den Senat zur Verfolgung der Bacchant*innen veranlasst hatten. Postumius beginnt wie folgt:

> „*Quiriten* […] Verhehle ich euch einen Theil, so möchte ich euch zur Sorglosigkeit verleiten […] Was ich aber auch sagen werde, so müßt ihr doch wissen, daß ich im Verhältnisse der Abscheulichkeit und Größe des Übels noch zu wenig gesagt habe. Euch wenigstens so weit zu belehren, daß ihr euch dagegen verwahren könnt, dies soll jetzt mein Bestreben sein."[1]

Man beachte die feine rhetorische Strategie, die darauf abzielt, Panik zu verursachen, noch bevor das Thema eingeführt wird.

> „Daß es schon längst in ganz *Italien* und jetzt auch in der Stadt an vielen Orten Bacchanalien giebt, ist euch gewiß nicht bloß durch die Sage, sondern auch durch das nächtliche Beckengeklapper und Geheul, das allenthalben in der Stadt ertönt, bekannt geworden; nicht aber, was die Sache zu bedeuten habe. Einige von euch glauben etwa, es sei eine Art von Gottesdienst; Andre es sei eine erlaubte Posse und Belustigung, und […] gehe doch nur Wenige an. Wenn ich euch also in Rücksicht auf ihre Menge erkläre, daß es viele tausend Menschen sind, so müßte euch auf der Stelle ein Schrecken überfallen."

Postumius scheint hier darauf hinzuweisen, dass es viele Gründe gibt, an einer religiösen Tradition Anstoß zu nehmen, die alle Regeln des Anstands und moralischen Verhaltens gebrochen hat. Es ist davon auszugehen, dass die große Anzahl derer, die die anerkannte religiöse Lebensführung aufgaben, um dem „neuen Gott" zu folgen, viele der Konservativsten natürlich schockierte.

> „Erstlich also besteht ein großer Theil aus Weibern, und von ihnen schreibt sich eigentlich das Übel her; dann aus Mannspersonen, die nicht besser als Weiber sind, Geschändete und Schänder, Schwärmer, Nachtwacher, vom Weine, vom nächtlichen Getöse und Geheule sinnlos."

Tatsächlich hatten bei den Bacchanalien (wie auch in den griechischen dionysischen und etruskischen Ritualen) Frauen Führungspositionen inne: Sie waren Priesterinnen und daher berechtigt, Männer in den Kult einzuweihen. Dies wurde als eine weitere Degradierung der patriarchalen Hierarchie, auf der die römische Gesellschaft beruhte, betrachtet.

> „*Quiriten*, möchtet ihr Jünglinge, die solch ein Schwur geweihet hatte, zu Soldaten machen? möchtet ihr diesen […] die Waffen anvertrauen? diese […] sollten das Schwert für die Keuschheit eurer Weiber und Kinder ziehen?"

Die Themen Sicherheit und männlicher Stolz werden hier verwendet, um die öffentliche Meinung zu manipulieren und Furcht auszulösen. Männer sollen weder tanzen noch nicht-heterosexuellen Geschlechtsverkehr haben, um ihre Würde als Männer und Soldaten nicht zu gefährden. Darüber hinaus betont er, dass ein junger Mann nicht gleichzeitig Bacchant und Soldat sein könne, da die beiden Eide nicht miteinander

---

1) Sämtliche Zitate folgen Titus Livius, *Römische Geschichte*, 39. Buch, https://www.projekt-gutenberg.org/livius/roemisch/roem391.html.

Deutsch

Politik der Ekstase. Der Bacchanalienskandal im alten Rom
(Chiara Baldini)

vereinbar seien. Er rechtfertigt die Repressionen des Weiteren wie folgt:

> „Alles, was in diesen Jahren durch Unzucht, Bosheit und Frevel gesündigt ist, ging ganz allein aus diesem Weihwinkel hervor. [...] Allein das Übel wächset und greift täglich um sich. Schon ist es größer, als daß es auf Habe und Gut eines Privatmannes sich einengen sollte: es richtet seinen Blick auf den gesammten Stat. [...] Jetzt fürchten sie einzeln eure Versammlung des Ganzen."

Wir können nicht ausschließen, dass während der Bacchanalien Verbrechen begangen wurden und es zu Missbrauch kam. Die Forderung nach tugendhaftem Verhalten würde allerdings der Mehrdeutigkeit und dem Paradoxon, die zentrale Aspekte dieses Kults sind, nicht gerecht. Ebenso absurd ist jedoch Postumius' Behauptung, dass die Rituale die Ursache aller jemals begangenen Verbrechen waren.

> „Denn nichts hat einen trieglicheren Schein, als falsche Götterfurcht. Wo der heilige Wille der Götter Frevelthaten zum Deckmantel gegeben wird, da schleicht sich in unser Herz die Besorgniß, wir könnten uns durch Bestrafung dessen, was menschliche Bosheit ist, an dem versündigen, was dabei Gottes ist. [...] Dies glaubte ich euch im voraus sagen zu müssen, damit euch nicht etwa ein Irrglaube beunruhigen möchte, wenn ihr uns die Winkel der Bacchanalien zerstören und die schändlichen Rotten aus einander sprengen sähet [...]. Das Alles werden wir thun unter Begünstigung und Zustimmung der Götter."

Bacchus wird damit offiziell aus dem Pantheon der „anerkannten Götter" ver-

bannt, wobei darüber hinaus klargestellt wird, dass jede seinen Anhänger*innen zuteilwerdende Bestrafung die Zustimmung der über Roms Gesellschaftsordnung wachenden „guten Götter" finden wird.

# Die neuen Vorschriften

Livius' Bericht fährt mit der Vorlesung der Senatsbeschlüsse, bekannt als *Senatus Consultum de Bacchanalibus*, fort. Eine Kopie des Edikts, das die von Livius berichteten Repressionen bestätigt, wurde 1640 zufällig in Kalabrien (Süditalien) gefunden. Die kostbare Bronzeplatte befindet sich heute im Kunsthistorischen Museum in Wien. Das Edikt befiehlt die Verfolgung und Tötung all jener, die an den Bacchanalien teilnahmen:

> „Die Priester dieses Gottesdienstes, möchten sie Männer oder Weiber sein, sollten nicht bloß in Rom, sondern in allen Marktflecken und Gerichtsorten aufgesucht werden, damit die Consuln sie in ihrer Gewalt hätten. Ferner sollten in Rom und durch ganz *Italien* die Befehle ergehen, daß niemand [...] sich zu diesem Gottesdienste einfinden [...] solle. Vor allen Dingen sollte eine Untersuchung mit denen vorgenommen werden, welche sich zusammengethan und eidlich verbunden hätten, an Andern Unzucht oder Schandthat auszuüben."

Den Senatoren war jedoch bewusst, dass es sich um eine alte und angesehene Tradition handelte, weshalb sie den Kult nicht völlig verboten, sondern lediglich strenge Vorschriften für die Erlangung einer Ausübungsgenehmigung einführten.

Deutsch

Politik der Ekstase. Der Bacchanalienskandal im alten Rom
(Chiara Baldini)

„Glaube jemand, die Feier eines solchen Gottesdienstes sei für ihn festgesetzt und nothwendig, und er könne sie ohne Gewissensangst und Versündigung nicht unterlassen, so möge er darüber bei dem Stadtprätor Anzeige thun und der Prätor bei dem Senate anfragen. Würde ihm in einer Senatssitzung, die nicht unter hundert Mitglieder haben dürfe, die Erlaubniß ertheilt, so könne er diesen Gottesdienst unter der Bedingung begehen, daß nicht über fünf Personen am Opfer Theil nähmen, daß sie keine Gemeincasse hätten, und niemand Vorsteher des Gottesdienstes oder Priester sei."'

Livius berichtet weiter, dass sich in den folgenden Tagen in der Stadt Schrecken verbreitete. Es flüchteten so viele, dass es einer „Entvölkerung" gleichkam. Unzählige wurden getötet, andere begingen Selbstmord, um den Behörden zu entkommen. Alle Bacchus-Schreine wurden zerstört.

# Die Motive für die Repression und ihre heutige Resonanz

Der Bacchanalienskandal war eine brutale, aber auch aufschlussreiche Episode der römischen Geschichte, die aufgrund ihrer Tragweite und Umstände als erste große Religionsverfolgung in der Geschichte des Westens bezeichnet wurde. Misst man aber – wie dieser Essay – der Tatsache Bedeutung bei, dass die Bacchusriten vor allem ein „ekstatischer Kult" waren, ist festzustellen, dass der Bacchanalienskandal auch die erste Massenrepression im Westen zur Folge hatte, die sich gegen Personen richtete, welche außergewöhnliche Bewusstseinszustände anstrebten.

In einer Gesellschaft, die sich zunehmend auf die Kontrolle der Behörden über Geist und Körper der Bürger*innen verließ, konnte eine radikale Erfahrung von Freiheit, gemeinsamer Begeisterung, tiefer Verbundenheit, Selbstermächtigung, Freude, Drogenkonsum und Exzess nicht lange toleriert werden. Mehr noch, die Angst, die durch den Kontrollverlust bei jenen ausgelöst wurde, die nicht imstande waren, die spirituelle (und soziale) Dimension der Bacchusriten zu verstehen, rückten Letztere ins Visier einer grausamen Moralisierungskampagne. Durch eine brutale Unterdrückung der Bacchanalien erreichte der Senat das zweckdienliche politische Ziel, seine autoritäre Herrschaft in Rom und all den neuen Kolonien zu festigen.

In anderen Worten, die Bacchant*innen wurden getötet, damit eine religiöse, politische und moralische Ordnung durchgesetzt werden konnte. Dafür wurden alte Bräuche geopfert, die mediterrane Zivilisationen seit undenklichen Zeiten bei sakralen und egalitären Praktiken gepflegt hatten. Die Repression förderte die Ansicht, dass ein veränderter Bewusstseinszustand kein probates Mittel sei, um mit dem Göttlichen Verbindung aufzunehmen, dass ethisches Verhalten von der Unterdrückung körperlicher Triebe und der Irrationalität geprägt sein muss und die gesellschaftliche Ordnung auf der strikten Trennung von Klassen, Geschlechtsidentitäten und sexuellen Orientierungen basiert, die in einer hierarchischen Ordnung organisiert sind.

Der Bacchanalienskandal markierte das Ende einer Epoche und den Beginn einer neuen, die bis zum heutigen Tag währt. Und da wir derzeit ein wachsendes Interesse an veränderten Bewusstseinszuständen und deren Potenzial erleben, kann der Bacchanalienskandal für uns einen interessanten

Deutsch

Politik der Ekstase. Der Bacchanalienskandal im alten Rom
(Chiara Baldini)

Präzedenzfall für ein tieferes Verständnis
der sakralen Dimensionen ekstatischer
Praktiken und der Haltung patriarchalischer
Autoritäten ihnen gegenüber darstellen.

It is late at night in ancient Rome. Small groups of people holding torches are silently walking in the streets of the capital of the Empire. There are blossoming young women and experienced matrons, free men and slaves, citizens of Rome and immigrants. Mostly simple people from lower classes, but also some courageous members of the elite. They disappear behind the doors of private houses. Once they have all arrived, the high priestess starts with a powerful invocation calling the god of ecstasy to join his followers. Purifications are performed and the sacred drink is shared among new initiates and veterans of the cult. Then the music starts. The sound builds up louder and louder, people start dancing, letting themselves be moved by the music, faster and faster, allowing sounds to flow out of their bodies. Someone begins with a long and loud scream, followed by many others. The cries are so wild that they don't even seem human anymore, more like animals. And as the night grows darker and deeper, the sound of enthusiasm gives way to that of pleasure: powerful release, deep liberation, ecstasy. Nature taking possession of the bodies, breaking the barriers of conventions and social rules. The healing power of pleasure weaves its magic among the bodies and souls of the many as they become one.

At the break of dawn, the music wanes to silence and the gods recede, like shadows, to make space for humans. The bodies rediscover their limits as they stumble back into the street, shading their eyes from the sun, holding each other from falling, exhausted, happy, reborn.

# An Illegal and Noisy God

In the second century BC, the Roman Empire stretched from the Eastern to the Western shores of the Mediterranean, and its capital was a multicultural metropolis with almost a million citizens. Latin and Greek were the "international" languages and different religions were celebrated freely as long as they were authorized by the Roman Senate. "Pax deorum, pax hominum" was their motto: When the gods are in peace, the men are in peace, too. But soon that carefully controlled peace would be shaken-up by the sudden arrival of a controversial cult.

As a result of the large-scale migrations into the city following the Hannibalic wars, peoples from the rural areas of Latium, from Etruria (Tuscany), and from Magna Graecia (Southern Italy) had swarmed into the capital, bringing with them their traditional religious practices. Before the senate realized it, an apparently new god, Bacchus, and his rituals, the Bacchanalia, had spread among the lower classes with incredible speed, spontaneously and without official approval. This is how the god of wine and ecstasy made his illegal and noisy arrival at the very heart of the empire. But who was Bacchus?

# The Journey to Rome

The Bacchanalia were a Roman adaptation of a very ancient spiritual practice dating back to the Neolithic or even Paleolithic culture. These rituals generally involved different "ecstatic techniques," like dancing for many hours to repetitive rhythm patterns, ingesting psychotropic brews made from different plants and mushrooms, and ceremonial sexuality.

These techniques, refined over many millennia, could induce powerful alterations of perception, states of divine possession, journeys into the world of spirits, ancestors, and primordial forces of nature, experiences of mystical union with Mother Nature, as well as descents into the realm of unrestrained animalistic instincts. They were raw and wild, both vitalizing and dangerously destructive, able to drive people insane in order to keep them sane.

Practices of this kind were common to shamanic cultures all over the world, and Europe was no exception. Their common trait was a deep connection with nature, often identified as a Great Mother or Mountain Mother. She was celebrated with orgiastic rites and frenetic dances to the compelling sound of the shamanic drum. These practices had the distinctive property of being able to diffuse the group's tensions and support cohesion and tolerance. For these reasons, they were preserved over the millennia, across different phases of sociopolitical transformations.

In ancient Greece, these traditions survived in the cult of Dionysus, initially a vegetation and fertility god connected to the Mountain Mother, later known as the god of wine, dance, ecstasy, and ceremonial madness. As a proof of its ancient association to the cult of the Mountain Mother, an early form of Dionysian rituals was reserved for women only, the "Maenads" or "Bacchantes," who celebrated with wild dances on mountaintops. A more "urbanized" version, open to men and featuring dance, drinking, and sex became extremely popular as a "mystery religion" during the Hellenistic times.

It was in this phase that the cult became popular in Magna Graecia (Southern Italy), and from there it was later exported to Rome. Once in the capital, Dionysus curiously met his Etruscan counterpart, Fufluns, god of wine and wild nature, part of the pantheon of an advanced and influential culture in pre-Roman Italy. Together, Dionysus and Fufluns merged into Bacchus, from Greek "Bakchos": "frenzied one," or, we could say "the raver," a newly reborn, rebellious, and extremely attractive god.

# Bacchantes vs. Citizens

By the second century BC, thousands of people in Rome had been initiated in the rites of Bacchus, constituting a sort of parallel city distributed among many powerful private organizations with independent monetary funds and an internal justice system.

Membership of these associations was open to everyone, including women, foreigners, and slaves. Moreover, their Greek-inspired rituals were, to use a modern expression, very "queer-friendly" and Dionysus himself was often represented, to use another modern term, as "non-binary." In a hierarchical, homophobic, and misogynist society like that of Rome, the Bacchanalia broke the rigid conventions associated to gender identity, sexual orientation, social status, and ethnic origin, making the Bacchantes into the representatives of a sort of countercultural movement. Their rituals were "temporary autonomous zones" or "safer spaces" for the germination of a different worldview and the practice of a different set of values than the socially accepted ones.

By sharing such radical practices and revolutionary values, the Bacchantes were joined together by a bond stronger than the one linking them to their government. In other words, the initiates were first and foremost Bacchantes and only secondly citizens of Rome.

The associations responsible for the organization of the Bacchanalia were therefore a sort of incubator of egalitarian principles, a quality that had its origin in the associations' Greek counterparts, the Thiasoi. About three hundred years before, these private associations had played a crucial role in bringing an end to oligarchic rule and unfolding Athenian democracy. In fact, the egalitarian practices and freedom of expression practiced in their meetings and rituals made it possible for many Athenians to imagine an alternative way of relating, open to all, where status differentiation could be limited or eliminated, and where speech could be truly free. What is most interesting is that Dionysian practice in fifth-century BC Athens not only made possible the idea of a different social reality than the existing one but helped to actualize it as well.

However, in a militarized and highly hierarchical society, like that of second-century BC Rome, which relied on the faithfulness of its citizens to the civic order and values established by the senate, the proliferation of the Bacchanalia soon became a social and political emergency. The senators did not wait long before restoring order to the city.

# The Speech

The main source of information concerning the Bacchanalia Affair, the name given to the prosecution of Bacchic worshippers in 186 BC, is the Roman historian Titus Livy. In his *Ab Urbe Condita* [From the Founding of the City], written some 200 years after the facts, Livy gifts us with his version of the story. His intention was to present the history of Rome as a series of moral lessons based on stoic ethics praising rational control over lust and the repression of desire. With these premises, the Bacchanalia Affair offered him a perfect opportunity to condemn a perverse practice where the loss of all rational control was celebrated as the peak of religious devotion.

In his book, Livy transcribed (probably from the archives of the Postumii family) the speech consul Lucius Postumius made to the public assembly on the reasons that had brought the senate to legally prosecute the Bacchantes. Postumius begins:

> "Citizens of Rome [...] if I lay bare the whole story I am afraid that I may spread excessive alarm [...] Whatever I tell you, my words are inadequate to the horror of the situation. Our energies will be devoted to taking the adequate measures."[1]

Note the fine rhetorical strategy aimed at creating panic even before he introduces the subject.

> The Bacchanalia—he explains—"have for a long time been performed all over Italy [...] and in Rome itself. I'm sure you are aware of this by the bangings and howlings heard in the night, which echo through the whole city. Some believe it's a kind of worship of the gods; others suppose it to be a permitted exercise of playful excess [...] involving only a few people. But if I tell you that there are many thousands of them you are going to be horrified."

Postumius here seems to suggest that there are many reasons to scandalize a

1) All quotes are from Meyer, Marvin (ed.), *The Ancient Mysteries: a Sourcebook of Sacred Texts*, Philadelphia 1987, 89-93.

religious tradition that broke every canon of respectability and moral conduct. We can probably infer that the high numbers of those who gave up the accepted religious conduct to follow the "new god" certainly shocked many among the most conservative.

> "A great part of them are women, and they are the source of this evil thing; he says—next are males, scarcely distinguishable from females. [...] Dancing frenetically, having lost their minds by lack of sleep, by drink, by the confusion and the shouting that goes on throughout the night."

As a matter of fact, in the Bacchanalia (as in the Greek Dionysian and Etruscan rituals) women held leadership positions: They were priestesses and therefore entitled to initiate men into the cult. This was seen as a further invalidation of the patriarchal hierarchy upon which Roman society was based.

> "Citizens of Rome, do you feel that young men, initiated by this oath of allegiance, should be made soldiers? [...] Will they take the sword to fight to the end in defense of the chastity of your wives and children?"

The issue of security and male pride is used here to pressure public opinion and trigger fear. Men are not to dance or engage in non-heterosexual sex as it jeopardizes their dignity as males and as soldiers. Moreover, he stresses that a young man cannot be a Bacchante and a soldier at the same time as the two oaths of allegiance are incompatible. He further justifies the repression by saying that:

> "Whatever crime there has been in the past years, you may be sure, has

its origin in this one worship [...] And it is already too serious to be dealt with privately, it requires the supreme power of the State. As a united body we can destroy them."

We cannot rule out the possibility that crimes and even abuses were committed during the Bacchanalia. Claiming purity of conduct would not do justice to the ambiguity and paradox that lies at the very core of this cult. However, it is just as absurd to claim that the rituals were the origin of every crime ever committed, as Postumius does here.

> "Nothing is more deceptive in its appearance than a depraved religion. When the will of the gods is an excuse for criminal acts, there comes to mind the fear that in punishing humans we might be doing violence to something divine. [...] I have thought it right to give you this warning so that no superstitious fear may agitate your minds when you observe us suppressing the Bacchanalia [...]. All this we shall do with the favor and approval of the gods."

This is the moment when Bacchus is officially banned from the pantheon of the "accepted gods," with the further clarification that whatever punishment is inflicted on his followers, will receive the appraisal of the "good gods," those presiding over Rome's civic order.

# The New Rules

What follows, in Livy's account, is the reading of the resolutions of the Senate, known as the Senatus Consultum de Bacchanalibus. A copy of the decree was fortuitously found in Calabria (Southern Italy) in 1640, testifying to the veracity of the repression narrated by Livy. This precious bronze plaque is now held in the Kunsthistorisches Museum in Vienna. The decree orders the persecution and killing of all those involved in the Bacchanalia:

> "The priests of these rites, males and females, are to be sought out not only in Rome but in all market towns and centers of population so that they should be available for the consuls. No one should ever attempt to celebrate these ceremonies anymore, in Rome or Italy [...] An inquiry should be held regarding those persons who had assembled or conspired for the furtherance of any immoral or criminal design."

However, the senators, aware that they are dealing with an ancient and respected tradition, do not forbid the cult completely but establish very strict rules to get permission to practice it.

> "If any person regarded such ceremonies as allowed by tradition and believed him/herself unable to forgo them without being guilty of sin, he/she is to make a declaration to the praetor and the praetor would consult the senate [...] attended at least by 100 members. If the 100 members give permission, then he/she is allowed to perform the rite, but with not more than 5 people and without common fund of money, president of the ceremonies and no priest."

Livy goes on to report that in the following days the city is seized by extreme panic. So many people run away that it results in a "depopulation." Many are killed and many others commit suicide to escape the authorities. All Bacchic shrines are destroyed.

# The Motives Behind the Repression and its Resonance Today

The Bacchanalia Affair was a brutal, yet revealing episode in Roman chronicles, which has been dubbed, for its extension and modality, the first major religious persecution in Western history. However, if we give relevance—as it is intended in this essay—to the fact that the rites of Bacchus were first and foremost an "ecstatic cult," then we can affirm that the Bacchanalia Affair also brought about the first mass repression of people dedicated to the practice of non-ordinary states of consciousness in the West.

In a society that increasingly depended on the authorities' control over the minds and bodies of its citizens, a radical experience of freedom, communal excitement, deep bonding, empowerment, joy, intoxication, and excess could not be tolerated for long. Moreover, the fear triggered by loss of control in those who weren't able to relate to the spiritual (and social) dimension of the rites of Bacchus made them the perfect candidate for a ferocious campaign of moralization. Furthermore, by brutally repressing the Bacchanalia, the senate reached the convenient political objective of strengthening its authoritarian rule in Rome and all over the new colonies.

In other words, the Bacchantes were killed so that a religious, political, and moral order could prevail. This was obtained at the expense of ancient practices that had accompanied Mediterranean civilizations from time immemorial in experiencing the sacred and egalitarian practices. The repression promoted the assumption that alteration of consciousness is not a viable means to come in contact with the divine; that ethical conduct is to be informed by the suppression of bodily instincts and irrationality and that social order is founded on the strict separation of classes, gender identities, and sexual orientations organized in a hierarchical order.

The Bacchanalia Affair marked the end of an era and the beginning of another, which continues to this day. And as we are now witnessing a surge of interest in the alteration of perception and its potential, the Bacchanalia Affair can constitute a phenomenal precedent for a deeper understanding of both the sacred dimensions of ecstatic practices and the attitude of patriarchal authorities towards them.

Deutsch    English

Politik der Ekstase: Der Bacchanalienskandal im alten Rom
Ecstatic Politics: The Case of the Bacchanalia Affair in Ancient
Rome    (Chiara Baldini)

**Agostino dei Musi**
Tanz von Faunen und Bacchantinnen, nach einer Zeichnung von Raffaello Santi, Rom, 1518
Dance of Fauni and Bacchantes, based on a drawing by Raffaello Santi, Rome, 1518
**Verleger    Publisher:** Antonio Salamanca
**Kupferstich    Copper engraving**
MAK, KI 1432

*407*

**Deutsch**    **English**

**Politik der Ekstase: Der Bacchanalienskandal im alten Rom
Ecstatic Politics: The Case of the Bacchanalia Affair in Ancient
Rome**    (Chiara Baldini)

*Petrus Paulus Rubenius pinxit.*

Deutsch    English

Politik der Ekstase: Der Bacchalienskandal im alten Rom
Ecstatic Politics: The Case of the Bacchanalia Affair in Ancient
Rome    (Chiara Baldini)

Franciscus vanden Wingaerde fecit
aqua forti excudit Antuerpie

Nach    After Peter Paul Rubens
Bacchus und der betrunkene Silen, Antwerpen, 18. Jahrhundert
Bacchus and drunk Silen, Antwerp, 18th century
Stecher    Engraver: Frans van den Wyngaerde
Kupferstich    Copper engraving
MAK, KI 1-987

Deutsch    English

Politik der Ekstase: Der Bacchanalienskandal im alten Rom
Ecstatic Politics: The Case of the Bacchanalia Affair in Ancient
Rome    (Chiara Baldini)

Anonym    Anonymous
*Senatus Consultum de Bacchanalibus*, Italien, 186 v. Chr.
*Senatus Consultum de Bacchanalibus*, Italy, 186 B.C.
Bronze
KHM-Museumsverband

**MARCUS GEIGER**

RUDOLF VON ALT   THEODOR HÖRMANN   KARL WITTGENSTEIN
FÖRDERER DER WIENER SECESSION

Marcus Geiger
*Ohne Titel* [Teppich in der Eingangshalle der Wiener Secession], 1998
*Ohne Titel* [Untitled] [Carpet in the entrance hall of the Viennese Secession], 1998
Nadelfilz   Needle felt
Marcus Geiger

Marcus Geiger
*Ohne Titel* (Skizze zu Bodenteppich *Beethovenfries*), 2022
*Ohne Titel* [Untitled] (sketch for the carpet *Beethovenfries* [Beethoven Frieze]), 2022
Öl auf Papier      Oil on paper
Universität für angewandte Kunst Wien, Kunstsammlung und Archiv      University of Applied Arts Vienna, Collection and Archive

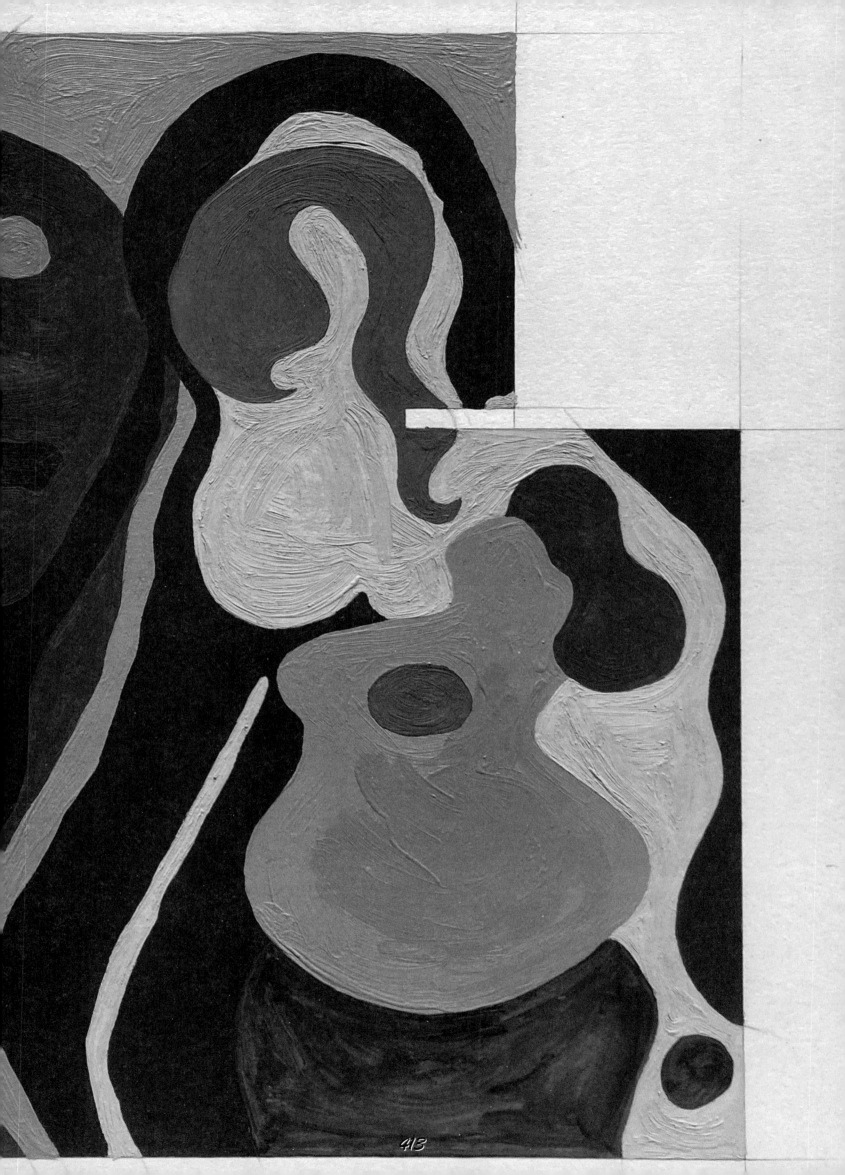

413

# Gruppenfotos seit 1999

# Group pictures since 1999

# (Maria Ziegelböck)

## IMPRESSUM *IMPRINT*

THE FEST. Zwischen Repräsentation und Aufruhr
*THE FEST: Between Representation and Revolt*

Erschienen anlässlich der gleichnamigen Ausstellung im MAK, Wien
*Published on the occasion of the eponymous exhibition at the MAK, Vienna*
14.12.2022–7.5.2023

### AUSSTELLUNG *EXHIBITION*

Gastkuratorin *Guest Curator:*
Brigitte Felderer

Co-Kuratorin *Co-Curator:*
Olga Wukounig

MAK Kuratorin *MAK Curator:*
Anne-Katrin Rossberg,
Kustodin MAK Sammlung Metall und Wiener Werkstätte Archiv
*Curator, MAK Metal Collection and Wiener Werkstätte Archive,*
unter Mitwirkung aller MAK Kustod*innen
*with the collaboration of all MAK curators*

Ausstellungsorganisation *Exhibition Management:*
Mario Kojetinsky

Ausstellungsgestaltung *Exhibition Design:*
Peter Sandbichler

Grafische Gestaltung *Graphic Design:*
Wolfgang Ortner, Simon Walterer

MAK – Museum für angewandte Kunst *Museum of Applied Arts*
Stubenring 5, 1010 Wien *Vienna,* Austria
T +43 1 711 36-0, F +43 1 713 10 26
office@MAK.at, MAK.at

MAK Center for Art and Architecture
Los Angeles at the Schindler House
835 North Kings Road, West Hollywood, CA 90069, USA

Mackey Apartments
MAK Artists and Architects-in-Residence Program
1137 South Cochran Avenue, Los Angeles, CA 90019, USA

Fitzpatrick-Leland House
Laurel Canyon Boulevard/Mulholland Drive, Los Angeles, CA 90046, USA

T +1 323 651 1510, F +1 323 651 2340
office@MAKcenter.org, MAKcenter.org

Josef Hoffmann Museum, Brtnice
Eine Expositur der Mährischen Galerie in Brno
und des MAK, Wien
*A joint branch of the Moravian Gallery in Brno
and the MAK, Vienna*
náměští Svobody 263, 588 32 Brtnice,
Tschechische Republik *Czech Republic*
T +43 1 711 36-220
josefhoffmannmuseum@MAK.at, MAK.at

## KATALOG *CATALOG*

Herausgeberinnen *Editors:*
Lilli Hollein, Brigitte Felderer, Anne-Katrin Rossberg

Autor*innen *Authors:*
Chiara Baldini, Bogomir Doringer, Brigitte Felderer, Rainald Franz, Sebastian Hackenschmidt, Lilli Hollein, Werner Oechslin, Kathrin Pokorny-Nagel, Anne-Katrin Rossberg, Peter Sandbichler, Lara Steinhäußer, Bärbel Vischer, Mio Wakita-Elis, Marlies Wirth

Katalogredaktion *Catalog Editing:*
Brigitte Felderer, Anne-Katrin Rossberg, Olga Wukounig

Publikationsmanagement *Publication Management:*
Astrid Böhacker

Lektorat *Copy Editing:*
Teresa Profanter, Cornelia Malli

Übersetzungen *Translations:*
DE > EN: Christina Anderson, Christopher Marsh (Text von *by* Werner Oechslin)
EN > DE: Martina Bauer

Grafische Gestaltung *Graphic Design:*
Wolfgang Ortner, Simon Walterer

Reproduktionen *Reproductions:*
Pixelstorm, Wien *Vienna*

Acquisitions Editor für den Verlag *on behalf of the publisher:*
David Marold, Birkhäuser Verlag, Wien *Vienna*

Content & Production Editor für den Verlag *on behalf of the publisher:*
Bettina R. Algieri, Birkhäuser Verlag, Wien *Vienna*

Schriften *Typefaces:*
Arial, Brush Script, Courier

Papier *Paper:*
MCM 300g, RS braun
holzfrei Bilderdruck glänzend 90g
Munken Print White 90g, 1,8fV.

Druck *Printing:*
Holzhausen, die Buchmarke der Gerin Druck GmbH, Wolkersdorf

Bindung *Binding:*
Papyrus, Wien *Vienna*

Gedruckt nach der Richtlinie UZ24 des Österreichischen Umweltzeichens
von Gerin Druck GmbH – Lizenznummer: UW 756.
*Printed in line with regulation UZ24 of the Austrian Ecolabel
by Gerin Druck GmbH, license number UW 756.*

Das MAK bemüht sich in seinen Publikationen um eine gendergerechte Schreibweise.

*Library of Congress Control Number: 2022948064*

Bibliografische Information der Deutschen Nationalbibliothek
Die Deutsche Nationalbibliothek verzeichnet diese Publikation in der Deutschen Nationalbibliografie; detaillierte bibliografische Daten sind im Internet über http://dnb.dnb.de abrufbar. *Bibliographic information published by the German National Library
The German National Library lists this publication in the Deutsche Nationalbibliografie; detailed bibliographic data are available on the Internet at http://dnb.dnb.de*

ISBN 978-3-0356-2692-6

© 2023 MAK, Wien *Vienna;* Birkhäuser Verlag GmbH, Basel
Erschienen bei *Published by:*
Birkhäuser Verlag GmbH
P.O. Box 44, 4009 Basel, Schweiz *Switzerland*
Ein Unternehmen der *Part of:*
Walter de Gruyter GmbH, Berlin/Boston

9 8 7 6 5 4 3 2 1          www.birkhauser.com